Das perfekte Bild

Das perfekte Bild

Die Geheimnisse der großen Fotografen

Paul Lowe

PRESTEL
MÜNCHEN • LONDON • NEW YORK

Inhalt

Einleitung

„Ich habe die Regeln nicht gemacht – warum sollte ich sie befolgen?“
W. Eugene Smith

Es ist eine Binsenwahrheit, dass Regeln gemacht werden, um gebrochen zu werden. Ein ganzes Buch mit Regeln zu füllen, mag daher auf den ersten Blick unsinnig erscheinen. Tatsächlich antworteten viele der Fotografen, die wir für dieses Projekt befragten, mit Sätzen wie: „Ich glaube nicht an Regeln“, oder „Ich halte mich nicht an Regeln; in der Fotografie gibt es keine Regeln.“ Aber auf unser hartnäckiges Nachfragen gaben die meisten dann doch einen ihrer Grundsätze preis, ein Fünkchen Fotografenweisheit. Das vorliegende Resultat ist daher ein eklektischer Mix aus Regeln, Ratschlägen, Richtlinien und Erkenntnissen, basierend auf unterschiedlichsten Erfahrungen und Herangehensweisen. Ein Großteil des Buches stammt direkt von Fotografen, Redakteuren, Kuratoren, Dozenten und Branchenprofis, die ihre ganz persönliche „Goldene Regel“ verrieten, uns manchmal aber auch ein ganzes Regelwerk an die Hand gaben. Ich möchte ihnen allen danken, dass sie sich die Zeit genommen und die Mühe gemacht haben, ihre Gedanken und Fotografien mit uns zu teilen. Der Rest umfasst hauptsächlich Aussagen, die Fotografen in Interviews, Büchern und öffentlichen Äußerungen zu ihrer Arbeit und ihrem Verhältnis zur Welt der Bilder gemacht haben. Außerdem wurden einige Regeln übernommen, die nachweislich quer durch alle Bereiche der Fotografie akzeptiert sind.

Zeitgenössische Fotografen kommen ebenso zu Wort wie die großen Namen der weit über hundertjährigen Geschichte der Fotografie. Wie bei jedem Unterfangen dieser Größenordnung, musste natürlich eine Auswahl getroffen werden. Das Buch erhebt nicht den Anspruch, jede nur mögliche Regel zum Thema Fotografie aufzuführen, und behauptet auch nicht, alle Fotografen zu Wort kommen zu lassen, die hierzu etwas beitragen könnten. Darüber hinaus widersprechen sich einige Regeln: Das Grundprinzip des einen ist für den anderen ein No-Go. Wir begrüßen diese Vielfalt ausdrücklich, denn einer der wichtigsten Leitsätze lautet: Es gibt keine unumstößlichen Universalregeln. Stattdessen eruiert das Buch in breit gefächerter, erkenntnisreicher und hoffentlich unterhaltsamer Weise die Frage, was Fotografen und die Menschen, die mit ihnen arbeiten, als wichtig erachten, um dieses Metier erfolgreich betreiben zu können. Sie, liebe Leser, können sich die Aspekte herauspicken, die Ihnen für Ihren persönlichen Ansatz sinnvoll und machbar erscheinen, und im Idealfall auch in den anderen Beiträgen unverhofft wertvolle Erkenntnisse und Anregungen entdecken.

Das Buch ist kein systematischer Fotografie-Leitfaden, folgt aber einem logischen Aufbau. Unter den drei Hauptüberschriften „Fotos machen“, „Fotograf sein“ und „Berufliche Praxis“ wird der gesamte fotografische Prozess thematisiert – vom Gedanken vor dem Betätigen des Auslösers über den langwierigen Aufbau eines fotografischen Œuvres bis zur Veröffentlichung und weltweiten Verbreitung der Werke. Die verschiedenen Ansätze und Genres wie Porträt-, Landschafts-, Werbe- und Dokumentarfotografie oder Fotojournalismus finden sich über das gesamte Buch verteilt.

„Fotos machen“ behandelt den Prozess des Fotografierens vor Ort, einschließlich aller technischen und ästhetischen Überlegungen. In „Fotograf sein“ geht es um die größeren Zusammenhänge: In welchem Verhältnis stehen Fotografen zur Welt und den Projekten, an denen sie arbeiten, die Recherche und das Produzieren von Geschichten oder eines Gesamtwerkes eingeschlossen, und welchen ethischen Bedenken muss man sich stellen, wenn man das Leben anderer Leute abbildet? „Berufliche Praxis“ schließlich gibt Anregungen, wie man vom Fotografieren leben kann und ein Publikum für die eigene Kunst findet. Alles in allem bietet dieses Buch Hilfe und Rat für alle Aspekte des fotografischen Prozesses. Angehende Profis finden wertvolle Anregungen, wie sie ins Geschäft kommen, und passionierte Laien lernen, ihren Blick zu schärfen. Beim Sichten der eingesandten Texte – aus Hunderten von Beiträgen mussten 177 ausgewählt werden – wurde deutlich, dass bei einer beachtlichen Zahl von Fotografen ähnliche Themen im Vordergrund stehen, allen voran Einfachheit, Beständigkeit, Geduld, Kreativität, Zufall und harte Arbeit. Ebenfalls häufig hervorgehoben wurde die Notwendigkeit, die Grundfunktionen der eigenen Kamera zu beherrschen: Belichtung, Bildaufbau und -ausschnitt, Fokus usw. müssen in Fleisch und Blut übergehen, damit die Technik das Sehen nicht behindert. Viele wiesen darauf hin, dass jedes Format und jeder Kameratyp unverwechselbare Charakteristika mit sich bringt. Das wichtigste Element ist, laut Cartier-Bresson, die Verbindung zwischen den Gedanken des Fotografen und seinem Motiv. Alles in allem wollen die in diesem Buch gesammelten Regeln Sie, liebe Leser, mithilfe der Expertise weltweit führender Bildermacher Ihrer eigenen fotografischen Vision näherbringen. Die Kamera ist Ihr Reisepass, mit dem Sie um die Welt reisen können, und jedes Foto ein Protokoll Ihrer unmittelbaren Erlebnisse und deren Interpretation.

Fotos machen

Die Gunst des Zufalls nutzen

Brassaï *Rue de Lappe*, 1932

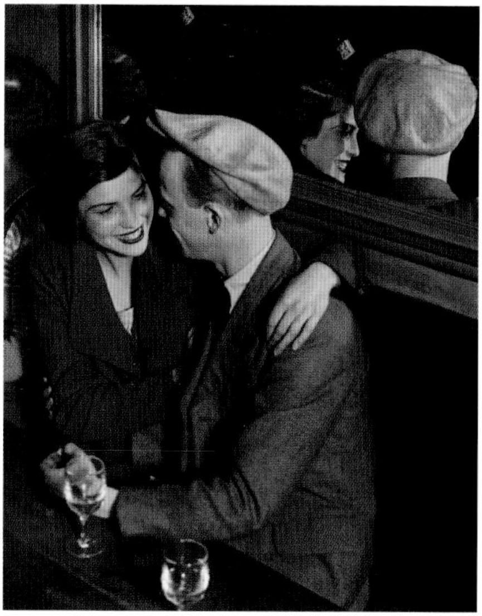

„Der Zufall ist immer da, wir alle nutzen ihn. Der Unterschied ist: Ein schlechter Fotograf hat alle 100 Gelegenheiten einmal Glück, während guten Fotografen ständig glückliche Zufälle begegnen."

Das „Auge von Paris", wie der ungarisch-französische Fotograf Brassaï genannt wurde, dokumentierte in den 1930er-Jahren einfühlsam das Pariser Leben in Bildern voller Intimität und Symmetrie. Seine Devise lautete: Ziehe immer die Möglichkeit in Betracht, dass eine Situation sich blitzschnell verändern kann. Was eben noch visuell oder emotional ohne Reiz erschien, hat im nächsten Augenblick das Zeug zum großartigen Foto. Die Frage ist, was der Fotograf mit diesem Moment tut, wie sehr er sich der Möglichkeiten bewusst ist, denn, so Brassaï: „Der Zufall ist immer da, wir alle nutzen ihn. Der Unterschied ist: Ein schlechter Fotograf hat alle 100 Gelegenheiten einmal Glück, während guten Fotografen ständig glückliche Zufälle begegnen." Er stellte fest: „Das Surreale ist in uns selbst, in Objekten, die banal geworden sind, weil wir sie in der Normalität des Normalen nicht mehr sehen." Lassen Sie sich auf die sich stets verändernde Welt um Sie herum ein und nutzen Sie die Gunst des Zufalls.

Übernehmen Sie die Kontrolle

Tom Hunter *Death of Coltelli*, 2009

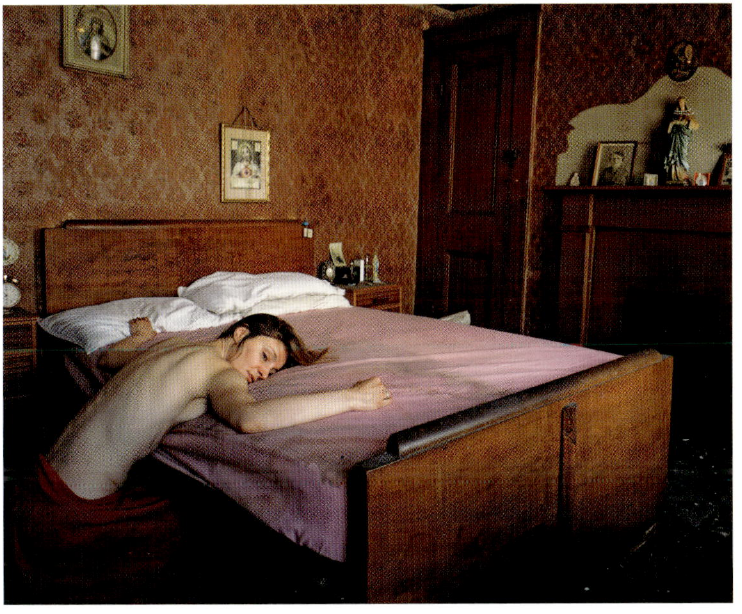

Als Inspirationsquelle für seine sorgsam inszenierten Porträt-Tableaus dienen Tom Hunter neben dem Alltag des Londoner Vororts Hackney, wo er seit drei Jahrzehnten lebt, die metaphorisch und symbolisch vielschichtigen Gemälde der Alten Meister. Er arbeitet mit einer Großformatkamera und bindet seine Modelle in den Prozess ein. Als Fotograf müsse man „sich auf seine Modelle einlassen und sicherstellen, dass man alles, was sie tun, mitbekommt. Das unterscheidet ein großartiges Porträt von einem beliebigen Bild." Seine Fotos wirken dokumentarisch, sind aber voller verborgener Bedeutungen. Um das zu erreichen, muss der Fotograf die Situation aktiv beeinflussen. Hunters Rat: Zeigt die fotografierte Person „einen Blick oder eine Geste, die Sie interessant finden, dann bringen Sie sie dazu, diesen Moment vor der Kamera zu reproduzieren. Übernehmen Sie die Kontrolle über die Situation und Ihr Modell: Sie sind der Regisseur Ihres Fotos, kein passiver Beobachter!"

Gehen Sie nah ran

Bruce Gilden *USA. New York City. Frau auf der Fifth Avenue*, 1992

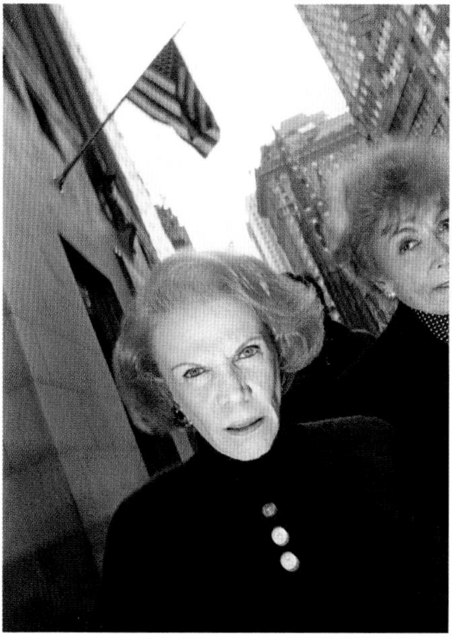

„Genau diese Kombination strebe ich an – ein heftiger, emotionaler Hieb in den Magen, und dennoch ist die Bildkomposition wundervoll."

Magnum-Fotograf Bruce Gilden ist für seine provokante, dynamische und schonungslose Streetfotografie bekannt. Meist mit einem 28-mm-Weitwinkelobjektiv bewaffnet, rückt Gilden immer ganz dicht an seine Motive heran. „Ich bin bekannt dafür, dass ich aus großer Nähe fotografiere, und je älter ich werde, desto näher gehe ich ran." Gilden arbeitet häufig mit Blitzlicht, und seine Bilder vermitteln einen starken Eindruck von dem Wesen der Menschen, die ihm vor die Linse laufen, in einer flüchtigen Momentaufnahme, während er die Straße entlangeilt. Gilden gelingt es frappierend gut, Ästhetik mit Inhalt zu verbinden. „Genau diese Kombination strebe ich an – ein heftiger, emotionaler Hieb in den Magen, und dennoch ist die Bildkomposition wundervoll." Die Menschen am Rande der Gesellschaft haben ihn schon immer interessiert: „Ich mag Intensität. Ich möchte ihre Seele sehen. Ich zeige auch meine Seele – ganz offen und unverstellt."

Drehen Sie das Bild auf den Kopf

Marc Riboud *Anstreicher auf dem Eiffelturm*, 1953

„Ein Foto falsch herum zu betrachten, ist die beste Methode, um es zu beurteilen. So sieht man, ob die Bildkomposition wirklich etwas taugt."

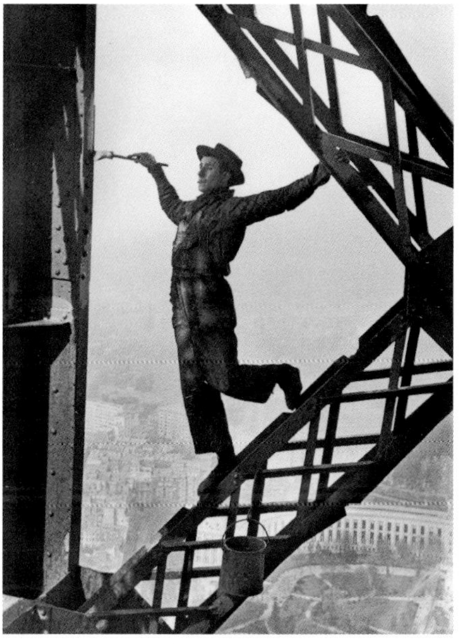

Das Betrachten von Kontaktabzügen goßer Fotografen ist eine sehr lohnende Erfahrung, denn sie zeigen, wie sie ein Bild nach und nach entwickeln, während sie das Motiv visuell erkunden. Außerdem ist es ein hervorragender Leitfaden zur Auswahl und Bearbeitung der besten Aufnahme. Der französische Magnum-Fotograf Marc Riboud wendete einen praktischen Trick an, um die Qualität eines Bildes einzuschätzen. Er empfahl: „Ein Foto falsch herum zu betrachten, ist die beste Methode, um es zu beurteilen. So sieht man, ob die Bildkomposition wirklich etwas taugt." Diese Technik nutzte auch Henri Cartier-Bresson. Die Aufmerksamkeit wird vom Bildinhalt weg rein auf Ästhetik und Form gelenkt. Wenn es auf dem Kopf immer noch gut aussieht und visuell funktioniert, kommt es in die engere Wahl. Mit einer Digitalkamera können Sie auch versuchen, das Bild seitenverkehrt anzuschauen, um herauszufinden, ob die Komposition ausgewogen ist.

Lernen Sie Ihre Objektive kennen

Bill Brandt *Blick auf den Hadrianswall nahe Hexham in Northumberland*, 1943

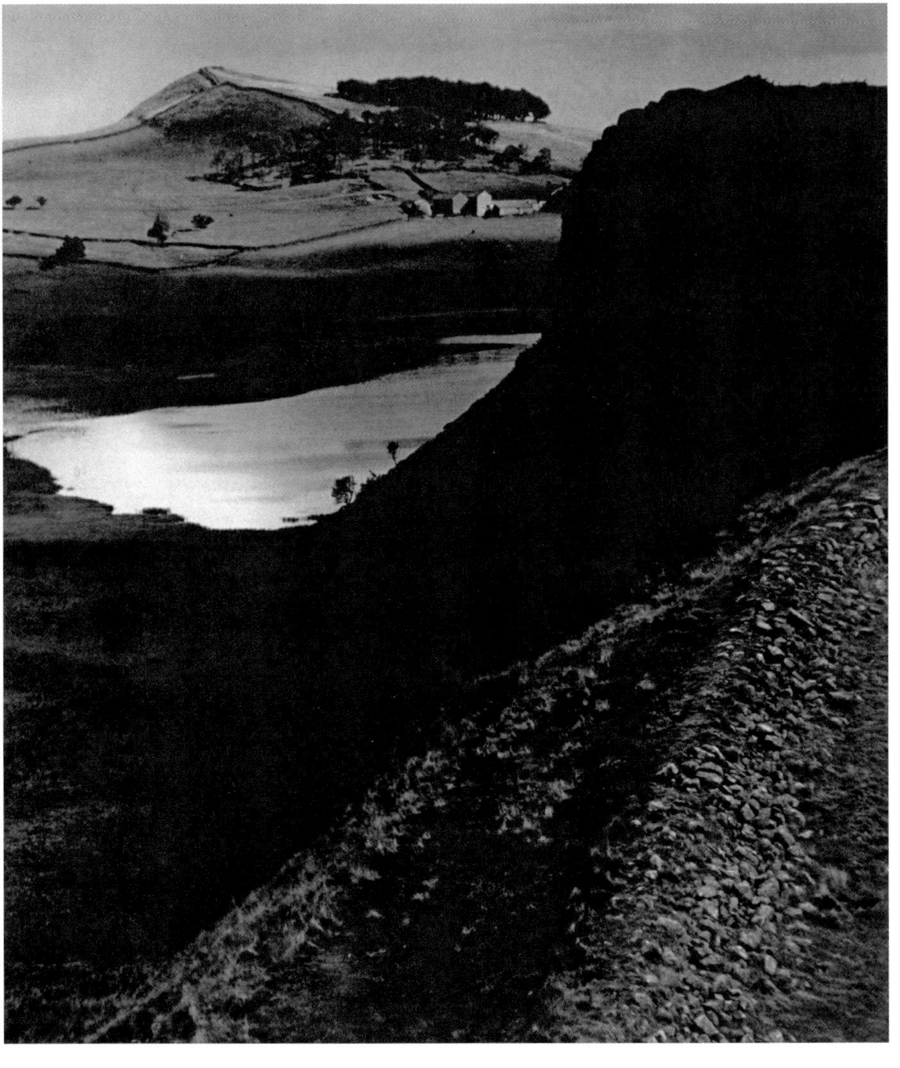

„Sehen Sie zuerst das Motiv an. Versuchen Sie nicht, ihm etwas aufzuzwingen. Bleiben Sie mit einigem Abstand stehen. Dann wird etwas geschehen. Das Motiv wird sich Ihnen offenbaren."

Sie sollten mit den Eigenschaften jedes Objektivs so vertraut sein, dass Sie instinktiv seinen Bildwinkel kennen und wissen, wie verschiedene Blenden sich auf das finale Bild auswirken. Ein 300-mm-Teleobjektiv hat, im Vergleich zu einem Objektiv mit 24 mm Brennweite, eine geringere Schärfentiefe, und der feine Unterschied zwischen 35 mm und 28 mm kann ausschlaggebend sein, ob ein Foto gut ist oder nicht. Wie dieses Foto (aus einer Serie über den Hadrianswall) eindrucksvoll zeigt, war Bill Brandt ein Meister der Perspektive und des Spannungsfelds zwischen Vorder- und Hintergrund. Er betonte: „Es ist essenziell für den Fotografen, seine Objektive und ihre Wirkung zu kennen. Das Objektiv ist sein Auge, und es lässt seine Bilder gelingen oder scheitern." Arbeiten Sie einen ganzen Tag lang ausschließlich mit einem Objektiv und erkunden Sie, wie diese spezielle Brennweite funktioniert, wie sie die dreidimensionale Welt auf eine zweidimensionale Fläche überträgt. Lange Brennweiten verkleinern das Sichtfeld, große Winkel stellen es übertrieben dar. Brandt betonte außerdem: „Sehen Sie zuerst das Motiv an. Versuchen Sie nicht, ihm etwas aufzuzwingen. Bleiben Sie mit einigem Abstand stehen. Dann wird etwas geschehen. Das Motiv wird sich Ihnen offenbaren." Folgen Sie dieser Regel! Lassen Sie das Motiv die Regeln bestimmen, nicht das Objektiv.

Machen Sie viele Fotos

Harry Callahan *Sonnenlicht auf Wasser*, 1943

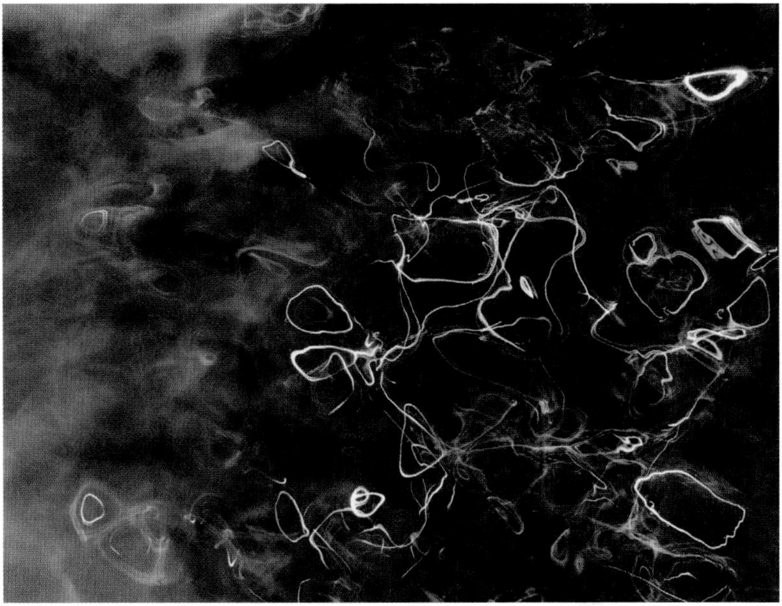

Harry Callahan war ein fleißiger Fotograf. Beinahe jeden Morgen verließ er das Haus, um zu fotografieren, und verbrachte dann den Nachmittag in der Dunkelkammer. Allerdings war er überaus wählerisch, was seine Arbeit anging: „Ich denke, ich habe etwa 40.000 Negative geschossen, und daraus ergaben sich ungefähr 800 Bilder, die mir gefallen." Sein Leitprinzip war einfach: Man muss viele Fotos schießen, denn „um Fotograf zu sein, muss man fotografieren. Gelerntes aus Büchern und absolvierte Seminare sind kein Ersatz für den einfachen Akt des Fotografierens". Seiner Meinung nach war das Fotografieren vor allem ein Lernprozess und Experimentierfeld. Er habe, so sagt er, „pausenlos" Bilder gemacht, „oft ohne gute Idee oder starke Gefühle. In dieser Phase sind fast alle Bilder schlecht, aber ich glaube, dass sie mein Sehen verbessern und mir später zu besseren Fotos verhelfen." Folgen Sie Callahans Rat, machen Sie sich auf den Weg!

Den Hintergrund im Auge behalten

Lee Friedlander *Knoxville, Tennessee*, 1971

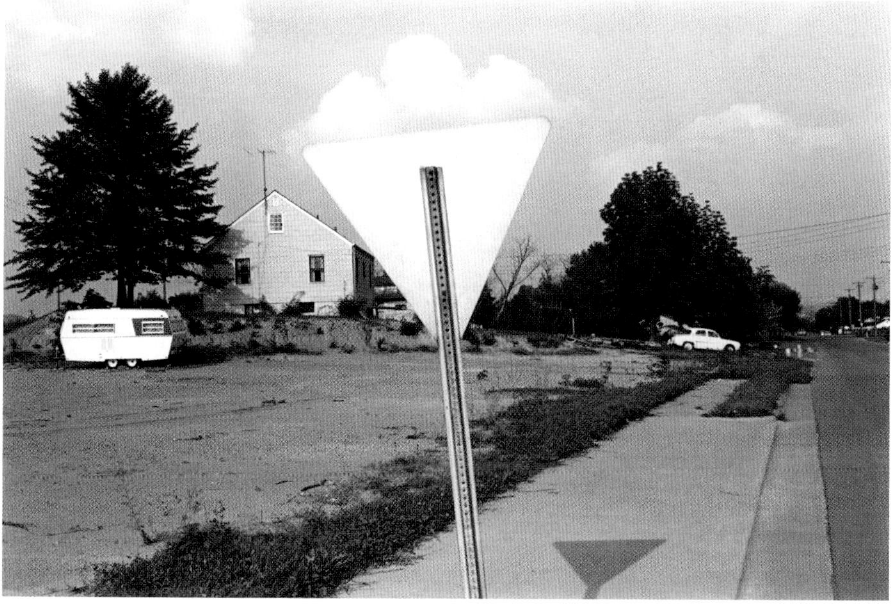

Ein klassischer Fehler bei Porträtfotografie unter freiem Himmel besteht darin, störende Elemente im Bildhintergrund zu übersehen. Ein typisches Beispiel ist der Laternenpfahl, der einer Person aus dem Kopf wächst. Um das zu vermeiden, ist es wichtig, mehr Aufmerksamkeit auf Bildkomposition, Bildausschnitt und Schärfentiefe zu legen. Stellen Sie sicher, dass Sie die Szene wirklich durch Ihren Sucher anschauen, und achten Sie vor allem auf alle Elemente im Hintergrund, die vom Hauptmotiv ablenken könnten. Diese Schwierigkeit wird durch die Tatsache verstärkt, dass die Blende, wenn wir hindurchsehen, in der Regel weit offen ist, sodass der Hintergrund nicht im Fokus ist. Falls Ihre Kamera über eine Schärfentiefe-Vorschau-Taste verfügt, kann das helfen, denn sie zeigt, was am Ende im Bild alles scharf zu sehen sein wird. Umgekehrt können Sie die geringe Schärfentiefe nutzen, um den Hintergrund aus dem Fokus zu nehmen und alle Aufmerksamkeit auf das Motiv zu lenken.

Mit natürlichem Licht arbeiten

Alfred Eisenstaedt *Schauspielerin Sophia Loren beim Kartenspiel mit Fotograf Pierluigi*, 1961

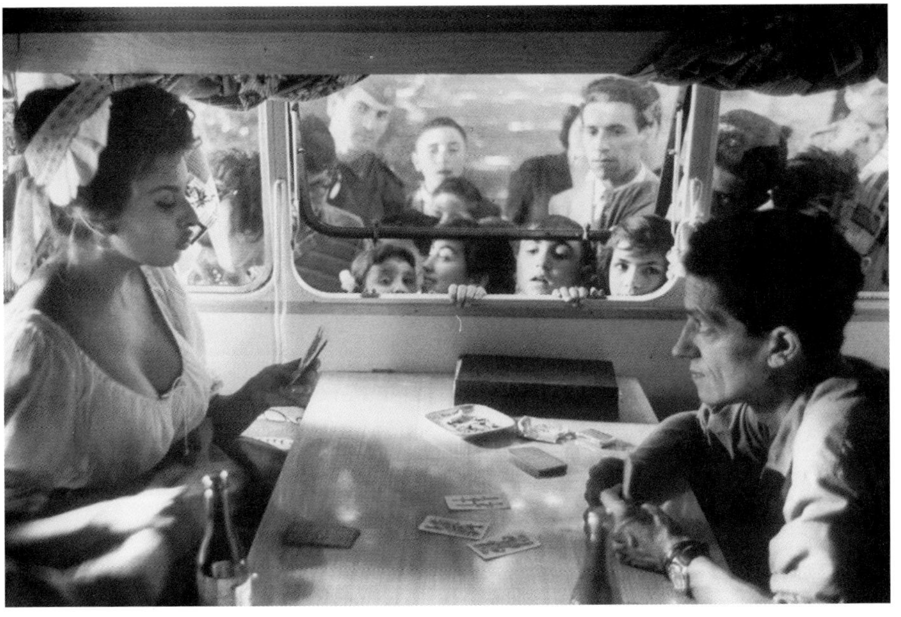

Wie sein Zeitgenosse Henri Cartier-Bresson, war auch Alfred Eisenstaedt kein Freund des Blitzlichts. Er verließ sich lieber auf die Fähigkeit der Leica-Kameras, aus der Hand zu fotografieren, mit schnellen Objektiven und auf Film. Sein Prinzip, nur mit vorgefundenen Lichtquellen zu arbeiten, begründete er damit, dass dieses „Rembrandt-Licht", wie er es nannte, die „natürlichen Gesichtszüge" offenbare und ein „lebendigeres, realistischeres und vorteilhafteres Porträt" ergebe. Er war der Überzeugung, Blitzlicht ruiniere die natürliche Atmosphäre einer Situation, und betonte: „Wenn Sie einen Blick dafür haben, werden Sie feststellen, dass die Lichtnuancen auf dem Gesicht bereits vorhanden sind. Wenn Sie sich auf Blitzlicht versteifen, wird Ihre Palette ziemlich schmal." Mit modernen Digitalsensoren können Sie heute ohnehin fast jede Szene ohne zusätzliche Beleuchtung aufnehmen.

Das Equipment minimieren

Anton Corbijn *Mick Jagger*, 1996

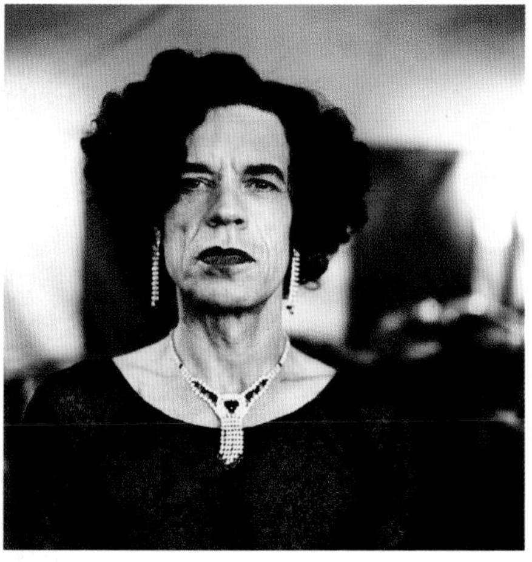

„Beschränke die Zahl deiner Werkzeuge, konzentriere dich auf eine Sache und streng dich an."

Das KISS-Konzept (*Keep It Simple, Stupid*/ „Mache es so einfach wie möglich") kann auch auf die Fotografie angewendet werden. Allzu leicht verliert man sich in den unendlichen technischen Möglichkeiten der Kamera und verliert das Wesentliche aus den Augen: Die Szene, die man ablichten will, und den Bezug, den man zu ihr hat. Anton Corbijn ist bekannt für seine kraftvollen, rauen Porträts von Musikern und anderen Promis. Seine Philosophie ist schlicht: „Beschränke die Zahl deiner Werkzeuge, konzentriere dich auf eine Sache und streng dich an." Meist fotografierte er freihand, mit einer Belichtungszeit von 1/30 oder 1/60 Sekunde. Er findet, seine Beständigkeit in Sachen Technik wirke sich befreiend auf sein Sehen aus, und meint: „Man wird sehr erfinderisch, wenn man sich selbst Beschränkungen auferlegt." Also: Gehen Sie raus in die Welt, fotografieren Sie mit minimalem Equipment und lassen Sie das Motiv für sich selbst sprechen. Machen Sie sich nicht zum Sklaven Ihrer Ausrüstung!

Das Negativ ist erst der Anfang

Ansel Adams *Teton Range – Snake River, Grand Teton National Park, Wyoming*, 1941

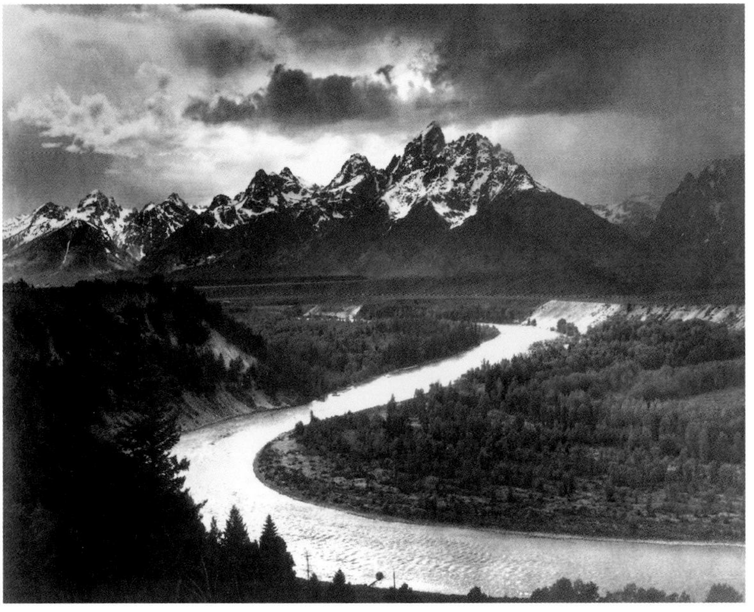

Ansel Adams beherrschte bis ins Kleinste alle technischen Finessen der Fotografie und hielt den Westen der USA in herausragenden Landschaftsaufnahmen fest. Seine großformatigen Schwarz-Weiß-Fotos stecken voller Details und erzählen bewegende Geschichten. Er entwickelte das sogenannte Zonensystem, bei dem die Einteilung in zehn Zonen, von tiefschwarz bis reinweiß, helfen soll, ausgehend von dem Motiv, das er vor Augen hatte, das finale Positivbild zu prävisualisieren. Dieses Verfahren eröffnet einem Negativ eine große Bandbreite von Tonwerten, die in der Dunkelkammer so beeinflusst werden können, dass der Fotograf die von ihm beabsichtigte Wirkung erzielt. Die gewählte Belichtung ist, so Adams, nur der erste Schritt auf dem Weg zum fertigen Bild: „Das Negativ ist mit der Partitur eines Komponisten vergleichbar, der Fotoabzug mit der Aufführung. Jede Aufführung ist ein bisschen anders." Dies gilt auch für die Raw-Daten einer Digitalkamera.

Wenn deine Bilder nicht gut genug sind, warst du nicht nah genug dran

Robert Capa *Demobilisierung der Internationalen Brigade, Les Masies. Spanien. 25. Oktober* 1938

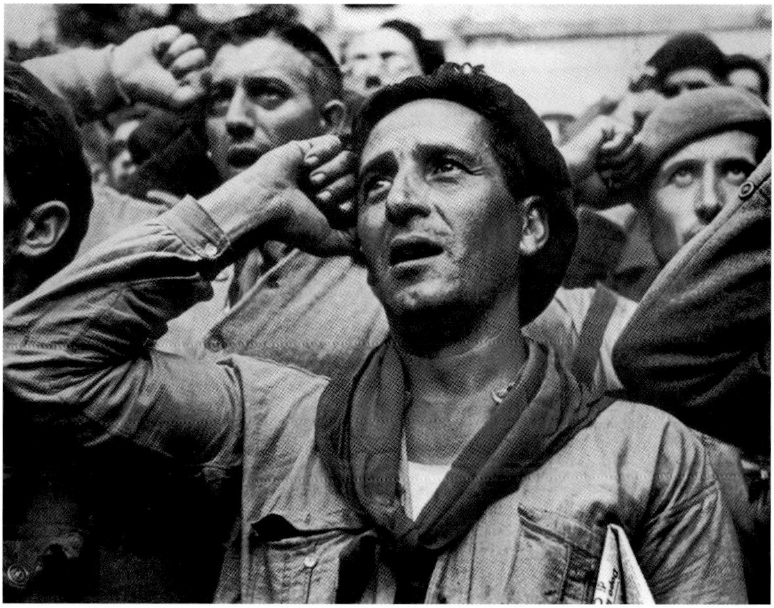

„Wenn deine Bilder nicht gut genug sind, warst du nicht nah genug dran." Dieses Zitat des ungarischen Fotojournalisten Robert Capa dürfte eine der berühmtesten Regeln der Fotografie sein und wird üblicherweise als Aufforderung interpretiert, sich dem Motiv physisch maximal zu nähern und ein Weitwinkelobjektiv zu benutzen. Doch Capa war ein leidenschaftlicher Fotograf und Partisan, der in seinem Werk stets Stellung bezog und sich seit seinem Weggang aus Ungarn Anfang der 1930er-Jahre dem Kampf gegen den Faschismus verschrieben hatte. Capa setzte in Frankreich sein antifaschistisches Engagement fort und dokumentierte den Spanischen Bürgerkrieg, darunter die Demobilisierung der Internationalen Brigade. Diese Studie, aufgenommen aus einem niedrigen Blickwinkel, betont die heroische Pose des Soldaten und offenbart Capas emotionale und politische Affinität zum Motiv. Folgen Sie seinem Rat! Versuchen Sie, sich mit Ihrem Motiv so weit wie möglich zu identifizieren.

Die Vertikalen beherrschen

Charles Sheeler *Außenansicht des Ford Automobilwerks in Detroit, Michigan*, 1927

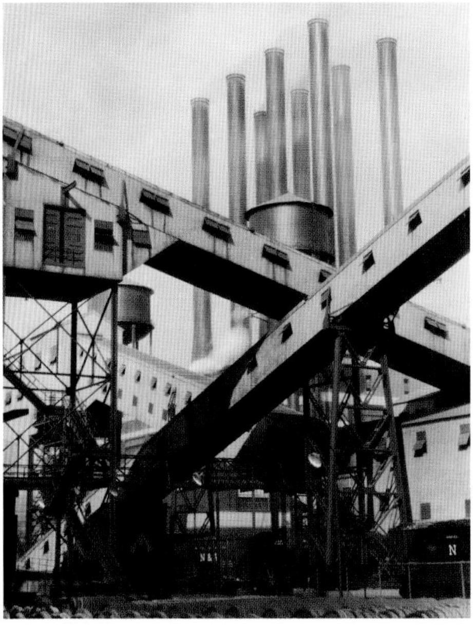

Konvergierende vertikale Linien sind beim Fotografieren von Gebäuden manchmal schwer zu vermeiden, vor allem mit Weitwinkelobjektiv. Sie können sehr verwirrend sein und ein gutes Foto ruinieren. Charles Sheeler demonstriert hier eine effektvolle Lösung für dieses Problem. Versuchen Sie, die Kamera nicht zu weit von der Vertikalen wegzukippen und ihre Rückseite so parallel wie möglich zur Gebäudefassade zu halten. Es kann helfen, etwas weiter wegzugehen und mit kürzerer Brennweite zu arbeiten.

Bei großformatigen Laufbodenkameras lässt sich das Objektiv aus der optischen Achse heraus verstellen. Tilt-und-Shift-Objektive gibt es auch für Spiegelreflexkameras, um die Bewegungen der Laufbodenkamera nachzuahmen, doch diese sind etwas kostspielig. Manche Kameras haben auch ein Raster im Sucher, das bei der Ausrichtung vertikaler und horizontaler Linien helfen kann. In Kombination mit einem Stativ kann man damit perfekte Ergebnisse erzielen.

Fotografie ist immer Manipulation

David LaChapelle *Lost and Found*, 2012

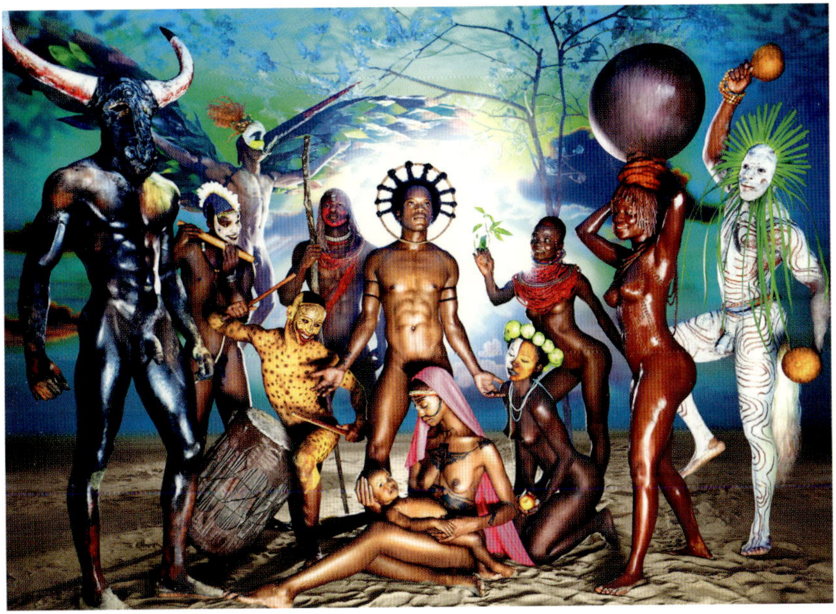

David LaChapelles komplexe und farbenfrohe Tableaus sind scharfsinnige und sozialkritische Studien der Realität, die hinter die Fassade des Berühmtseins blicken. Seine Bilder sind höchst stilisiert, artifiziell und gestellt. Er versteht die Art, wie er das Motiv kontrolliert, als persönliches Statement: „Die Leute sagen, Fotos lügen nicht. Meine tun das. Ich lasse meine Fotos lügen." Er weist darauf hin, dass jede Fotografie das Ergebnis eines Eingreifens, einer Intervention des Fotografen ist. Dies nicht anzuerkennen, ließe in seinen Augen die vorgefasste Meinung des Fotografen außer Acht: „In der Sekunde, in der du eine Kamera auf etwas richtest, manipulierst du das Bild, weil du abschneidest, was rechts und links vom Motiv ist. Sobald du jemanden sichtbar machst, manipulierst du das Bild." Das Entscheidende ist hierbei, sich der eigenen Position bewusst zu sein und sie infrage zu stellen.

Eine Liste erstellen

Tony Ray-Jones *The City, London*, 1967

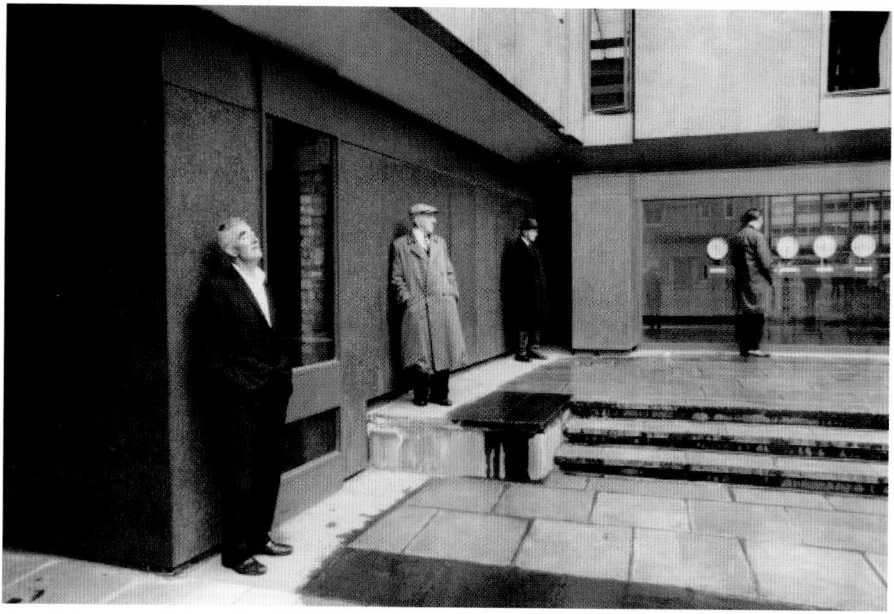

Das Vermächtnis von Tony Ray-Jones, einem der einflussreichsten britischen Fotografen, ist seine kluge und humorvolle Streetfotografie, die in den Arbeiten von Martin Parr, Brian Griffin und Paul Reas fortlebt. Er war ein obsessiver Fotograf, und seine Notizbücher steckten voller Ideen für künftige Projekte und Bilder. Für sich selbst erstellte er die folgende Liste:

1. Sei **aggressiver**
2. **Beteilige** dich mehr am Leben (rede mit den Leuten)
3. Bleib an deinem Thema dran (sei **geduldig**)
4. Mach **einfachere** Fotos
5. Achte darauf, ob alles im Hintergrund zum Thema passt
6. Mehr Variationen bei Komposition & **Winkel**
7. Achte stärker auf die **Komposition**
8. Mach keine **langweiligen** Bilder
9. **Geh näher ran** (benutze ein 50-mm-Objektiv)
10. Achte aufs **Verwackeln** (mindestens 1/250 Sek)
11. Mach nicht zu viele Fotos
12. Nicht immer nur auf Augenhöhe
13. Kein Mittelgrund

Starren ausdrücklich erlaubt

Walker Evans *Stahlwellblechfassade, Moundville, Alabama*, 1936

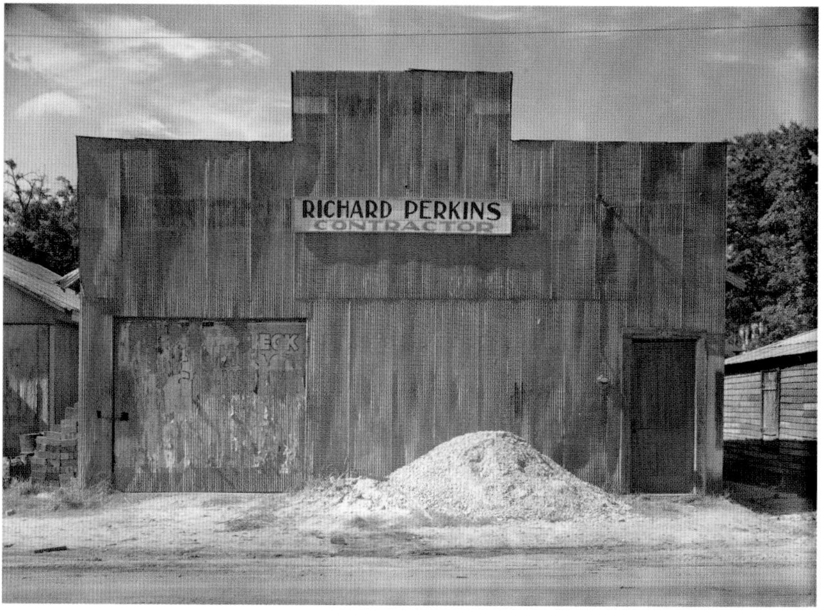

Walker Evans war ein Meister der stillen Betrachtung. Er ließ seine Motive für sich selbst sprechen, und das auf eine scheinbar transparente Weise, hinter der sich eine starke persönliche Vorstellungskraft und ein scharfer Intellekt verbargen. Sein Rat betrifft die Essenz des fotografischen Schauens: „Starre! So schulst du dein Auge und mehr. Schau unverwandt hin, sei neugierig, hör zu, lausche." Seine oft trügerisch schlichten Fotografien zeigen die Kraft, die darin liegt, die Welt so zu zeigen, wie sie ist, wirklich ganz genau hinzusehen, die Welt mit den Augen zu verschlingen. „Das Auge des Künstlers muss hungrig sein, und mein Auge ist hungrig", sagte er einmal. Das macht Mut, sich ins Leben zu stürzen und voller Elan und genüsslich die Momente festzuhalten, wenn unser Auge, unser Geist und die Welt einander begegnen.

Von außen nach innen

David Hockney *Pearblossom Highway 1*, 1986

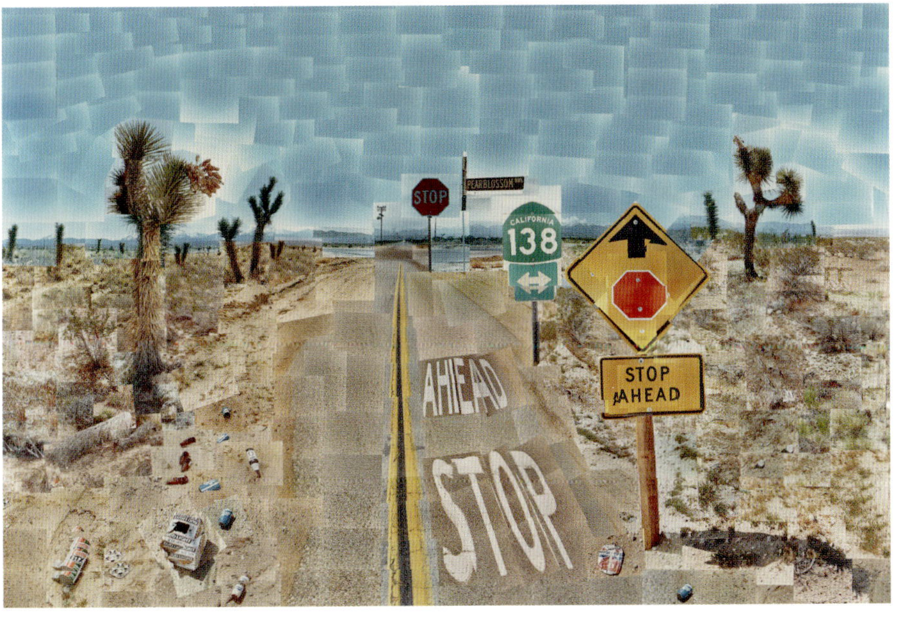

Der Künstler David Hockney hat die Verbindungen zwischen Fotografie und Malerei untersucht. Dabei nutzte er gerne eine Collage-Technik, bei der er aus vielen verschiedenen Bildern eine große Gesamtkomposition schuf. Er betont, dass alles, was im zentralen Bereich eines Bildes liegt, von den Rändern des Bildes an Ort und Stelle gehalten wird. „Eine Hauptregel der Fotografie lautet: Wenn du die Kamera in die Hand nimmst und durch sie Dinge betrachtest, bist du dir der Ränder sehr, sehr stark bewusst. Es sind die Ränder, die bei einem Foto die Komposition ausmachen, und das, was du an den Rand stellst, ermöglicht es dir erst, die Dinge in der Mitte zu sehen." Um das zu üben, gehen Sie nach draußen und konzentrieren Sie sich beim Fotografieren besonders darauf, wo Sie den Rahmen setzen müssen, um das Beste aus dem Motiv herauszuholen. Gehen Sie beim Bildaufbau von außen nach innen vor, statt vom Zentrum aus nach außen.

Das Porträt ist nicht die Person

Rineke Dijkstra *Kolobrzeg, Polen, 26. Juli* 1992

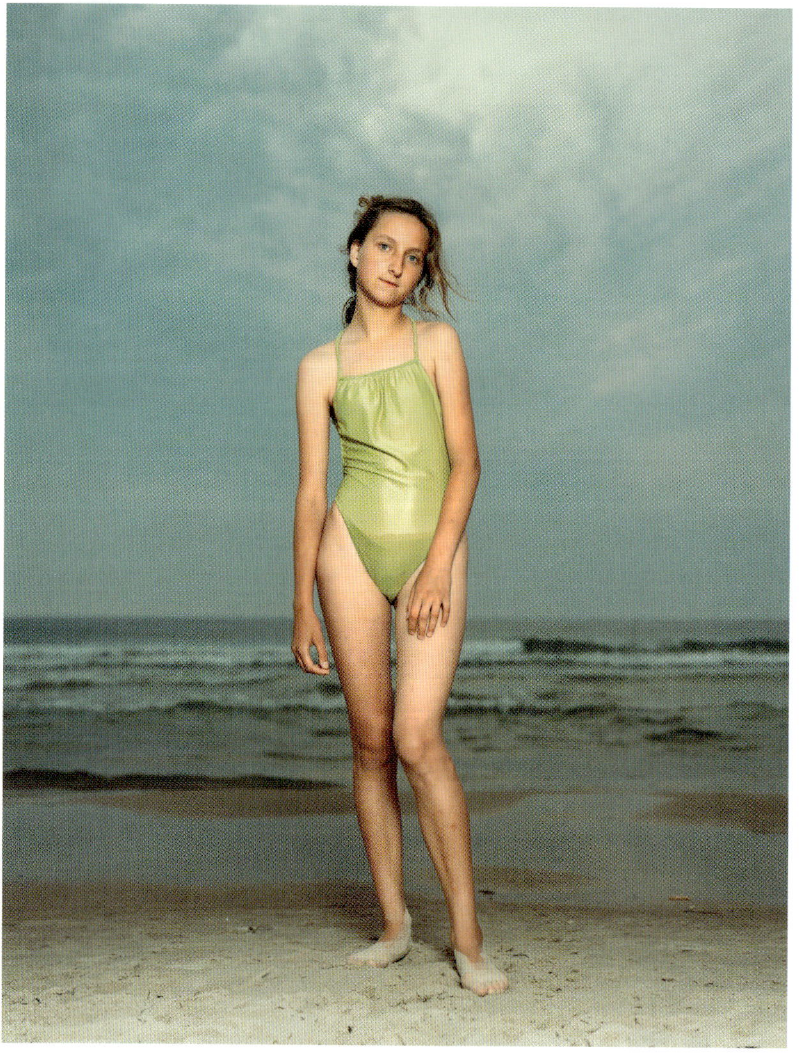

„Wenn man von jemandem ein Foto macht, hat man einen Bezug zu dem Bild, aber nicht unbedingt zu der abgebildeten Person. Die meisten Leute sieht man nie wieder."

Die niederländische Porträtfotografin Rineke Dijkstra ist bekannt für ihre eindringlichen Studien junger Menschen, aufgenommen mit einer Großformatkamera. Für sie beinhaltet die Begegnung unter fotografischen Aspekten stets auch ein Gefühl einer abstrakten Realität: „Ein Foto sagt immer die Wahrheit, da es nur einen Sekundenbruchteil einfängt." Das Eingreifen des Fotografen in die Situation vergrößert oder verstärkt einen bestimmten Moment und verwandelt ihn in eine andere Wirklichkeit. Dijkstra stellt fest, dass sie Dinge zeigen möchte, die im normalen Alltag vielleicht nicht bemerkt werden: „Ich halte immer Ausschau nach dem Aufblitzen von Individualität, indem ich mich auf Gesten, Posen und den Ausdruck konzentriere. Gerade in diesen Momenten der Unachtsamkeit finde ich eine besondere Wahrheit, die irgendwo zwischen dem Gestellten und dem Natürlichen wohnt." Sobald das Foto gemacht ist, bleibt nicht unbedingt das Zusammentreffen in lebendiger Erinnerung, sondern die visuelle Aufzeichnung davon. „Wenn man von jemandem ein Foto macht, hat man einen Bezug zu dem Bild, aber nicht unbedingt zu der abgebildeten Person. Die meisten Leute sieht man nie wieder." Seien Sie sich der Flüchtigkeit des fotografischen Porträtierens bewusst: Ihr Bild ist eine Spielart Ihres Erlebens dieser Person, nicht die Person selbst.

Fotografieren Sie manuell

Paul Lowe

„Der Umstieg auf manuell, zumindest für eine Weile, wird einen besseren Fotografen aus Ihnen machen, weil Sie genauer verstehen, wie die Kamerafunktionen kreativ eingesetzt werden können."

Auch wenn moderne Kameras sehr ausgefeilte Automatikmodi für alle Situationen bieten, ist es nach wie vor wichtig zu verstehen, wie Blende, Belichtungszeit und ISO zusammenhängen, und kreative Entscheidungen zu treffen, um das gewünschte Foto zu erzielen. Automatische Programme sollen eine „perfekte" Belichtung garantieren, können aber immer nur mit Durchschnittswerten arbeiten. Die volle Kontrolle über den fotografischen Prozess haben Sie nur, wenn Sie manuell fotografieren: Sie entscheiden, ob das Bild dramatisch dunkel und unterbelichtet sein soll, um einen Low-Key-Effekt zu erzielen, oder ätherisch überbelichtet. Sie entscheiden, wie viel Schärfentiefe Sie möchten, indem Sie die beste Blende auswählen, oder Sie beeinflussen Unschärfe und Bewegung über die Verschlusszeit. Der Umstieg auf manuell, zumindest für eine Weile, wird einen besseren Fotografen aus Ihnen machen, weil Sie genauer verstehen, wie die Kamerafunktionen kreativ eingesetzt werden können.

Holen Sie alles aus dem Motiv heraus

Alexander Rodtschenko *Pionier*, 1930

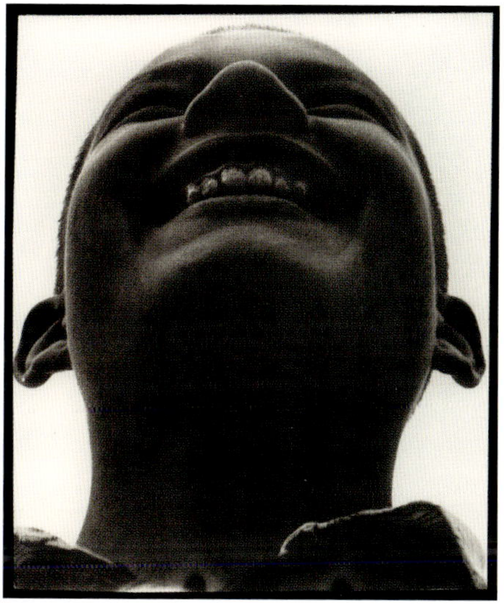

„Fotografieren Sie das Motiv aus verschiedenen Blickwinkeln und in verschiedenen Situationen, als würde man es von allen Seiten untersuchen, statt immer wieder durch dasselbe Schlüsselloch zu schielen."

Einer der Begründer des Konstruktivismus, der russische Avantgarde-Künstler Alexander Rodtschenko, zeigte sich schon früh begeistert, wie die Leica mit 35-mm-Film die Fotografie von dem statischen Gefühl befreite, das den größeren Plattenkameras anhaftete. Er suchte nach ungewöhnlichen Perspektiven und erkundete die Möglichkeiten, die ihm die Bewegungsfreiheit des neuen Kleinbildformats bot, um das Alltagsleben auf noch nicht dagewesene und oft radikale Weise abzubilden. Er ermutigte Fotografen, ein Motiv „aus verschiedenen Blickwinkeln und in verschiedenen Situationen" zu fotografieren, „als würde man es von allen Seiten untersuchen, statt immer wieder durch dasselbe Schlüsselloch zu schielen". Folgen Sie seinem Rat: Fordern Sie sich selbst heraus, finden Sie neue Winkel, aus denen heraus Sie fotografieren. Überraschende und faszinierende Muster und Formen können plötzlich auftauchen, wenn man die Welt aus einer anderen Position als der gewohnten Augenhöhe betrachtet.

Benutzen Sie ein Stativ

Simon Norfolk Simon Norfolk fotografiert archäologische Überreste unter der Jerusalemer Altstadt; dahinter ist das arabische Viertel Silwan zu sehen, 2019 (aufgenommen von Samir Al-Sharif)

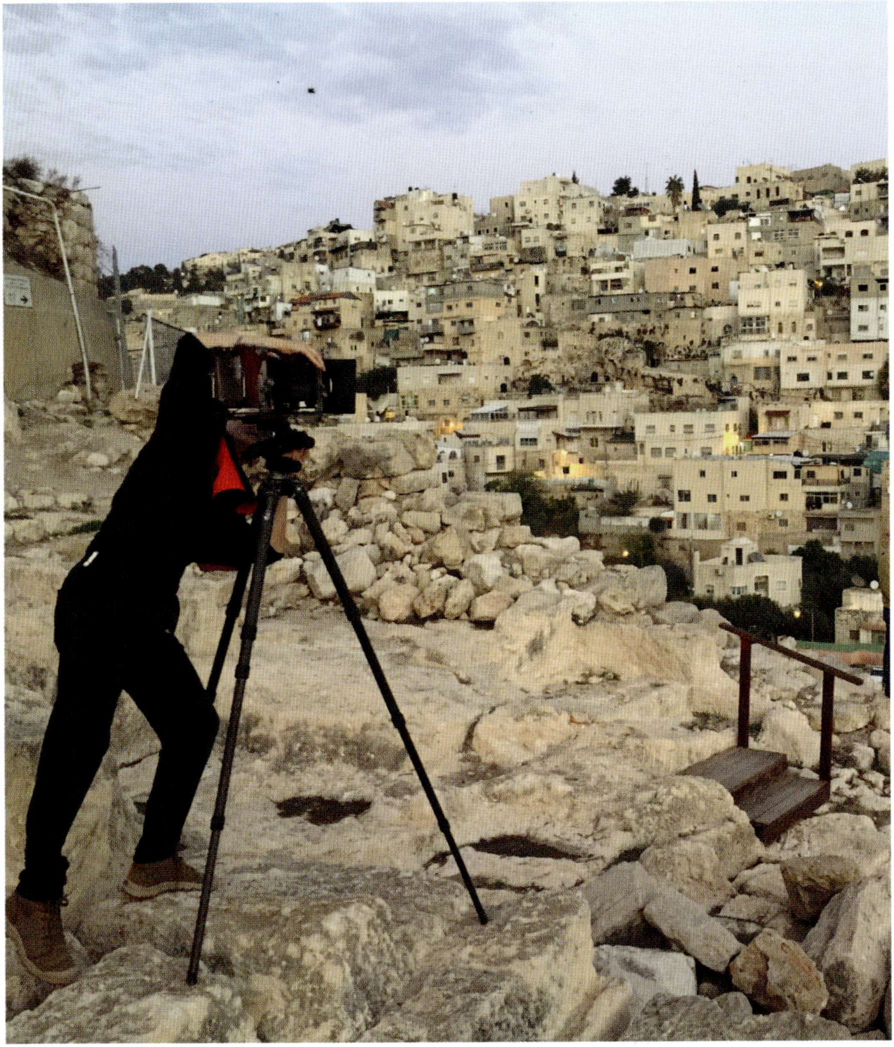

„Ein Dreibeinstativ wird Sie entschleunigen. Es bringt Sie dazu, alle Aspekte des fotografischen Prozesses eingehender zu bedenken.“

Ein Stativ ist ein überaus nützliches Zubehör, das mehr kann, als die Kamera ruhig zu halten, um verwackelte Bilder zu vermeiden. Es ermöglicht Ihnen auch, mit Restlicht zu fotografieren, und Belichtungen von mehreren Sekunden, Minuten oder sogar Stunden. Ein Mondschein-Motiv kann in eine außergewöhnliche Landschaft verwandelt werden, wenn Sie eine lange Belichtung und ein Stativ verwenden, oder Sie können Zeitrafferaufnahmen machen, die zeigen, wie sich Licht durch die Szenerie bewegt. Ein Stativ verhilft außerdem zu schärferen Bildern, selbst bei höheren Verschlusszeiten, weil es die Kamera stabilisiert. Besonders lange und schwere Teleobjektive können über eine Objektivschelle mit dem Stativ verbunden werden. Vor allem aber wird ein Dreibeinstativ Sie entschleunigen. Es bringt Sie dazu, alle Aspekte des fotografischen Prozesses eingehender zu bedenken, hilft Ihnen, sich den Zusammenhang zwischen Verschlusszeit, Blende und Schärfentiefe klarzumachen, und fördert intensiveres Erwägen von Bildkomposition und Auswahl des Bildausschnitts. Mit Ihrer digitalen Spiegelreflexkamera samt Stativ nach draußen zu gehen und sich vorzustellen, Sie hätten eine großformatige Plattenkamera, ist eine fantastische Übung und ein guter Ansporn auf dem Weg zum perfekten Fotografen. Das Fotografieren mit Stativ kann auch die Dynamik einer Porträtsitzung positiv beeinflussen, da es den gesamten Prozess formaler wirken lässt.

Mit den Augen eines Kindes

Rinko Kawauchi *Ohne Titel*, aus der Serie *Utatatne*, 2001

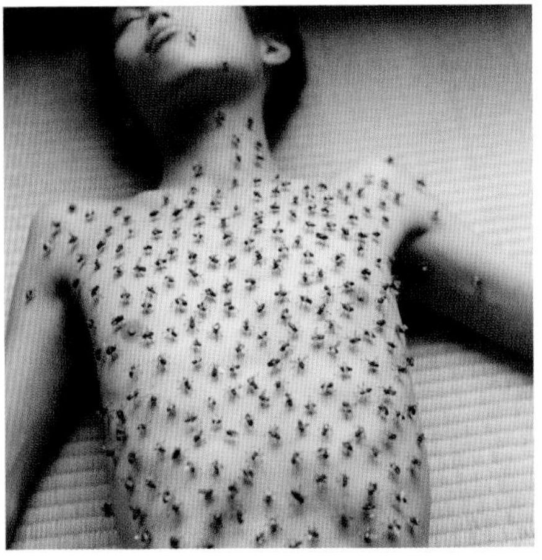

„Es gehört zum Job eines Fotografen, intensiver hinzusehen, als es die meisten Leute tun."

Einer der größten Vorzüge der Fotografie ist ihre Fähigkeit, Dinge sichtbar zu machen, die sonst unbemerkt geblieben wären. Bill Brandt stellte fest, es gehöre zum Job eines Fotografen, „intensiver hinzusehen, als es die meisten Leute tun. Er muss sich etwas von der Empfänglichkeit bewahren, mit der Kinder zum ersten Mal die Welt anschauen oder Reisende, die erstmals ein fremdes Land betreten." Manche Fotografen scheinen Zugang zu einer anderen Bewusstseinsebene zu haben und entdecken im alltäglichen Leben überraschende Momente. So zum Beispiel die japanische Fotografin Rinko Kawauchi. Ihre einzigartige Sichtweise schreibt sie auch der Tatsache zu, dass sie die Perspektive eines Kindes einnehme: „Ich starre Ameisen an, wie sie sich um Zuckerkörnchen versammeln, oder beobachte Schnecken im Regen. Solche Dinge machen Kinder häufig, nicht wahr? Ich bin für diese Dinge ähnlich sensibel." Kultivieren Sie dieses Gefühl! Betrachten Sie die Welt so staunend wie ein Kind!

Die Kamera sieht alles

Berenice Abbott *Herald Square in New York*, 1935

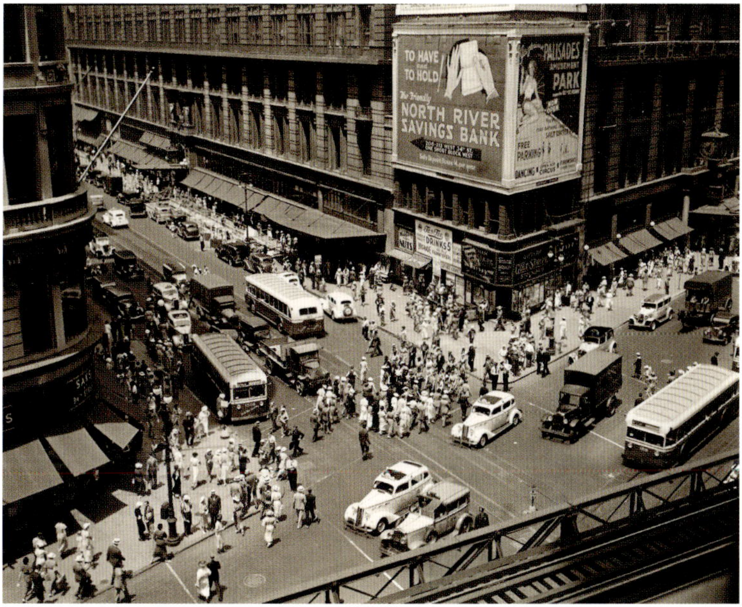

Wenn wir die Welt sehen, nehmen wir ihre Komplexität oft kaum wahr. Das menschliche Auge ist fehlbar, und wir neigen dazu, nur das zu sehen, was wir sehen wollen: das Offensichtliche und das, was uns unmittelbar interessiert. Das Kameraobjektiv jedoch registriert alles gleichermaßen klar und deutlich. Gute Fotografen müssen lernen, wie die Kamera zu sehen und sich jede Beziehung zwischen Vorder-, Mittel- und Hintergrund bewusst zu machen, die für das menschliche Auge nicht sofort erkennbar ist, aber auf dem Foto überdeutlich zutage tritt. Die berühmte Fotografin Berenice Abbott mahnte bereits: „Was das menschliche Auge beiläufig und gleichgültig beobachtet, nimmt das Kameraauge mit schonungsloser Genauigkeit zur Kenntnis." Suchen Sie Ihren Bildausschnitt nach jedem winzigen Detail ab und stellen Sie sicher, dass Sie es auf Ihrem Foto haben wollen. Alles, was sich innerhalb oder außerhalb des Bildausschnitts befindet, sollte das Ergebnis einer bewussten Entscheidung sein.

Ihre Beine sind der beste Zoom

Ernst Haas *Drehtür*, 1975

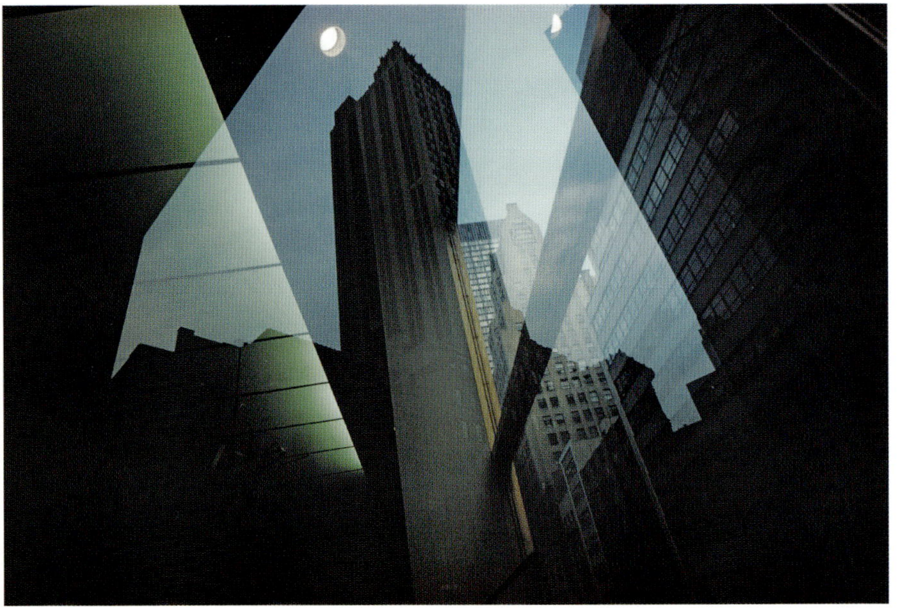

Moderne Zoomobjektive sind eine Ausgeburt an Qualität und Bequemlichkeit. Sie können in Sekundenbruchteilen den Bildausschnitt verändern und decken einen großen Brennweitenbereich ab. Allerdings verleiten sie auch zur Faulheit, wenn ein Fotograf sich nicht mehr vom Fleck bewegt und es der Brennweite überlässt, wie seine Bilder aussehen. Ernst Haas, der das Fotografieren technisch durch und durch beherrschte, empfahl, Fotografen sollten besser sich selbst anstelle des Objektivs bewegen: „Das beste Weitwinkelobjektiv? Zwei Schritte zurück!" Das Verwenden hochwertiger Objektive mit fester Brennweite gibt Ihnen mehr Kontrolle über die Bildkompositionen, da Sie Ihre Position bewusst verändern müssen, um den richtigen Bildausschnitt zu bekommen. So machen SIE das Bild, nicht die Kamera. Sollten Sie nur ein Zoomobjektiv haben, begrenzen Sie es durch Abkleben auf eine bestimmte Brennweite und fotografieren damit, als hätten Sie ein Objektiv mit Festbrennweite

Die Seele der Landschaft entdecken

Aletheia Casey *After the Apology*, 2008

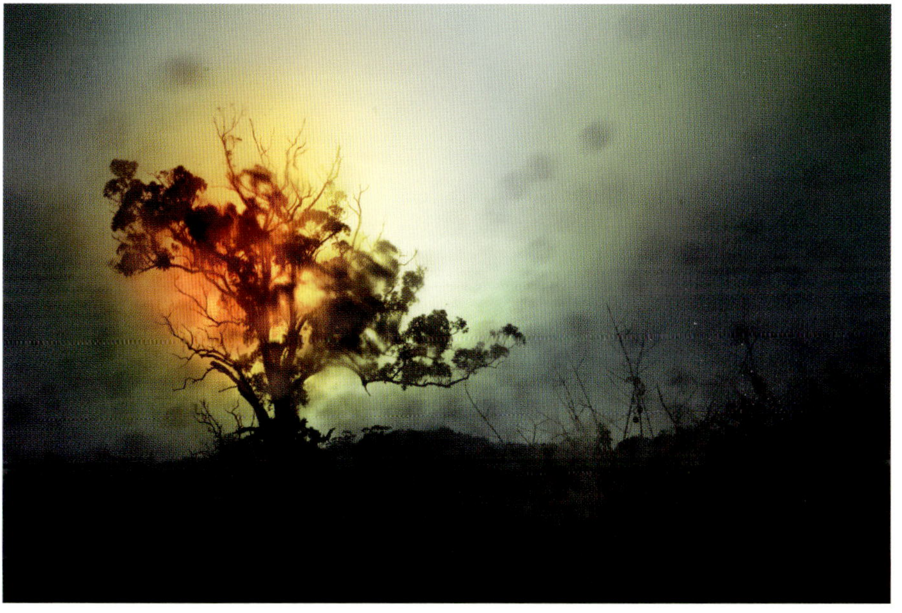

Die australische Dokumentarfotografin Aletheia Casey ist bekannt für ihre eindringlichen, emotional aufgeladenen Arbeiten. Sie unterscheidet nicht zwischen verschiedenen Genres: Wenn Casey eine Landschaft fotografiert, versucht sie, das in den Fokus zu nehmen, was ein Gefühl auslöst, und bei Porträts tut sie das Gleiche.

Ein Fotograf muss inmitten der Landschaft sitzen und auf den perfekten Foto-Moment, das perfekte Licht warten. Währenddessen denkt er darüber nach, was seine Umgebung so interessant macht, und entscheidet, was im Zentrum des Fotos stehen soll. Indem sie die Landschaft wie ein Porträt behandelt, denkt Casey sich den emotionalen Fokus als die „Augen" des Bildes. Mit den Licht- und Wetterverhältnissen ändert sich die Szenerie, genauso wie der Ausdruck auf dem Gesicht eines Menschen. „Wenn man geduldig dasitzt und auf den richtigen Moment wartet, spürt man die der Landschaft innewohnende Seele."

Verzichten Sie auf das Beschneiden von Fotos

Mary Ellen Mark *Kinder eines Roma-Camps, Barcelona, Spanien*, 1987

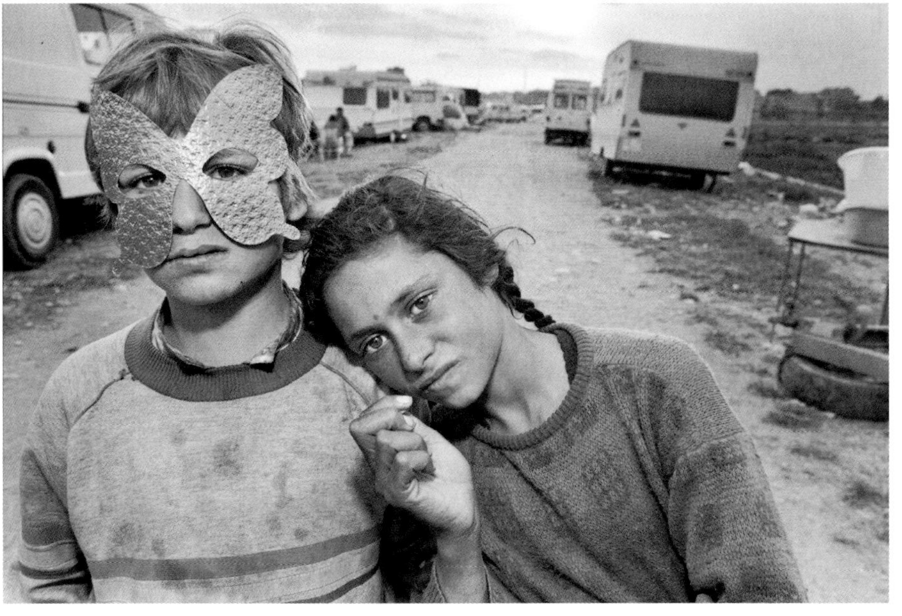

Zwar ist bei modernen Digitalkameras die Bildauflösung so hoch, dass ein Beschneiden des Bildes in der Nachbearbeitung kein Problem darstellt, aber grundsätzlich ist es besser, schon zum Zeitpunkt der Belichtung den richtigen Bildausschnitt gewählt zu haben. Cartier-Bresson behauptete, seine Fotos nie beschnitten zu haben, und auch die amerikanische Fotojournalistin Mary Ellen Mark stellte klar: „Ich beschneide meine Fotos nicht. Ich bedenke beim Fotografieren den gesamten Bildausschnitt. Das habe ich gelernt, als ich anfing zu fotografieren." Diesem Vorbild sollten Sie folgen! Sie können ein Spiel daraus machen: Jedes Mal, wenn es Ihnen nicht gelingt, genau den gewünschten Bildausschnitt zu bekommen und die Elemente am Bildrand richtig zu platzieren, haben Sie verloren, als wollten Sie beim Computerspiel einen Highscore erzielen. Diese Selbstkontrolle wird Ihnen helfen, mit der Zeit besser darin zu werden, die Ränder des Bildausschnitts automatisch auf ungenutzten Raum oder Fehler zu kontrollieren.

Mut zu stillen Fotos

William Albert Allard *Buckaroo T. J. Symonds, IL Cow Camp, Nevada*, 1979

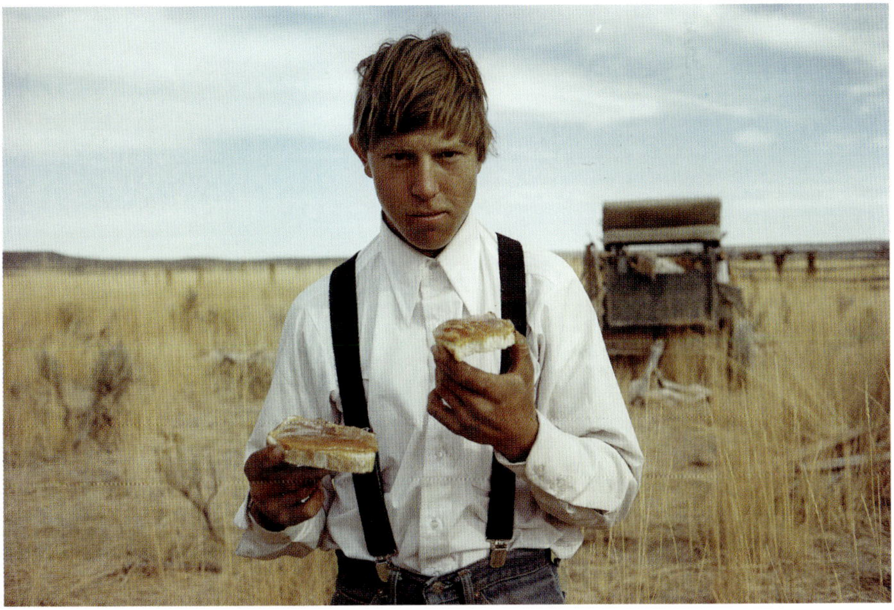

Die Fotografien von William Albert Allard sind wunderbar hintergründig, visuell wie emotional, und verströmen einen unaufdringlichen Zauber. Sie überfallen den Betrachter nicht mit greller Technik oder dramatischen Bildwinkeln, sondern bieten einen ruhigen, nuancierten Blick. Diese Wirkung möchte Allard ganz bewusst erzielen, denn er glaubt „an die nachhaltige Kraft stiller Fotos". Um Zugang zu sehr engen Gemeinschaften zu bekommen, rät er, die Menschen nicht zu bedrängen. Man müsse präsent sein, sehr viel Verständnis zeigen und den Menschen die Entscheidung überlassen, ob sie den Fotografen in ihr Leben lassen wollen. „Menschen zu fotografieren erfordert die Bereitschaft, Ablehnung zu akzeptieren. Ich glaube, der beste Ansatz lautet: Sei ehrlich und direkt." Wenn Sie in großer Nähe zu Menschen fotografieren, lassen Sie sich Zeit. Bemühen Sie sich, von ihnen angenommen zu werden. Lassen Sie Ruhe in Ihre Bilder einkehren, vermeiden Sie exzessiven, plakativen Technikeinsatz.

Fotografieren im RAW-Format

Paul Lowe

„Fotografieren im RAW-Format ist das digitale Äquivalent zu den gesammelten Negativ-Filmstreifen der Analogfotografie."

Um die bestmögliche Bildqualität zu erzielen, sollten Sie mit Ihrer Digitalkamera immer im RAW-Format fotografieren. Dieses Rohdatenformat enthält alle vom Sensor erfassten Originaldaten einer Aufnahme. Beim JPEG-Format hingegen werden Daten entfernt und komprimiert, um Speicherplatz zu sparen. Das RAW-Format erfasst zudem viel mehr Bilddetails: Wenn ein JPEG 256 Helligkeitsstufen erfasst, sind es beim RAW bis zu 16.384 Abstufungen. Im Rohformat ist es einfacher, Weißabgleich sowie Über- und Unterbelichtung anzupassen, und in Programmen wie Lightroom oder Photoshop lassen sich Schärfe und Rauschunterdrückung besser bearbeiten als mit der vorhandenen Kamera-Software. Alle Änderungen, die Sie an RAW-Daten vornehmen, haben keinen Einfluss auf das ursprüngliche Bild, Sie können also jederzeit auf das Original zurückgreifen. Das Fotografieren im RAW-Format ist das digitale Äquivalent zu den gesammelten Negativ-Filmstreifen der Analogfotografie.

Das Alltägliche ästhetisieren

Lewis Baltz *Baustelle, Detail, Ostwand, Xerox, 1821 Dyer Road, Santa Ana*, 1974

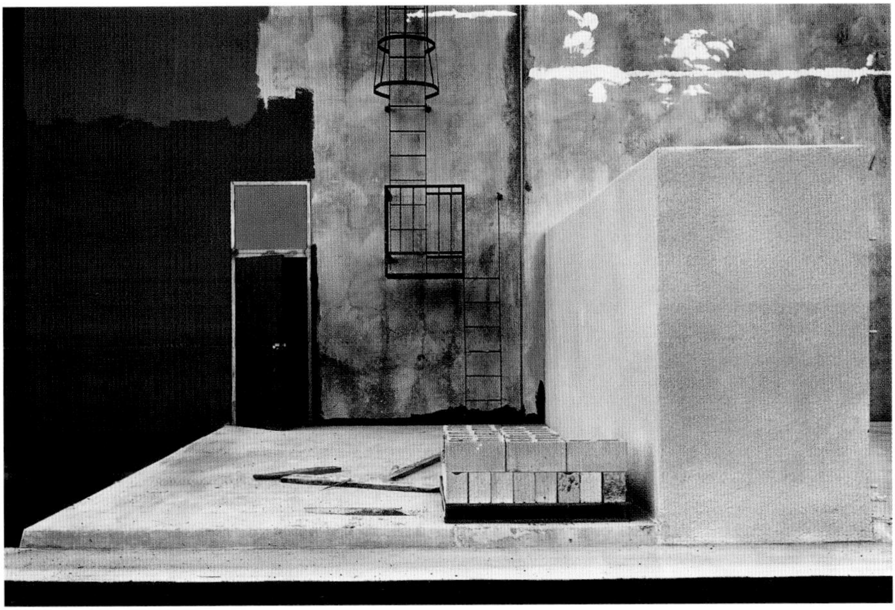

Lewis Baltz war ein hervorragender Chronist der Nicht-Orte Amerikas. Er verwandelte alltägliche Ecken der von Industrie und Handel vereinnahmten Landschaften in abstrakte Muster, die dazu einladen, Bekanntes mit neuen Augen zu sehen. Für Baltz war es „notwendig, die Fotografie auseinanderzunehmen, von allen nicht notwendigen Komponenten zu befreien und ganz von vorne zu beginnen, mit einer reduzierten, aber umso kraftvolleren Vorstellung von dem, was ‚fotografisch' ist oder sein könnte". Seine Bilder zeigen grundsätzlich reale Orte, wollen aber als Raum der Fantasie betrachtet werden. Fotos sollen, so Baltz, „kein Nachdenken über externe Phänomene, sondern über die Bedingungen ihrer eigenen Existenz" anregen. Da der Akt, etwas zu fotografieren, diesen Gegenstand zu einem wertvollen Objekt erhebt, kann Fotografie uns auf Dinge aufmerksam machen, die wir sonst nicht wahrnähmen. „Alles ist fotogen, sobald es fotografiert wurde", betont Baltz.

Brechen Sie das Eis

Philippe Halsman Philippe Halsman fotografiert Salvador Dalí, 1954 (aufgenommen von Yale Joel)

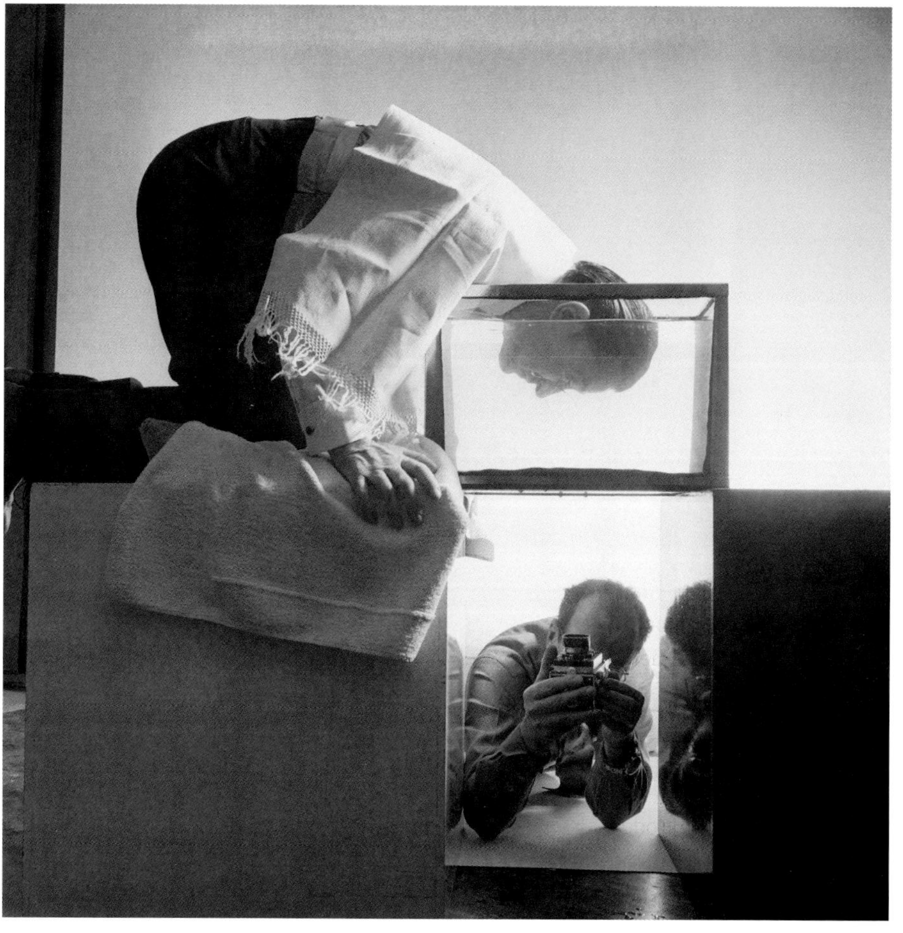

„Ich schreibe dem Modell nichts vor – das Einzige, was ich versuche, ist, ihm über seine Ängste und Hemmungen hinwegzuhelfen. Ich versuche festzuhalten, was meinem Empfinden nach etwas von seinem Innenleben widerspiegelt.“

Philippe Halsman erklärte, dass er stets versuche, eine Verbindung zum Innenleben der von ihm fotografierten Personen herzustellen, betonte aber: „Ich schreibe dem Modell nichts vor – das Einzige, was ich versuche, ist, ihm über seine Ängste und Hemmungen hinwegzuhelfen. Ich versuche festzuhalten, was meinem Empfinden nach etwas von seinem Innenleben widerspiegelt.“ Er war ein Meister darin, raffinierte Methoden zu ersinnen, um tiefer in die Persönlichkeit seiner Modelle vorzudringen, und stellte fest: „Die meisten Leute werden vor lauter Selbstbewusstsein ganz steif, wenn sie für ein Foto posieren. Beleuchtung und Kameraausrüstung sind nutzlos, wenn der Fotograf sie nicht dazu bringen kann, die Maske fallen zu lassen, wenigstens für einen Augenblick, damit er ihre echte, unverstellte Persönlichkeit, ihr wahres Wesen auf Film bannen kann.“ Zu den Techniken, dies zu erreichen, zählte das „Provozieren des Modells, es mit Witzen bei Laune halten, es mit Stille einlullen, es mit unverschämten Fragen bombardieren, die sein bester Freund nicht zu stellen wagen würde“. Diese Strategie mag nicht für jede Porträt-Sitzung geeignet sein, aber zwischen Ihnen und Ihrem Modell das Eis zu brechen, ist unverzichtbar.

Keine Angst vor schlechten Fotos

Gueorgui Pinkhassov *Bluewater Einkaufszentrum*, 1999

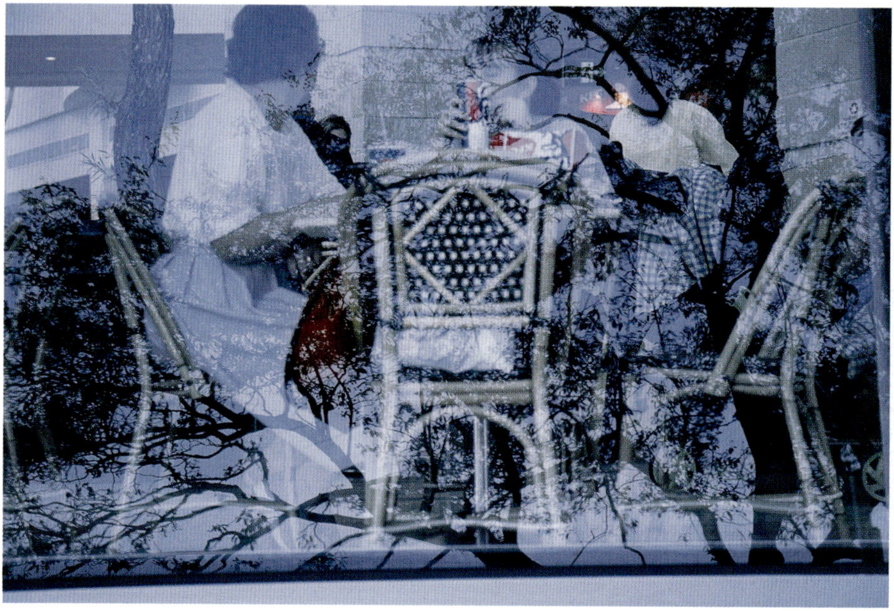

Magnum-Fotograf Gueorgui Pinkhassov verfügt über einen einzigartigen Blick und entdeckt in alltäglichen Situationen stets das Seltsame und Komplexe. Zentraler Aspekt seiner Herangehensweise ist das Begrüßen des Scheiterns. Misslungene Fotos verhelfen der ureigenen Sichtweise zum Durchbruch, meint er, denn: „Großartige Fotos entstehen durch Zufall, wenn sich das Wertesystem verändert, neue Werte auftauchen." Es lohnt sich, mit neuen visuellen Strategien zu experimentieren, auch wenn diese anfangs nicht zu funktionieren scheinen. Pinkhassov rät: „Keine Angst vor schlechten Fotos! Gute Fotos sind misslungene schlechte Fotos." Ganz wichtig ist eine große Zahl an Bildern: „In der Regel machen wir zehn Fotos und sortieren nur ein paar davon aus. Aber das Ergebnis ist viel effektiver, wenn wir 100 Fotos machen und 99 rausschmeißen." Üben Sie, die Welt so zu sehen, wie die Kamera sie sieht, reagieren Sie intuitiv. Viele Fotos werden danebengehen, aber einige werden spektakulär sein!

Die Farben in Schwarz-Weiß erkennen

Anders Petersen *Lily Rose und Scar im Café Lehmitz*, 1970

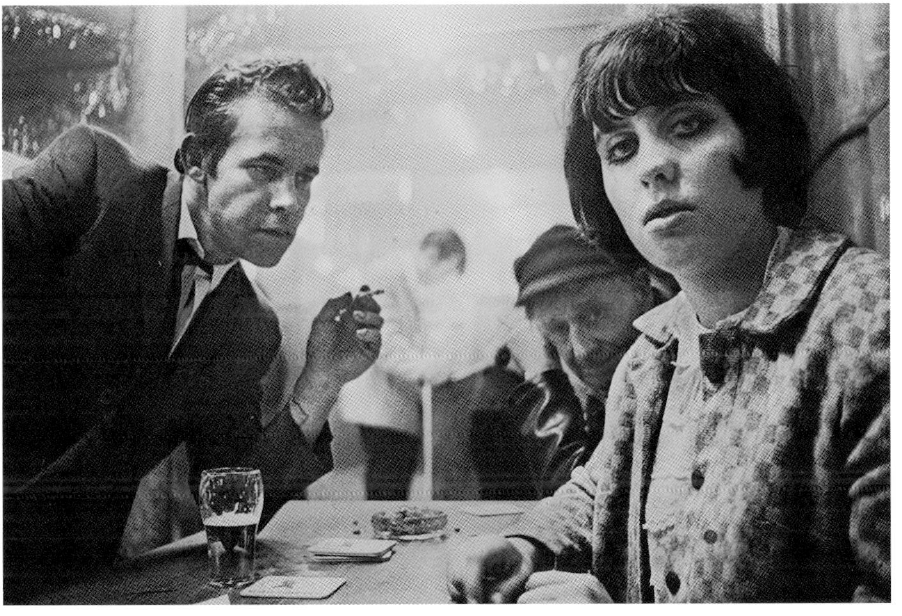

Anders Petersens einfühlsame Aufnahmen der Gäste der Hamburger Stehbierhalle „Café Lehmitz" sind eine regelrechte Reeperbahn-Milieustudie. Er entschied sich für Schwarz-Weiß-Fotografie, weil dies eine engere Verbindung zu den abgelichteten Personen erlaube: „Schwarz-Weiß hat mehr Farben als die Farbfotografie, weil die Farben einem nicht den Blick verstellen und man seine Erfahrungen, sein Wissen und seine Fantasie benutzen kann, um das Schwarz-Weiß mit Farben zu füllen." Die Abstraktion des Schwarz-Weiß helfe ihm, so Petersen, eine tiefgreifendere Intimität herzustellen. Er ergänzt: „Ich glaube nicht wirklich an die Wirklichkeit, das ist nur eine Täuschung. Aber ich glaube an eine Art Wirklichkeit, die aufgrund all der Sehnsucht, Träume, Geheimnisse und Albträume existiert, vor allem aufgrund von Sehnsucht. Ich glaube, kein Bild ist frei von Sehnsucht." Farbe kann vom Wesentlichen ablenken, wenn man ernsthaft versucht, sich auf das Leben anderer Menschen einzulassen.

Sie entscheiden, wo der Fokus liegt

Julia Margaret Cameron *Jago, Studie eines Italieners*, 1867

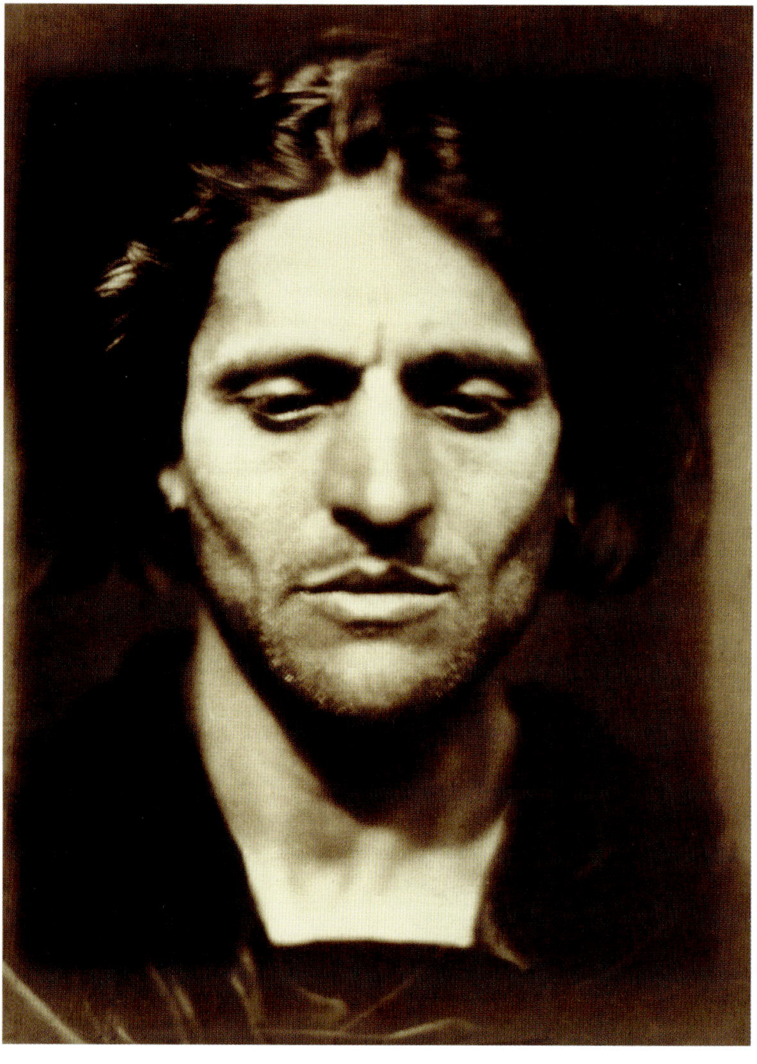

„Vom ersten Augenblick an behandelte ich mein Objektiv mit zärtlicher Inbrunst, es ist für mich zu einem lebendigen Ding geworden, mit einer Stimme und einer Erinnerung und einer kreativen Energie.“

Eines der kreativsten Steuerungsmittel ist der Fokus: worauf wir ihn richten und wie viel Schärfentiefe wir benutzen. Die Kombination aus geringer Schärfentiefe und einer bewussten Entscheidung, was fokussiert werden soll, lenkt das Auge des Betrachters auf ganz spezifische Elemente des Fotos. Auf diese in der Porträtfotografie sehr wirkungsvolle Technik verstand sich die englische Fotografin Julia Margaret Cameron meisterlich. Sie benutzte eine großformatige Plattenkamera (38 × 30 cm) mit einem Jamin-Rapid-Rectilinear-Objektiv, einer festen Blende von *f*/3.6 und einer Brennweite von etwa 300 mm, die bei den kurzen Entfernungen, mit denen sie arbeitete, eine geringe Schärfentiefe aufwies. Sie hatte sich sofort in das Objektiv verliebt und schwärmte: „Vom ersten Augenblick an behandelte ich mein Objektiv mit zärtlicher Inbrunst, es ist für mich zu einem lebendigen Ding geworden, mit einer Stimme und einer Erinnerung und einer kreativen Energie.“ Ihre ersten Versuche mit der Kamera waren experimenteller Natur. „Ich glaube, dass meine ersten Erfolge mit meinen unscharfen Bildern Zufall waren. Wenn ich nämlich fokussierte und mir etwas sehr Schönes ins Auge fiel, habe ich an der Stelle aufgehört, statt weiter am Objektiv zu drehen, um die Schärfe zu erzielen, auf die alle anderen Fotografen bestehen.“ Doch wie diese eindrucksvolle Aufnahme eines Schauspielers, der die Shakespeare-Figur *Jago* verkörpert, zeigt, bündelt diese Unschärfe unsere Aufmerksamkeit, und wir betrachten eine ausdrucksstarke Charakterstudie. Später stellte Cameron die Konvention des Scharfstellens grundsätzlich infrage: „Was ist der Fokus und wer hat das Recht zu sagen, welcher Fokus der richtige ist?“ Denken Sie daran, wenn Sie überlegen, welchen Teil Sie scharfstellen und wie viel Schärfentiefe Sie haben wollen. Machen Sie sich nicht zum Sklaven von Autofokus und voreingestellter Blende!

Fotografie als Waffe

John Heartfield *Adolf der Übermensch schluckt Gold und redet Blech*, 1932

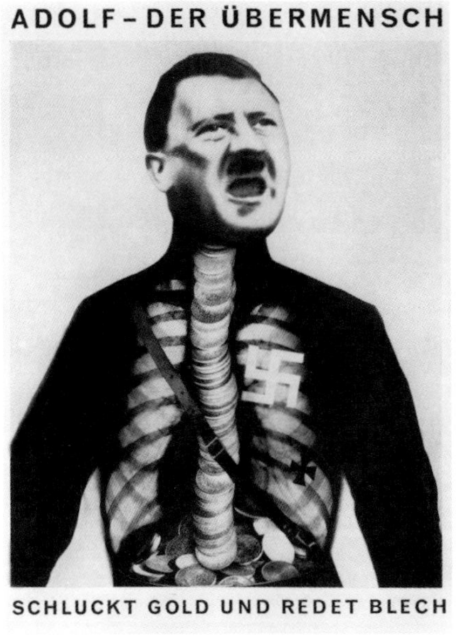

„Wenn ich Texte zusammenstelle und sie intelligent und gekonnt anordne, wird das die Massen in Aufruhr versetzen."

Der deutsche Künstler John Heartfield war ein Meister der politischen Fotomontage und des Agitprop. Sein grafisches Talent nutzte er, um wirkmächtige Bilder zu schaffen, mit denen er in den 1930er-Jahren die Nazi-Herrschaft kritisierte. Indem er Bilder unterschiedlicher Herkunft mit Text kombinierte, befreite er sich von der wortgetreuen Darstellung von Politik und kommentierte den Aufstieg von Faschismus und Kapitalismus mit den Mitteln der Satire. Er war sich sicher: „Wenn ich Texte zusammenstelle und sie intelligent und gekonnt anordne, wird das die Massen in Aufruhr versetzen." Heartfields Ansatz wurde von dem britischen Künstler Peter Kennard weiterentwickelt, der mit seinen Werken u.a. die britische Kampagne für nukleare Abrüstung (Campaign for Nuclear Disarmament) unterstützte. Auf die verfremdenden Techniken von Collage und Fotomontage wird bis heute gerne zurückgegriffen, um gesellschaftliche oder politische Anliegen zu vermitteln.

Die richtige Wahl treffen

Berenice Abbott *Selbstporträt*, 1945

„Die Wahl des richtigen Bildinhalts basiert auf einer gelungenen Einheit aus geübtem Blick und fantasievollem Geist."

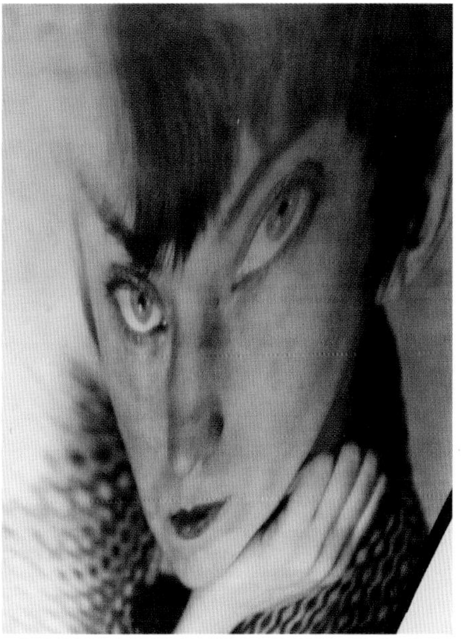

Einer der Schlüssel zur erfolgreichen Fotografie ist die Entscheidung, was im Bildausschnitt zu sehen sein soll. Hier ist weniger oft mehr. Ein fesselndes Bild ohne störende Elemente bringt seine Aussage klar und kraftvoll zum Ausdruck. Berenice Abbott erreichte das mit einer Mischung aus ästhetischen und emotionalen Faktoren. Sie war der Meinung, eine Fotografie solle „ein aussagekräftiges Dokument, ein eindringliches Statement sein, das mit einem einfachen Begriff beschrieben werden kann: Selektivität". Sie empfahl einen Fokus auf „jene Art von Gegenstand, dessen Wirkung einen mit voller Wucht trifft und die Fantasie derart anregt, dass man gar nicht anders kann, als sich ihm zu ergeben". Was sich im Bildausschnitt befindet, soll aktiv zu der Botschaft oder Emotion beitragen, die Sie vermitteln möchten; alles andere lassen Sie weg. Denken Sie an Abbotts Rat: „Die Wahl des richtigen Bildinhalts basiert auf einer gelungenen Einheit aus geübtem Blick und fantasievollem Geist."

Nicht zu viel nachdenken

Manuel Álvarez Bravo *Die Tochter der Tänzer*, 1933

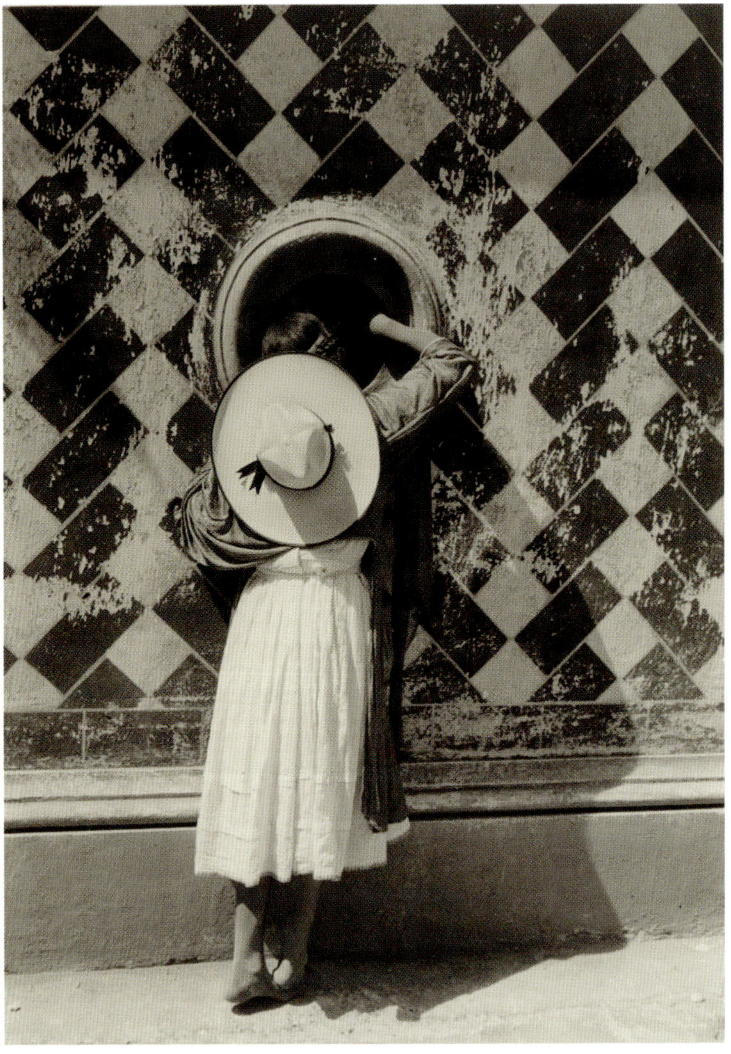

„Seltsamerweise entscheiden sich viele Fotografen dafür, die Augen eines anderen Fotografen, aus der Vergangenheit oder Gegenwart, statt ihrer eigenen zu benutzen. Diese Fotografen sind blind."

Das Werk von Manuel Álvarez Bravo ist eng verknüpft mit der Spiritualität und der Seele Lateinamerikas, verkörpert durch den Magischen Realismus, der im mexikanischen Alltag allgegenwärtig ist. Er folgte einer einfachen Philosophie: Man solle das Motiv nicht mit Konzeptdenken überfrachten und „fotografieren, was man sieht, nicht was man denkt". Er fand, eine Situation dürfe für sich selbst sprechen. Das lässt Raum für eigene Interpretationen durch den Betrachter. Álvarez Bravo war überzeugt: „Wenn jemand ein Foto macht, denkt er nicht daran, etwas Bestimmtes zu sagen. Er denkt nicht darüber nach, eine spezielle Aussage zu treffen, sondern will etwas Visuelles erschaffen, das später eine Bedeutung erlangen kann, die anfangs nicht beabsichtigt war – abhängig von der Interpretation des Betrachters, aber nicht notwendigerweise von der des Fotografen." Er hatte außerdem das Gefühl, dass zu viele Fotografen die Arbeiten anderer Fotografen kopierten, ohne sich von ihrer eigenen Vision leiten zu lassen, und betonte: „Das wichtigste Instrument des Fotografen sind seine Augen. Seltsamerweise entscheiden sich viele Fotografen dafür, die Augen eines anderen Fotografen, aus der Vergangenheit oder Gegenwart, statt ihrer eigenen zu benutzen. Diese Fotografen sind blind." So hilfreich es ist, den Kanon der Fotografie zu kennen – Sie müssen Ihren eigenen Blick auf die Welt finden!

Journalisten sollten Anarchisten sein

Philip Jones Griffiths *Verwundeter Zivilist, Vietnam*, 1967

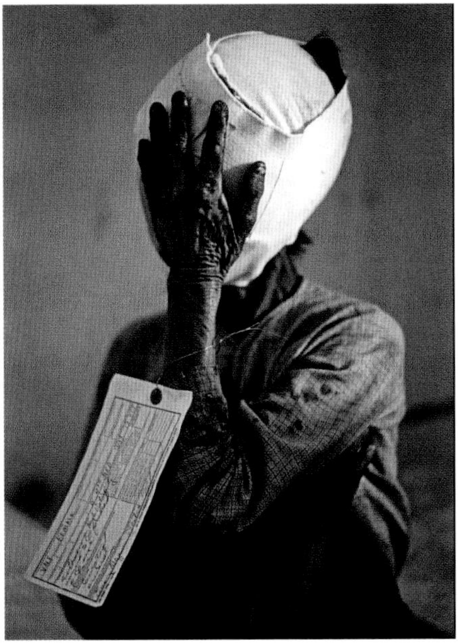

„Journalisten sollten von Natur aus Anarchisten sein, Menschen, die Dinge herausstellen, die keine allgemeine Zustimmung finden. Nur durch die Kritik an dieser Gesellschaft hat die Menschheit Fortschritte gemacht."

Magnum-Fotograf Philip Jones Griffiths verfasste eine der vernichtendsten Anklagen gegen Krieg und imperialistischen Wahn in Gestalt seines 1971 erschienenen Buches *Vietnam Inc.* Er machte sich bei der Obrigkeit sehr unbeliebt mit der Aussage: „Journalisten sollten von Natur aus Anarchisten sein, Menschen, die Dinge herausstellen, die keine allgemeine Zustimmung finden. Nur durch die Kritik an dieser Gesellschaft hat die Menschheit Fortschritte gemacht." Er vereinte starke Bildkompositionen mit wirkmächtigen Situationen, untermauert von ausführlichen Bildunterschriften und Texten, die zusammen eine vernichtende Kritik der Einmischung des US-Militärs in Südostasien ergaben. Als Erklärung für diese Form führte er an: „Inhalt alleine ist Propaganda; Form alleine ist Tapete." Im Fotojournalismus ist die visuelle Wirkung nichts, solange das abgebildete Thema keine gesellschaftliche Relevanz hat.

Trainieren Sie täglich Ihren Blick

Eric Bouvet *Südlich von Grosny, Tschetschenien*, 1995

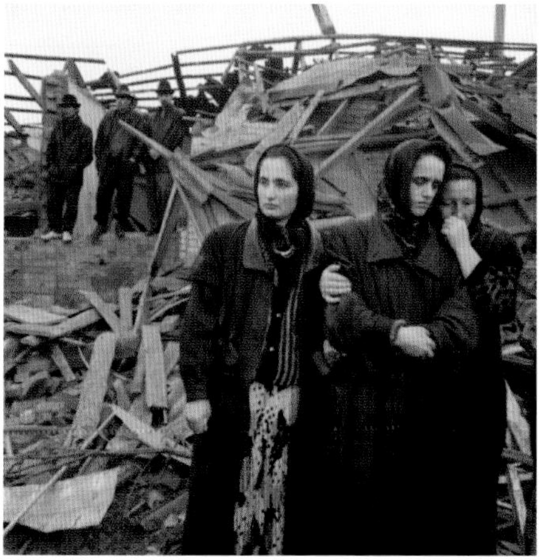

„Wir müssen unseren Blick trainieren, wie ein Musiker, der jeden Tag seine Tonleitern übt. Das Gleiche gilt für uns, keine Pause, keine Ferien."

Der französische Fotojournalist Eric Bouvet ist überzeugt davon, dass man seine visuellen Fähigkeiten durch regelmäßiges und konsequentes Üben schärfen muss. Er betont: „Wir müssen unseren Blick trainieren, wie ein Musiker, der jeden Tag seine Tonleitern übt. Das Gleiche gilt für uns, keine Pause, keine Ferien." Er empfiehlt sogar, dies immer und überall zu tun: Auch wer keine Kamera besitzt, kann dennoch die Welt um sich herum unter dem Gesichtspunkt betrachten, welchen Bildausschnitt er wählen würde, wenn er eine Kamera dabeihätte. Sie können ein Spiel daraus machen: Versuchen Sie zu erraten, welche Belichtung Sie für das Motiv vor Ihnen bräuchten oder wie weit etwas von Ihnen entfernt ist; stellen Sie sich vor, welches Ergebnis die Schärfentiefe eines bestimmten Objektivs von Ihrem Standpunkt aus ergeben würde. All diese Übungen helfen Ihnen, schneller und instinktiver agieren zu können, wenn es darauf ankommt.

Go with the Flow

Constantine Manos *Athen, Griechenland*, 2003

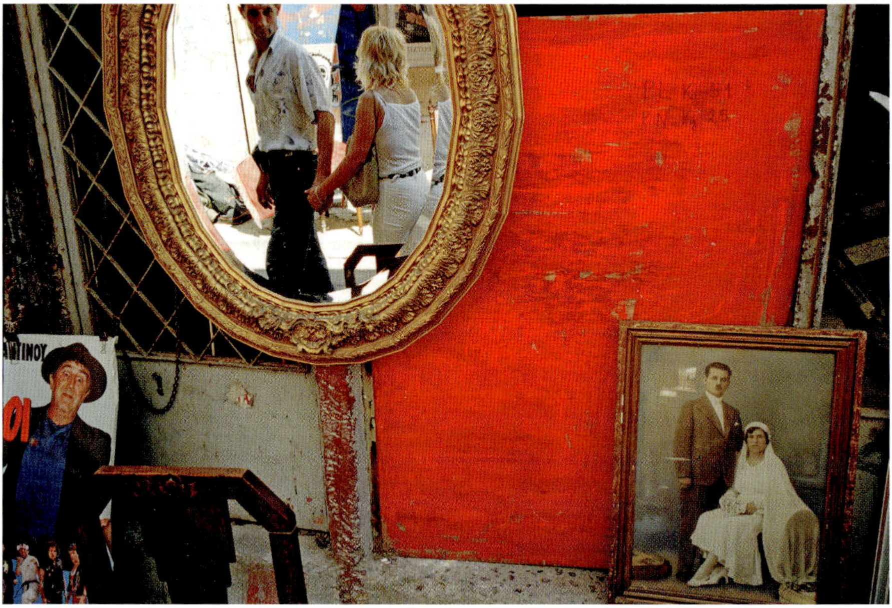

„Gute Fotos zu machen, ist einfach. Sehr gute Fotos zu machen, ist schwierig. Großartige Fotos zu machen, ist beinahe unmöglich.“

Es ist ernüchternd, wenn Streetfotograf Constantine Manos feststellt, dass wir, wenn wir die „Regeln“ der Fotografie befolgen, zwar in den meisten Fällen ein ordentliches Bild erhalten, uns das Erreichen der höchsten Qualitätsstufe hinsichtlich der Kombination aus Form und Inhalt jedoch höchstwahrscheinlich verwehrt bleiben wird. Manos ist überzeugt: „Gute Fotos zu machen, ist einfach. Sehr gute Fotos zu machen, ist schwierig. Großartige Fotos zu machen, ist beinahe unmöglich.“ Wer Auftragsarbeiten macht, muss in der Lage sein, durchgehend gute Fotos abzuliefern, aber hin und wieder schenkt die Welt uns einen dieser einzigartigen Momente, in denen ein großartiges Foto entsteht. In dem Versuch, diesen Prozess zu beschreiben, spricht Manos vom „Flow der Menschen in einem Setting, ihren wechselnden Beziehungen untereinander und zu ihrer Umgebung, ihren sich permanent ändernden Ausdrücken und Bewegungen – all das fügt sich zu dynamischen Situationen, die dem Fotografen unendlich viele Möglichkeiten eröffnen, auf den Auslöser zu drücken. Indem er einen präzisen Schnittpunkt zwischen Motiv und Zeit auswählt, verwandelt er vielleicht das Gewöhnliche in etwas Außerordentliches und das Reale in etwas Surreales.“ Versuchen Sie, sich auf den Flow der Welt um Sie herum einzulassen, erspüren Sie die Schwingungen des Augenblicks, damit Sie auf die Situation reagieren können und die magischen Momente nicht verpassen.

Die richtige Kameraeinstellung

Paul Lowe

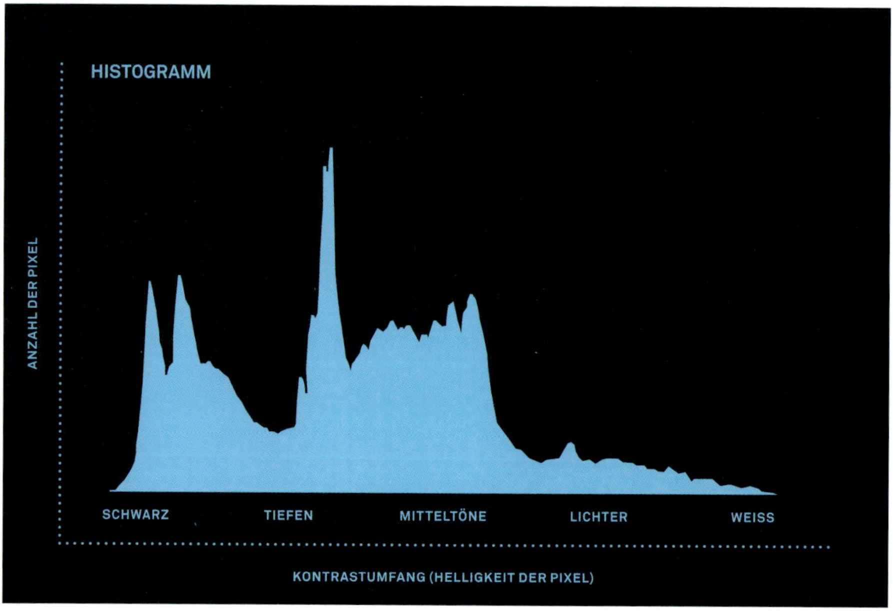

Programme zur digitalen Bearbeitung und Nachbearbeitung wie Photoshop oder Lightroom sind mittlerweile so fortgeschritten, dass auch aus einer schlecht belichteten Datei ein gutes Endergebnis herausgeholt werden kann. Dennoch ist es besser, die Belichtung der Kamera richtig einzustellen, als darauf zu vertrauen, dass eine Software ein Bild mit verwaschenen Lichtern oder undifferenzierten Schatten rettet. In analogen Zeiten, als noch auf Film fotografiert wurde, war es vor allem bei Diafilmen unbedingt erforderlich, das Bild perfekt zu belichten: Der Belichtungsspielraum war gering, eine Überbelichtung konnte kaum kompensiert werden. Je besser die Qualität Ihres ursprünglichen Bildes ist, desto besser wird das finale Bild nach der Nachbearbeitung, da die RAW-Datei viel mehr verwendbare Informationen enthält. Sie sparen zudem Zeit bei der Nachbearbeitung, denn das Retten einer schlecht belichteten Aufnahme kann sehr zeitaufwendig sein.

Beharrlichkeit zahlt sich aus

Joe McNally *Donald Trump*, 1987

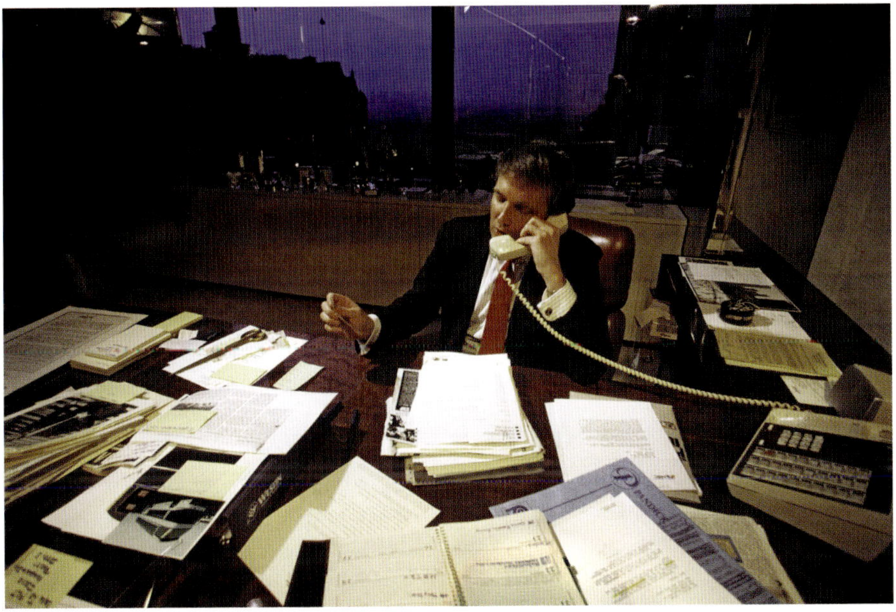

Der amerikanische Fotograf Joe McNally, ein Meister des Lichts und der technischen Aspekte des Mediums, produziert dramatische, visuell fesselnde Aufnahmen von Situationen aller Art. Einen Großteil seines Erfolgs schreibt er unermütlicher, harter Arbeit zu und der Tatsache, dass er nie aufgegeben habe: „Die Eigenschaften, die meines Erachtens ziemlich häufig unterschätzt werden, sind Ausdauer und Beharrlichkeit und der Wille, einfach dranzubleiben. Die Zeit, die du hinter der Kamera verbringst, ist einfach unfassbar wichtig." Sein folgender Ratschlag ist essenziell und es wert, unbedingt befolgt zu werden: „Pack deine Kamera nicht ein, solange du die Location noch nicht verlassen hast!" Es kommt so oft vor, dass sich, völlig unverhofft und aus dem Nichts heraus ein fantastisches Fotomotiv präsentiert, und Sie müssen bereit sein, wenn sich Ihnen diese Gelegenheit bietet.

Beherrschen Sie Ihre Technik blind, damit Sie sie vergessen können

André Kertész *Washington Square, Winter*, 1954

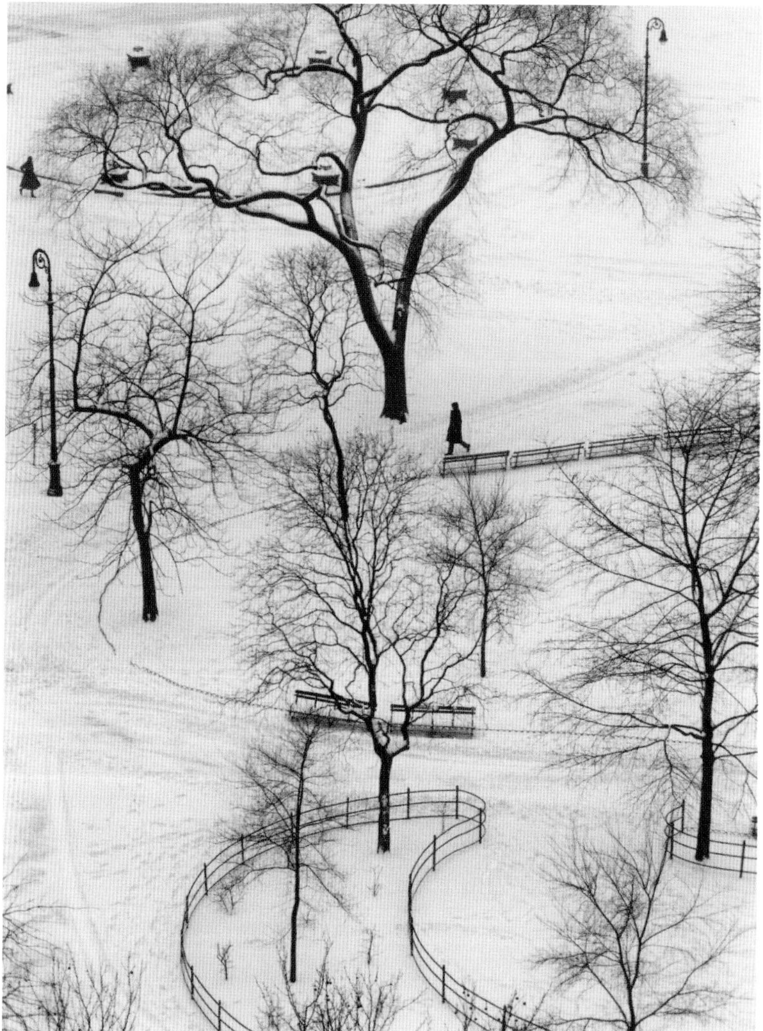

„Die Technik ist nur der kleinste Teil, damit fängt man an. Ich glaube, man sollte die Technik perfekt beherrschen, um sich so ausdrücken zu können, wie man es möchte, und dann kann man die Technik vergessen.“

Wenn Sie Ihre Fertigkeiten als Fotograf auf die nächsthöhere Stufe heben wollen, müssen Sie die vier Stufen der Kompetenzentwicklung durchlaufen. Sie sollten mit Ihrer Ausrüstung so vertraut sein, dass Sie sie instinktiv benutzen können, ohne nachzudenken. Der ungarische Meisterfotograf André Kertész erklärt: „Die Technik ist nur der kleinste Teil, damit fängt man an. Ich glaube, man sollte die Technik perfekt beherrschen, um sich so ausdrücken zu können, wie man es möchte, und dann kann man die Technik vergessen.“ Trainieren Sie daher regelmäßig und ständig alle Kamerafunktionen, bis Sie auf der vierten Stufe angelangt sind. Auf der ersten Stufe, der unbewussten Inkompetenz, haben Sie noch keine Ahnung, was Sie falsch machen und warum; auf Stufe zwei, der bewussten Inkompetenz, wissen Sie zwar, was falsch läuft, aber noch nicht, wie Sie es besser machen können; auf Stufe drei, der bewussten Kompetenz, müssen Sie sich immer noch sehr konzentrieren, um es richtig zu machen, und erst auf Stufe vier, der unbewussten Kompetenz, sind Ihnen Ihre Fähigkeiten und Fertigkeiten in Fleisch und Blut übergegangen – dann sind Sie ein Meister Ihres Fachs!

Streben Sie nach Klarheit

Sam Abell *Irland*, 1994

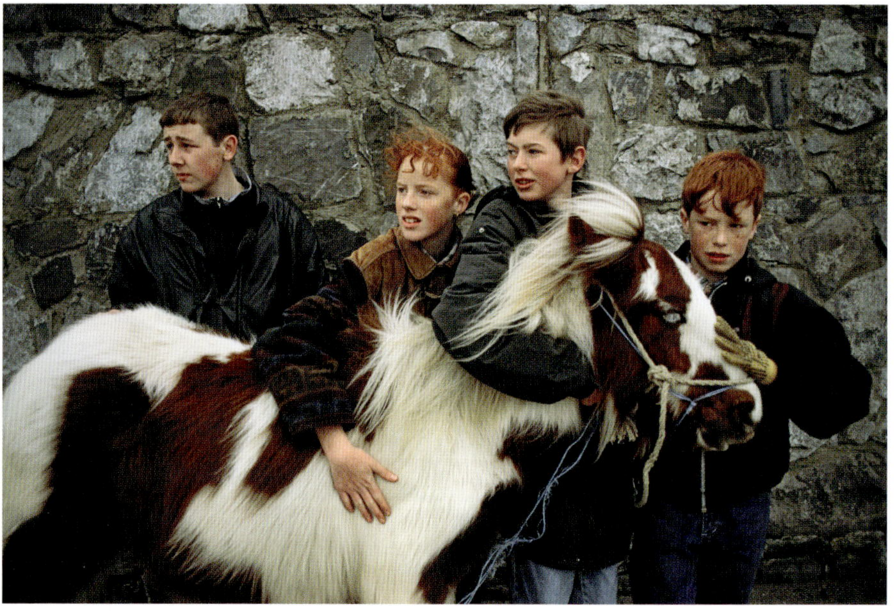

Sam Abell hat in den 37 Jahren, die er für den *National Geographic* gearbeitet hat, mehr als 20 Reportagen fotografiert. Er ist bekannt für seine schönen, stillen, dokumentarischen Bilder. Kern seiner Herangehensweise ist die Suche nach jenen Momenten, in denen die Bedeutung einer Situation klar zum Ausdruck kommt: „Meine oberste Priorität beim Fotografieren ist es, Klarheit herzustellen. Ein guter Dokumentarfotograf vermittelt die Informationen einer Situation mit größtmöglicher Genauigkeit und Ehrlichkeit.“ Für Abell bedeutet das jedoch nicht nur, dass der Kontext des Fotos ersichtlich sein muss. Er möchte „ein Bild präsentieren, das die Neugier des Betrachters weckt oder ihn, im besten Falle, zum Nachdenken bringt – eine Frage aufwirft oder einfach Staunen und Wundern bewirkt“. Als einen großen Fotografen bezeichnet Abell jemanden, der den Betrachter mit der Art von Bild informiert und bewegt, bei der dieser zur eigenen Kamera greifen und sich an die Arbeit machen will.

Inspirationsquelle Licht

Ruth Bernhard *In the Wave*, 1945

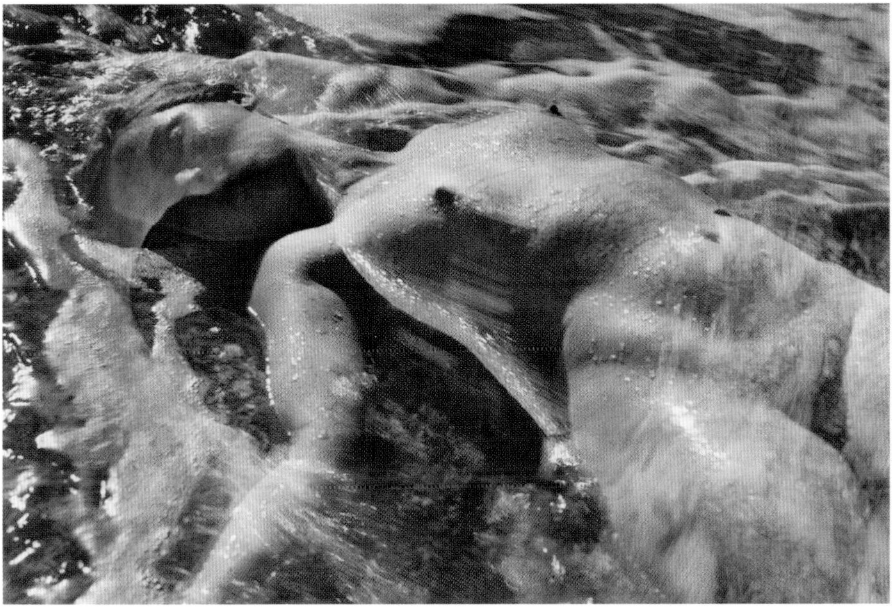

Die herausragende Aktfotografin Ruth Bernhard schwelgte in der Erforschung der unendlichen Variationen des Lichteinfalls. Für sie war das Licht „Inspiration, Farbe und Pinsel". Es bildete in ihren Fotos das Fundament des gesamten Bildaufbaus, indem es „die wesentlichen äußeren Linien und Rundungen liebkost". In ihren Arbeiten verfolgte sie das Ziel, „durch die Magie von Licht und Schatten zu vereinzeln, zu vereinfachen und die Form mit größtmöglicher Klarheit hervorzuheben". Lernen Sie Licht zu sehen!

Lernen Sie zu erkennen, wie verschiedene Lichtquellen sich auswirken, etwas weich oder hart zeichnen, in tiefe Schatten tauchen oder voll ausleuchten. Um den Umgang mit Licht zu trainieren, beginnen Sie am besten mit Stillleben und probieren aus, welche Beleuchtung je nach Intensität und Richtung das Motiv auf welche Weise verändert.

Fotografieren Sie vor dem Nordfenster

Irving Penn *Truman Capote, New York*, 1948

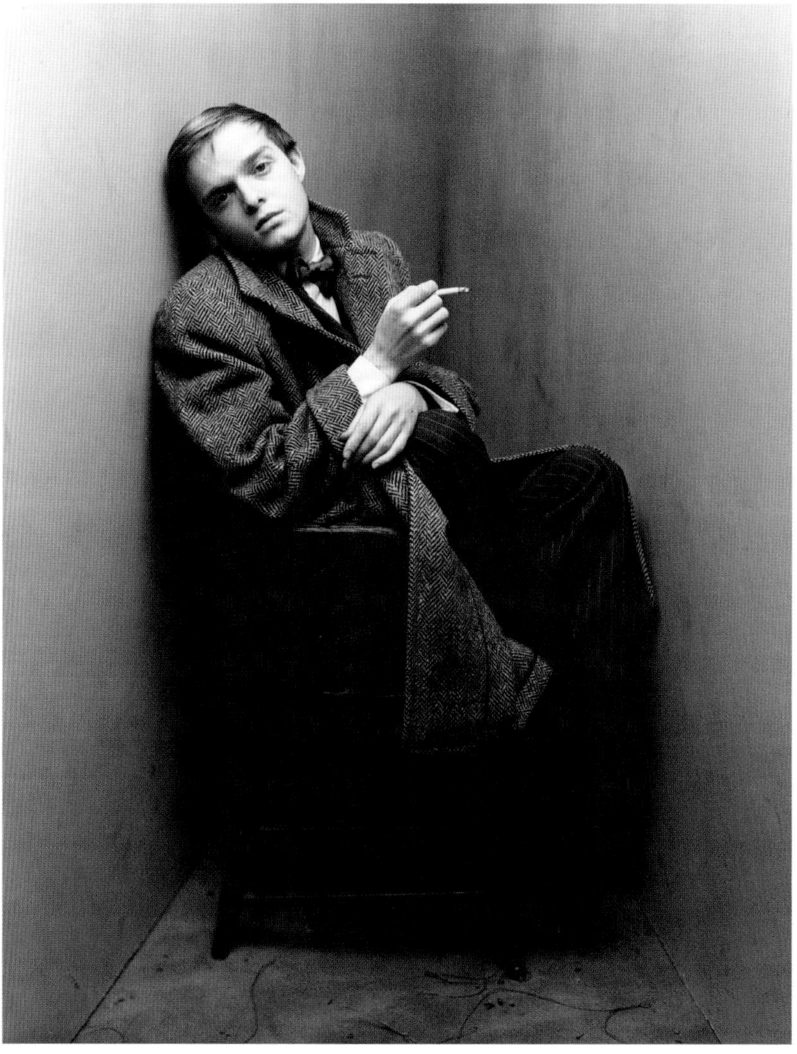

„Dieses Licht ist von so durchdringender Klarheit, dass jeder noch so simple Gegenstand, der zufällig in diesem Licht liegt, von einem inneren, regelrecht sinnlichen Leuchten erfüllt ist.“

Schon in der Anfangszeit der Fotografie, als die Begeisterung für Daguerreotypien zum Bau von Ateliers mit riesigen Glasdächern führte, war Licht aus nördlicher Richtung der Standard für Porträts. Einer der großen Verfechter dieses Lichts, der Amerikaner Irving Penn, schwärmte davon, wie „lieblich und gleichbleibend das Licht des nördlichen Himmels ins Studio fällt und jeder anderen Beleuchtung überlegen ist. Dieses Licht ist von so durchdringender Klarheit, dass jeder noch so simple Gegenstand, der zufällig in diesem Licht liegt, von einem inneren, regelrecht sinnlichen Leuchten erfüllt ist.“ Penns Markenzeichen war es, sein Modell vor einem schmucklosen Hintergrund zu fotografieren, häufig in einer Ecke des Studios. Dadurch konnte er die besondere Qualität dieses Lichts ausloten, das Motive dreidimensional wirken lässt. Wenn Sie kein Studio mit Nordfenster haben, können Sie draußen im offenen Schatten vor einem weißen Hintergrund fotografieren oder eine große Softbox über dem Modell installieren.

Nehmen Sie am Leben anderer Menschen teil

Graciela Iturbide *Engelsfrau, Sonora-Wüste, Mexiko*, 1979

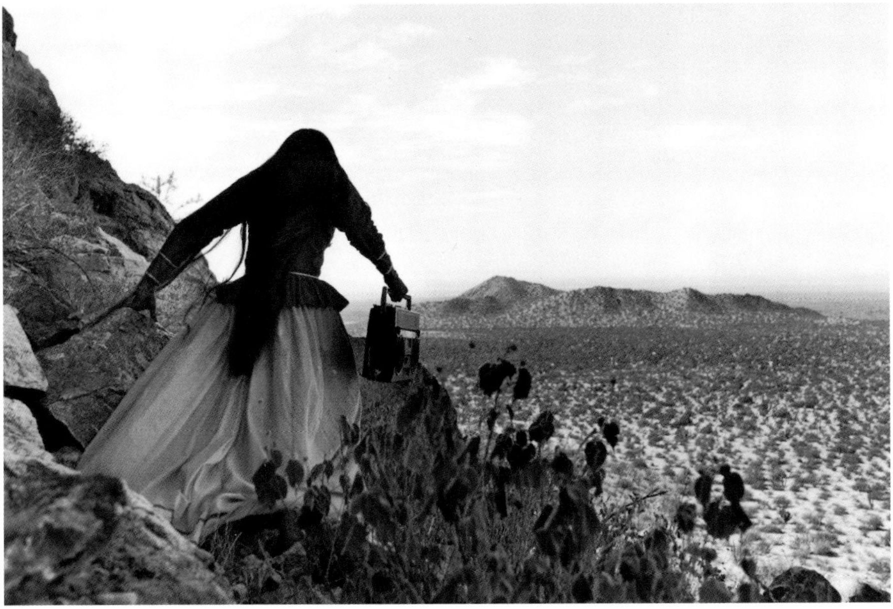

Graciela Iturbide hat sich der Ergründung der mexikanischen Kultur verschrieben. Wenn sie fotografiert, fühlt sie sich, wie sie sagt, „in erster Linie als Schauspielerin, die an einer Szene beteiligt ist, die in diesem Moment gespielt wird, wobei die anderen Schauspieler wissen, welche Rolle ich spiele". In vertrauten Situationen kann die Kamera beinahe unsichtbar werden. Iturbide sieht hier eine Parallele zur Theateraufführung: „Wenn ich fotografiere, vergesse ich, dass ich eine Kamera in der Hand halte, ich vergesse alles. Licht kommt, der Tod, Menschen in Kostümen kommen und gehen – es ist wie ein Theaterstück." Durch das Weitwinkelobjektiv ist sie ihren Motiven sehr nahe: „Ich verwende nie Teleobjektive. Ich muss nah an den Menschen dran sein. Ich brauche sie als Komplizen, ihnen muss bewusst sein, dass ich da bin und Bilder von ihnen mache." Minimales Equipment, eine Kamera, ein Weitwinkelobjektiv, die Bereitschaft, Teil des Schauspiels zu sein – das öffnet Ihnen die Tür zum Leben der anderen.

In die Knie gehen

Vanessa Winship *Anwohnerin, Fotografin Katie Troyer, Amish Community, Pinecraft, Florida, USA, February*, 2019

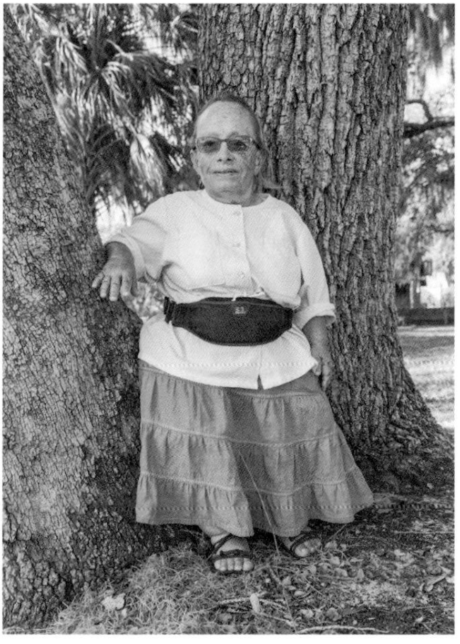

„Du bist ein Tier auf zwei Beinen. Geh in die Hocke, knie dich ab und zu hin, leg dich auf den Boden und spüre, wie es ist, von ganz unten nach oben zu schauen."

Vanessa Winship stellt zu ihren Motiven eine tiefe emotionale und seelische Verbindung her. Sie findet Berührungspunkte zwischen sich selbst und den anfangs meist fremden Menschen, denen sie begegnet. Sie beschreibt ihren Ansatz mit der einfachen Methapher des „In-die-Knie-Gehens". Damit meint sie nicht nur, dass Sie eine Kameraperspektive auf oder unterhalb der Augenhöhe einnehmen sollen, sondern möchte auch anregen, darüber nachzudenken, was Sie mit der Person vor Ihnen als Individuum verbindet: „Du bist ein Tier auf zwei Beinen. Geh in die Hocke, knie dich ab und zu hin, leg dich auf den Boden und spüre, wie es ist, von ganz unten nach oben zu schauen." Und noch ein weiterer Aspekt ist relevant: Knien bedeutet für Winship auch, wehrlos und verletzlich zu sein, jemand, der sein Geschick in die Hand eines anderen legt. Überlegen Sie, wie es Ihnen gelingen kann, mit Ihrem Motiv auf Augenhöhe zu sein, damit die Verbindung zwischen Ihnen ihre ganze Kraft entfalten kann.

Lernen Sie das Licht lieben

Lara Jo Regan *Octavia Butler, legendäre Science-Fiction-Autorin und Preisträgerin des MacArthur Fellowship (Genius Award), in ihrem Zuhause in Altadena, Kalifornien*, 1998

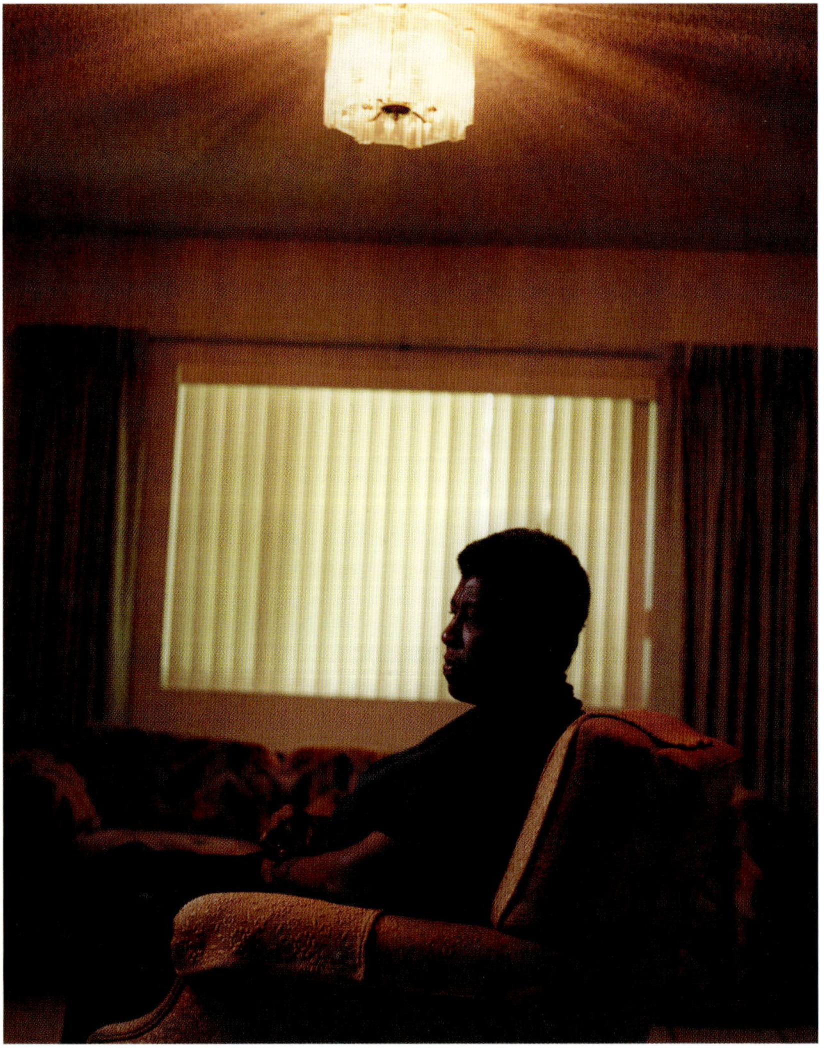

„Licht ist eine wunderschöne Sprache der Seele, die wir so fließend und wortgewandt wie möglich sprechen wollen.“

Die amerikanische Dokumentarfotografin Lara Jo Regan warnt davor, beim Beleuchten des Motivs eine vorgefertigte Strategie zu verfolgen, und plädiert stattdessen dafür, flexibel auf die jeweiligen Lichtverhältnisse zu reagieren. Sie betont: „Stimmung und Gefühl einer Fotografie werden ganz wesentlich vom Licht beeinflusst.“ Allen Fotografen rät sie: „Widerstehen Sie der Versuchung, bei allem, was Sie fotografieren, immer die gleichen schablonenhaften oder modischen Beleuchtungstechniken anzuwenden. Beides hat meist wenig echten Bezug zum Wesen des Motivs und erschwert es, einen nachdenklicheren, mehrdimensionalen und einzigartigen Ausdruck hinzubekommen.“ Licht besitzt eine eigene Energie und Stimme und wir sollten sein gesamtes Gestaltungspotenzial nutzen. Für Regan birgt „das Zusammenspiel verschiedener Lichtstärken und -qualitäten unendliche Möglichkeiten. Licht ist eine wunderschöne Sprache der Seele, die wir so fließend und wortgewandt wie möglich sprechen wollen.“ Wenn Sie fotografieren, vor allem draußen, unter freiem Himmel, schauen Sie sich das Licht an, beobachten Sie, wo es herkommt, wie es sich verändert. Setzen Sie sich bewusst unterschiedlichen Beleuchtungssituationen aus, damit Sie lernen, die Vielzahl der Stimmungen zu beherrschen, die Licht hervorrufen kann.

Seien Sie diskret

Henri Cartier-Bresson *Sonntag am Ufer der Seine*, 1938

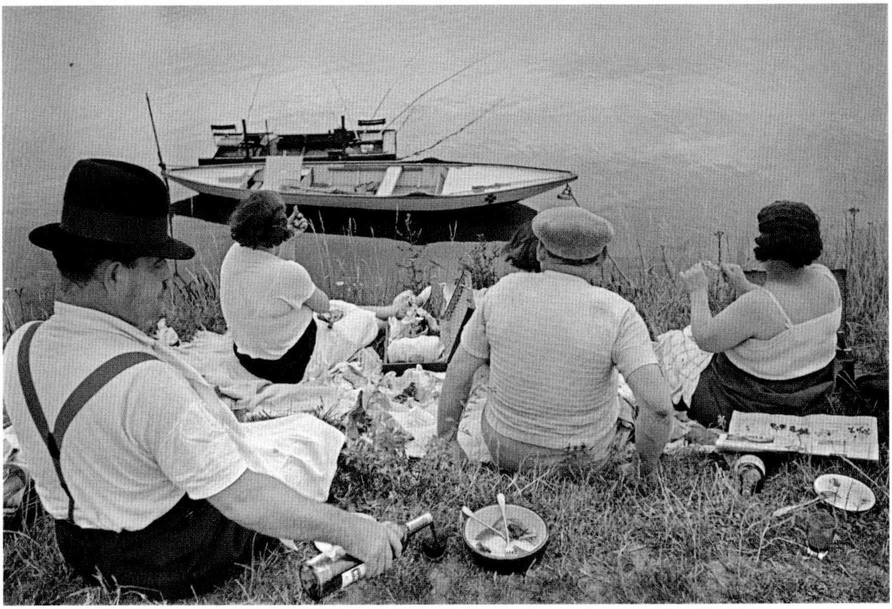

Für Henri Cartier-Bresson war die Leica-Kleinbildkamera das perfekte Werzeug: Er konnte schnell und unaufdringlich fotografieren, ohne Aufmerksamkeit zu erregen. Seine Maxime lautete, sich dem Motiv möglichst unbemerkt zu nähern, „auf leisen Sohlen", aber mit scharfem Blick, auch bei Stillleben, denn „wer angeln will, darf das Wasser nicht trüben". Er ging intuitiv und spontan vor, aber sehr bedacht, und hatte stets die volle Kontrolle über den formalen Bildaufbau. Er mahnte, vorher und nachher über das Foto nachzudenken, aber niemals während der Aufnahme. „Das Geheimnis besteht darin, sich Zeit zu lassen. Die abzubildenden Personen müssen vergessen, dass du da bist. Dann muss man allerdings sehr schnell sein." Sein vielleicht poetischster Rat zur Porträtfotografie lautete, die Kamera „zwischen der Haut und dem Hemd einer Person" zu platzieren. Mit einer kleinen Sucherkamera oder einem Smartphone ist es oft leichter, diskret vorzugehen und sich unbemerkt unter die Leute zu mischen.

Die Gunst der „Goldenen Stunde“

Simon Norfolk *Matera, Basilicata, Italien*, 2015

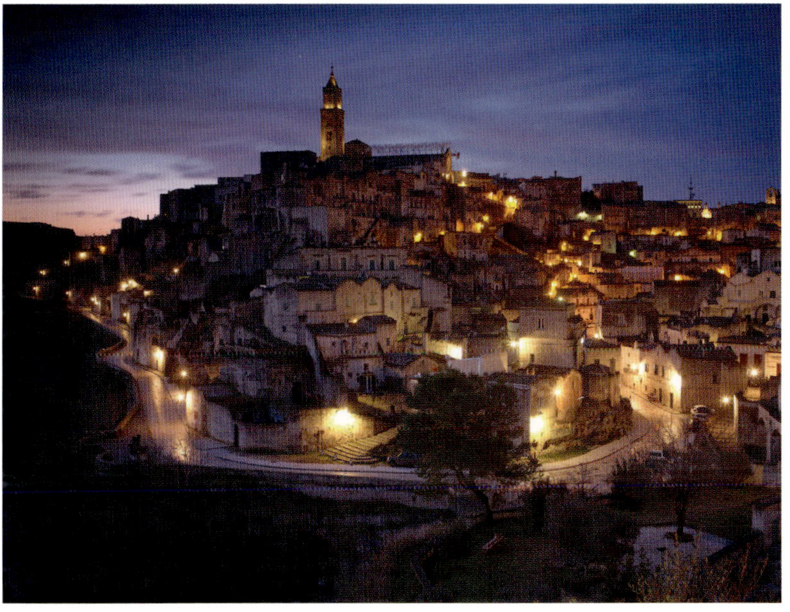

Als „Goldene Stunde“ bezeichnet man die Zeit nach Sonnenaufgang oder kurz vor Sonnenuntergang, wenn das Tageslicht reich an Gelb- und Rottönen ist und dadurch warm wirkt. Durch den tiefen Sonnenstand werden landschaftliche Reliefs betont, und es gibt lange, dramatische Schatten, die wirkungsvoll in die Komposition integriert werden können. Manche nennen die Goldene Stunde auch „*National-Geographic*-Zeit“, weil viele der dort veröffentlichten Fotos genau dieses optische Erscheinungsbild haben. Es ist die ideale Tageszeit, um zu fotografieren: Die Farben sind voll gesättigt und Licht und Schatten deutlich voneinander abgegrenzt. In der „Blauen Stunde“, direkt vor bzw. nach der goldenen, kann man ebenfalls wundervolle Bilder machen: Das weiche, diffuse Licht kann ein ätherisches Gefühl hervorrufen, und moderne Digitalsensoren kommen mit den heiklen Lichtverhältnissen gut zurecht, wie Simon Norfolks Aufnahme (mit Dreibeinstativ) der italienischen Stadt Matera perfekt illustriert.

Den Rand des Geschehens beachten

William Albert Allard *Cowboys beobachten ein Rodeo in Texas*, 1982

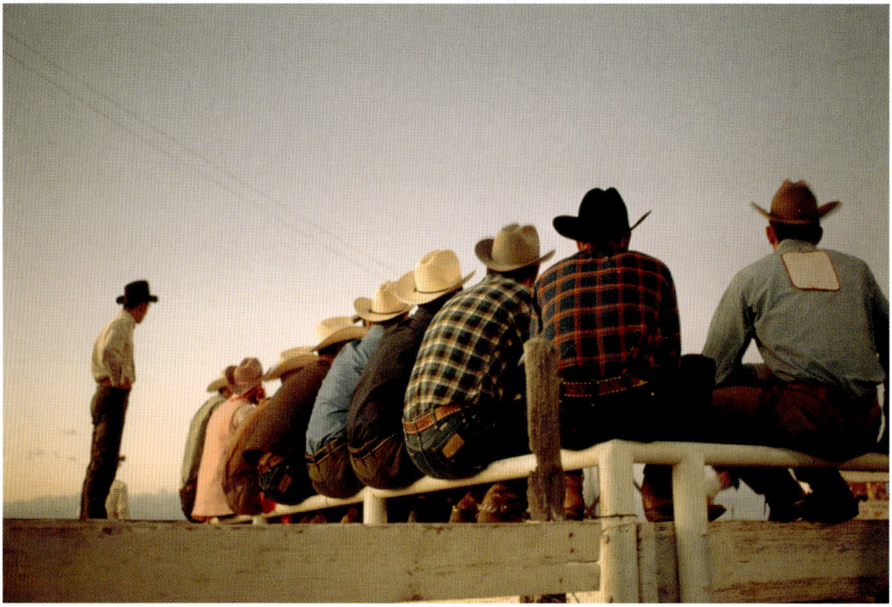

Im Laufe seiner langen Karriere, in der er hauptsächlich für den *National Geographic* arbeitete, hat William Albert Allard ein ums andere Mal seine außerordentliche Fähigkeit unter Beweis gestellt, zum emotionalen Kern einer Geschichte vorstoßen und jene gefühlsgeladenen Momente aufspüren zu können, in denen die Ästhetik von Farbe und Form mit der Menschlichkeit seiner Motive im Einklang steht. Er plädiert dafür, den Rändern mehr Aufmerksamkeit zu widmen: „Die besten Bilder finden sich häufig an den Rändern einer Situation." Sich bewusst vom Offensichtlichen abzuwenden, kann Fotografen helfen, die eigene, unverwechselbare Perspektive zu finden. Allard empfiehlt: „Du musst dich richtig ins Zeug legen! Fang an, nach Fotos Ausschau zu halten, die niemand außer dir machen kann. Nimm die Werkzeuge, die du hast, und forsche!" Wenn Sie irgendwo sind, wo andere Fotografen alle das gleiche Motiv ablichten, sollten Sie sich still davonschleichen und am Rand des Geschehens Ihren Blickwinkel finden.

Die besten Bilder sind schlicht und komplex zugleich

Anne Williams

„Die fesselndsten, unvergesslichsten und wirkungsvollsten Bilder vereinen Einfachheit und Komplexität, sowohl optisch als auch auf der Verständnisebene. Sie besitzen eine Unmittelbarkeit, die den Betrachter nachhaltig in ihren Bann zieht, und stellen eher Fragen als dass sie Antworten liefern. Ganz grundsätzlich bedeutet dies oft, dass zwei oder mehr Ideen, Gefühle oder Ästhetiken überraschend nebeneinander stehen und sich aneinander reiben, das Vertraute im Ungewohnten oder umgekehrt, und es dem Betrachter überlassen bleibt, das vielleicht unlösbare Rätsel ihres Verhältnisses zueinander zu entschlüsseln. Ein Text oder eine Bildunterschrift kann die Bedeutungsverschiebung entweder lindern oder verstärken. Entscheidend ist, dass wir subtil und zurückhaltend vorgehen."

Anne Williams, eine einflussreiche Dozentin und Kuratorin der britischen Fotografie, erklärt, dass schlichte Bilder tiefgründige Botschaften transportieren können.

Das Überraschende im Gewöhnlichen entdecken

David Burnett David Burnett bei der Impeachment-Anhörung, 2019 (fotografiert von Chip Somodevilla)

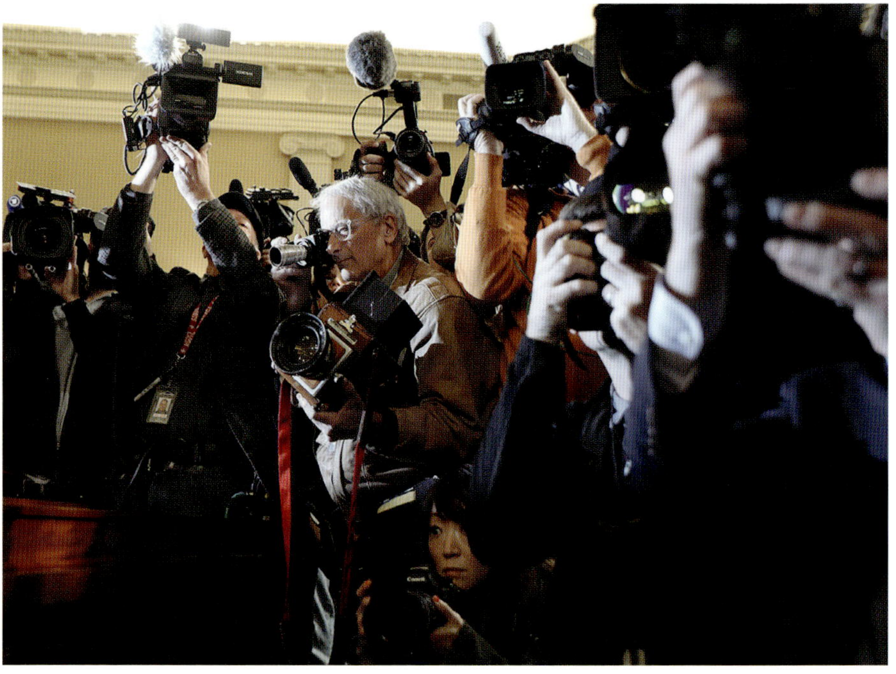

„Wenn man längere Zeit am gleichen Ort fotografiert, muss man sich zwingen, den Autopilot-Modus zu verlassen."

Die Arbeiten des legendären Fotojournalisten David Burnett erscheinen seit den 1970er-Jahren weltweit in führenden Magazinen. Er ist ein Meister darin, das Offensichtliche anders und ungewöhnlich erscheinen zu lassen, und hat es sich zum Ziel gesetzt, vertraute Motive immer wieder neu zu interpretieren. „Auge und Gehirn reagieren auf das Fremde. Wenn man längere Zeit am gleichen Ort fotografiert, muss man sich zwingen, den Autopilot-Modus zu verlassen." Wie er altbekannte Situationen kreativ verwandelt, zeigen seine Bilder von den Olympischen Spielen, die er seit den Sommerspielen 1984 in Los Angeles fotografisch begleitet. Angetrieben von dem Wunsch, „eine andere Technik oder Örtlichkeit zu finden, die ein Bild liefern könnte, das überrascht", ist Burnett – im Gegensatz zu anderen konventionellen Sportfotografen mit extralangen Teleobjektiven und vollautomatischen Digitalkameras – wieder dazu übergegangen, eine Kamera der älteren Generation zu benutzen. Seine Graflex Speed Graphic, eine Großformat-Kamera aus den 1940er-Jahren, funktioniert auch mit einzelnen Negativstreifen. Er nutzt die geringe Schärfentiefe, wenn er mit weit offener Blende fotografiert, um außergewöhnliche Sportlandschaften zu erschaffen, in denen die Bewegung wie eingefroren wirkt, wie aus den Augen eines Kindes betrachtet. Überlegen Sie, welche Technik oder Kameraposition Sie nutzen könnten, um das Vertraute fremd und aufregend wirken zu lassen.

Benutzen Sie erstklassige Objektive

Paul Lowe

„Gute Objektive sind nicht nur schärfer und machen weniger Probleme mit Verzeichnung, Vignettierung und chromatischer Aberration, sondern zwingen auch dazu, die jeweilige Schärfentiefe und deren Auswirkungen genau zu kennen."

Wirklich gute Objektive haben eine feste Brennweite und bieten gegenüber dem Zoom einige Vorteile, auch wenn moderne Zoomobjektive von sehr guter Qualität sind und eine außergewöhnliche Bandbreite abdecken. Ein hochwertiges Objektiv ist meist schneller, leichter und kompakter und liefert oft eine bessere Bildqualität. Einige exotische Objektive mit fester Brennweite, z. B. das berühmte Leica Noctilux-M 50 mm, bieten eine Lichtstärke von *f*/0.95, und bei Weitwinkel mit 35 mm ist eine *f*/1.4 Blende zunehmend üblich. Dank der größeren Blende kann man bei wenig Licht fotografieren. So entstehen dramatische Porträts, in denen die geringe Schärfentiefe den Großteil des Bildes außerhalb des Fokus stellt, sodass sich die Aufmerksamkeit auf die Augen des Modells konzentriert. Gute Objektive sind nicht nur schärfer und machen weniger Probleme mit Verzeichnung, Vignettierung und chromatischer Aberration, sondern zwingen auch dazu, die jeweilige Schärfentiefe und deren Auswirkungen genau zu kennen.

Unser Freund, die Unschärfe

William Klein *Tanz in Brooklyn*, 1955

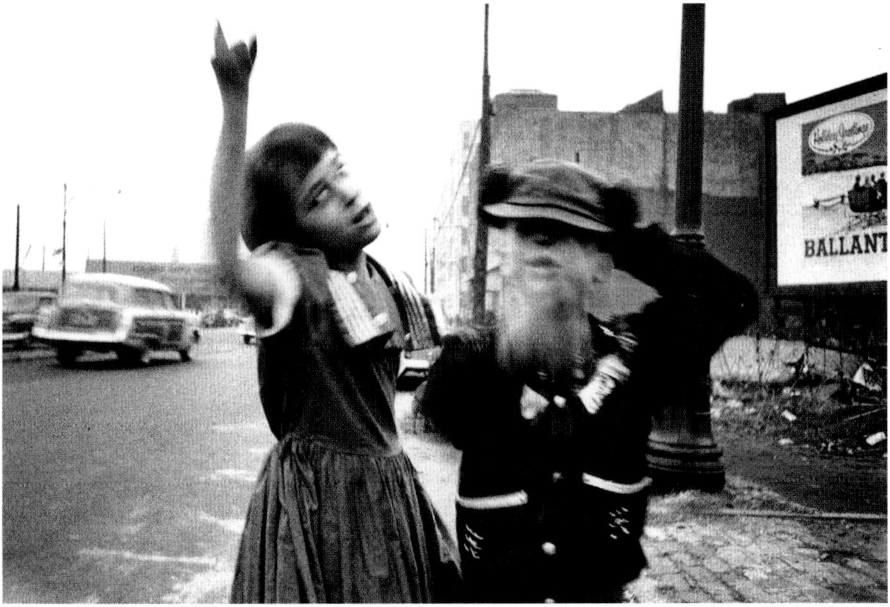

Eine der wichtigsten Variablen ist die Verschlusszeit. Wenn es um eine bewegte Situation geht, wählen wir eine hohe Zahl, um die Bewegung einzufrieren und ein scharfes Bild zu erhalten. Man kann jedoch gezielt eine Belichtungszeit von über 1/30 Sekunde wählen, damit die Energie, die der Szene innewohnt, spürbarer wird. William Klein setzte diese Möglichkeit sehr wirkungsvoll ein, als er in den 1950er-Jahren, entgegen der damaligen Konvention, körnige Bilder mit starkem Kontrast und dramatischen Bildwinkeln produzierte, um ein Gefühl von Dringlichkeit und Dramatik zu vermitteln. In seinen Augen war Bewegung ein Teil der Energie der Stadt. „Wenn Sie sich das Leben genau anschauen, sehen Sie Unschärfe. Schütteln Sie Ihre Hand! Unschärfe ist Teil unseres Lebens." Experimentieren Sie mit verschiedenen Verschlusszeiten und deren Effekten. Finden Sie Ihren eigenen „Sweet Spot", jene Blende, bei der die Unschärfe ein energiegeladenes Gefühl vermittelt, ohne das Motiv unkenntlich zu machen.

Nicht vergessen: Fotografieren ist einfach und schwierig zugleich

Edward Steichen *Greta Garbo*, 1928

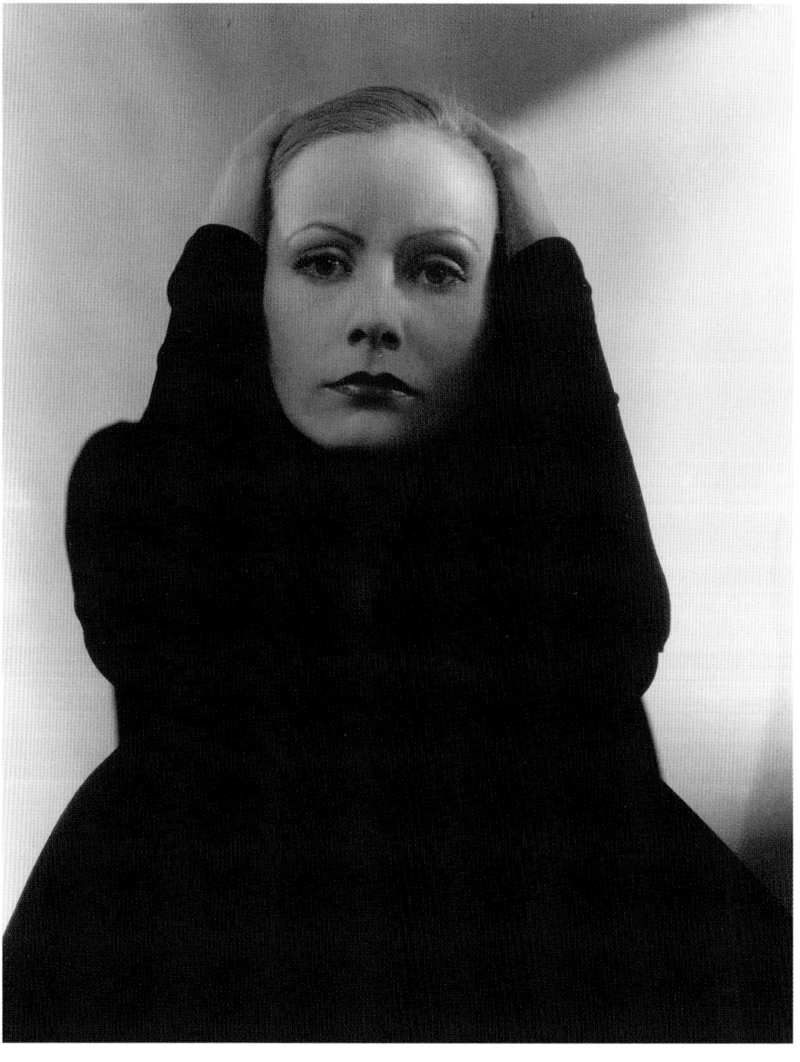

„Der Fotograf ist der einzige Bildermacher, der mit einem fertigen Bild beginnt. Seine Gefühle, sein Wissen und sein natürliches Talent werden gebündelt und mit dem Betätigen des Auslösers, dem Verschluss der Blende, unwiderruflich festgehalten.“

Jeder hält sich für einen Fotografen, einfach weil er eine Kamera oder ein Smartphone besitzt. Ein Bild zu machen ist einfach: Den vollautomatischen Apparat auf das Motiv richten und den Knopf drücken. Oder? Für den amerikanischen Meisterfotografen und Kurator Edward Steichen war die Fotografie ein „Medium gewaltiger Widersprüche. Es ist gleichzeitig lächerlich leicht und beinahe unmöglich schwer.“ Er hob den Widerspruch hervor, dass „die technischen Grundbegriffe zwar mit einigen einfachen Anleitungen zu meistern sind“, die Herausforderung aber darin liege, den Moment für immer im Bild festzuhalten. Anders als ein Maler, der „mit einer weißen Fläche beginnt und nach und nach seine Vorstellung auf die Leinwand bringt“, ist der Fotograf, so Steichen, „der einzige Bildermacher, der mit einem fertigen Bild beginnt. Seine Gefühle, sein Wissen und sein natürliches Talent werden gebündelt und mit dem Betätigen des Auslösers, dem Verschluss der Blende, unwiderruflich festgehalten.“ Die Fähigkeit zur Prävisualisierung, d. h. sich genau vorstellen zu können, wie Objektiv und Kameraeinstellung die dreidimensionale Welt in zwei Dimensionen übertragen, muss trainiert und stetig verfeinert werden. Sie müssen die Bedienelemente Ihrer Kamera wirklich in- und auswendig kennen, um sie instinktiv einsetzen zu können.

Suchen Sie gründlich nach Details

Francis Frith *Ägyptischer Tempel*, 1858

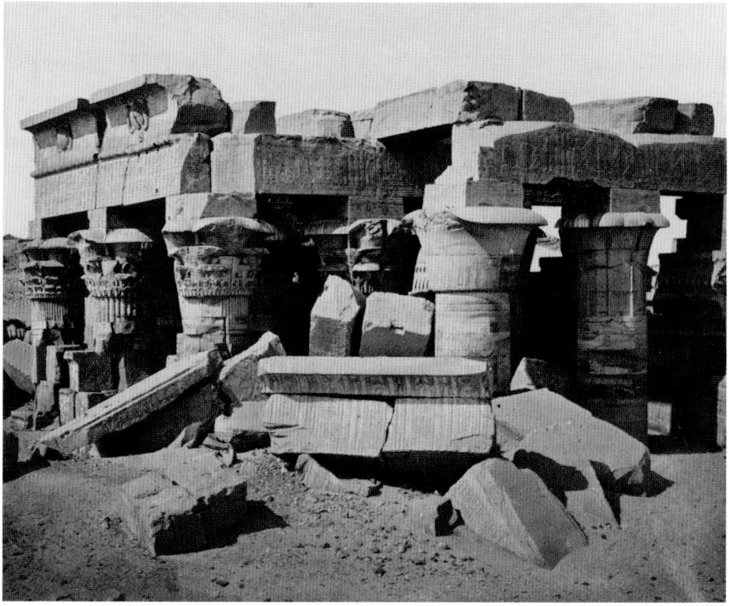

Eine der eindrucksvollsten Eigenschaften der Kamera ist ihre Fähigkeit, jeden Aspekt eines Motivs in fast unbegrenzter Auflösung festzuhalten. Der gefeierte Fotopionier Francis Frith schrieb 1859: „Jeder Stein, jede Spur der Vollkommenheit oder des Verfalls, das kleinste Detail, das in einem gewöhnlichen Gemälde keine besondere Aufmerksamkeit erfahren würde, wird auf einer Fotografie einer eingehenden Betrachtung würdig." Dieser Grad der Genauigkeit eröffne nachträglich die Möglichkeit, das resultierende Bild eingehend zu untersuchen: „Wir haben in der Tat häufig festgestellt, dass diese naturgetreuen Bilder uns umfangreichere und korrektere Details geliefert haben als das direkte Betrachten des Motivs selbst." Wenn Sie Ihre Kamera auf ein Dreibeinstativ montieren und so aufmerksam durch den Sucher schauen, dass Ihnen kein noch so kleines Detail im Bildausschnitt entgeht, werden Sie immer besser darin werden, die Welt so zu sehen wie Ihre Kamera.

Reduzierung auf das Nötige

Richard Avedon Richard Avedon in seinem New Yorker Studio, 1975 (fotografiert von Jack Mitchell)

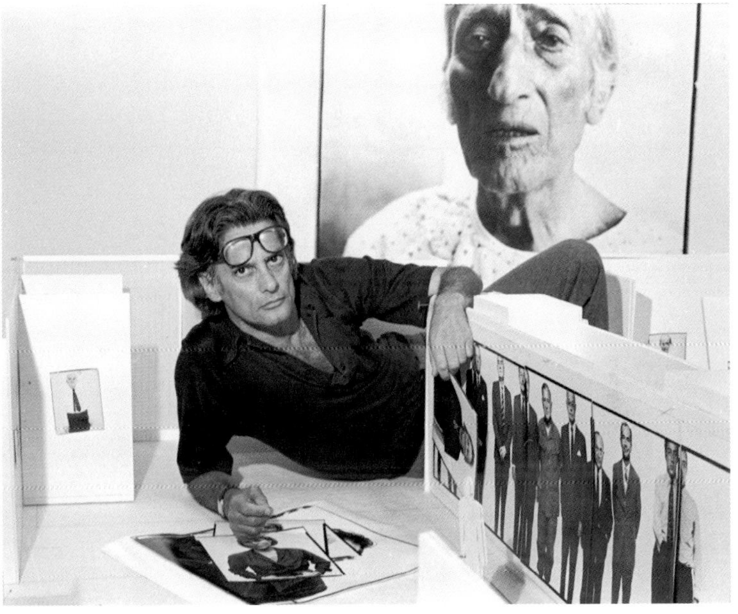

Richard Avedon besaß das außerordentliche Talent, zum Kern einer Person vorzudringen, einfach indem er ihr unverwandt ins Gesicht blickte. Sein Ansatz war minimalistisch, auf die wesentlichen Elemente reduziert: Kamera, Motiv, Fotograf. „Ich habe ein paar Dinge herausgefunden, zu denen ich ‚nein' sage: Nein zu schmeichelndem Licht, nein zu offenkundigen Bildkompositionen und nein zu der Verlockung, Posen oder ein Narrativ zu benutzen. Und dieses Neinsagen zwingt mich zum ‚Ja'. Ich habe einen weißen Hintergrund. Ich habe die Person, die mich interessiert, und das, was zwischen uns passiert." Die Intensität dieser Begegnung ermöglichte ihm, im Ausdruck der Menschen einen Ausdruck ihres Charakters zu entdecken. „Gesichter sind die Bestandsbücher unserer Erlebnisse und Erfahrungen", äußerte er sich einmal tiefgründig. Die Disziplin und Schlichtheit, eine Person alleine vor einem weißen Hintergrund zu fotografieren, zwingt Sie, sich wirklich auf Ihr Modell einzulassen.

Die Belichtungszeit sollte kürzer sein als der Kehrwert der Brennweite des Objektivs

Paul Lowe

„Experimentieren Sie mit der längeren Belichtungszeit! Sie werden staunen, wie weit Sie gehen können."

Um Verwacklungsunschärfe zu vermeiden, lautet die allgemeine Regel, dass die Belichtungszeit kürzer als der Kehrwert der Brennweite des Objektivs sein sollte. Wenn Sie zum Beispiel mit einem 135-mm-Teleobjektiv fotografieren, wählen Sie eine Verschlusszeit von 1/250 Sekunde oder kürzer. Wenn Sie jedoch Ihre Arme fest an den Körper pressen oder zum Beispiel einen Tisch haben, auf dem Sie sich abstützen können, und beim Drücken des Auslösers kurz die Luft anhalten (oder wenigstens Ihre Atmung kontrollieren), kommen Sie auch mit längeren Verschlusszeiten zurecht. Das gilt vor allem bei Weitwinkelobjektiven, die Verwackler eher verzeihen. Experimentieren Sie mit der längeren Belichtungszeit! Sie werden staunen, wie weit Sie gehen können, vor allem, wenn Ihr Objektiv über eine eingebaute Bildstabilisierung verfügt.

Arbeiten Sie schnell

Jacques-Henri Lartigue *Meine Cousine Bichonnade*, 1905

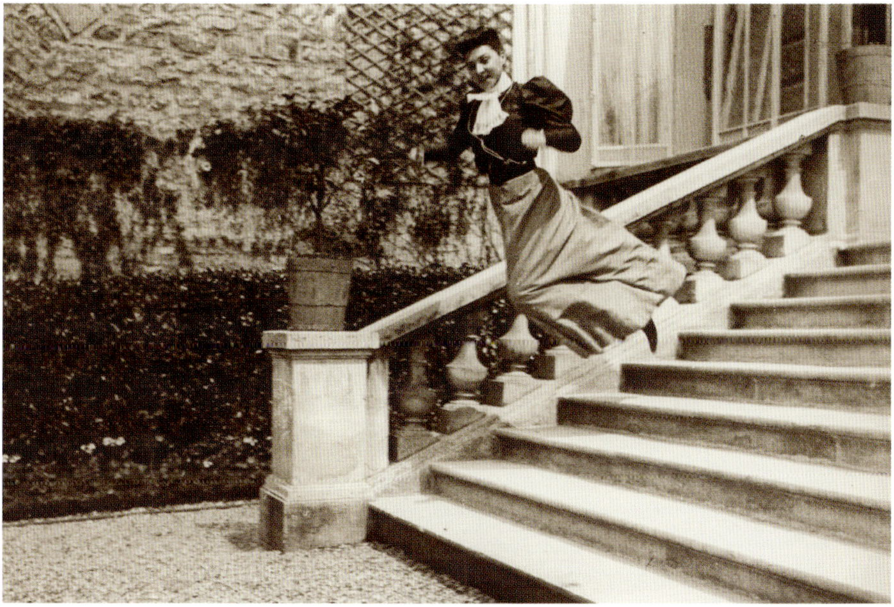

In der Lage zu sein, eine Situation schnell und effizient zu erfassen, zählt zu den Grundvoraussetzungen von Fotojournalisten, Street- und Sportfotografen. Jacques-Henri Lartigue verfügte über ein beneidenswertes Talent, schnelle Bewegungen einzufangen, sogar mit einer Plattenkamera und einer *Brownie* von Kodak. Seine goldene Regel lautete: „Arbeite schnell! Die Wahl des Bildausschnitts Komposition, Fokus – jetzt ist keine Zeit für Fragen! Vertraue auf deine Intuition und darauf, dass deine Sinne geschärft sind und deine Reflexe trainiert." Selbst wenn Sie kein aufstrebender Actionfotograf sind, kann das Fotografieren von Sportsituationen helfen, Ihre Reflexe zu trainieren, ebenso das Arbeiten in großen Menschenmengen, z. B. bei Festivals und Messen, wo die Leute ständig in Bewegung sind. Versuchen Sie auch, zu fotografieren, während Sie selbst in Bewegung sind, sodass Sie beim Durchqueren des Raumes permanent Fokus und Bildaufbau anpassen müssen.

Üben Sie sich in Geduld

Alfred Stieglitz *Winter, Fifth Avenue*, 1893

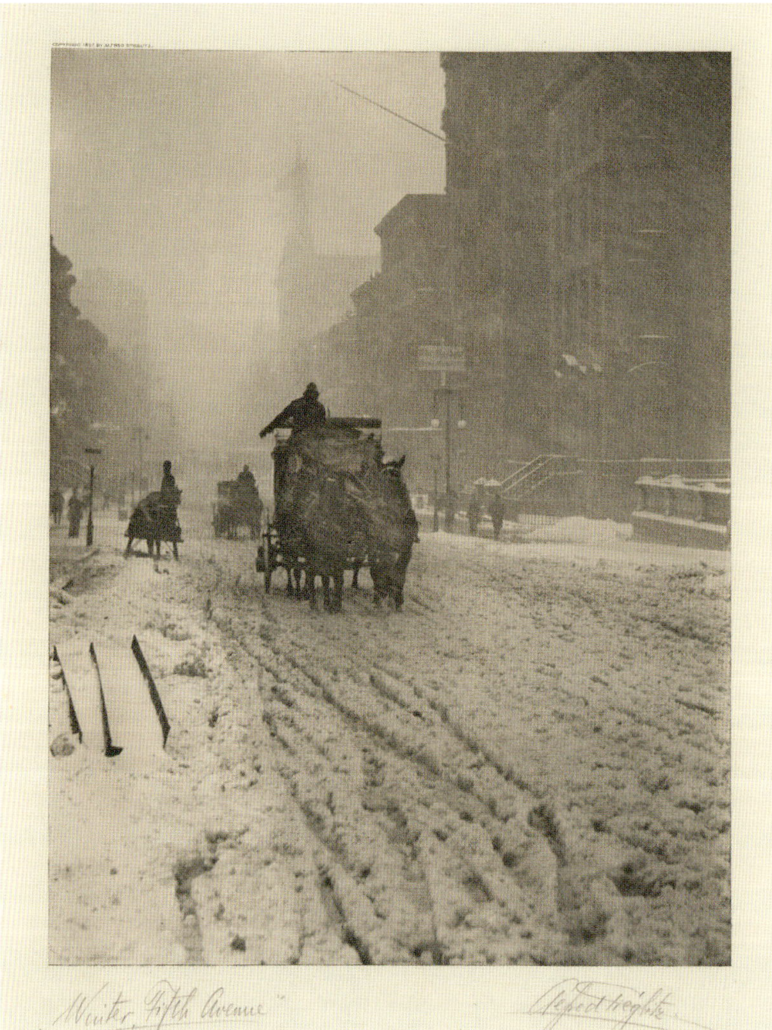

„Um mit der Handkamera Aufnahmen zu machen, empfiehlt es sich, sein Motiv ohne Rücksicht auf Personen auszuwählen und die Linien und Lichtverhältnisse sorgfältig zu studieren. Nachdem das abgeschlossen ist, sehen Sie den vorübereilenden Menschen zu und warten auf den Moment, in dem sich alles im Gleichgewicht befindet, d. h. der Ihr Auge zufriedenstellt. Das bedeutet häufig stundenlanges geduldiges Warten."

Der Amerikaner Alfred Stieglitz war einer der wichtigsten Befürworter, Fotografie als Kunstform anzuerkennen. In einem Text über eines seiner berühmtesten Bilder lobte er die Vorzüge der Geduld: „Um mit der Handkamera Aufnahmen zu machen, empfiehlt es sich, sein Motiv ohne Rücksicht auf Personen auszuwählen und die Linien und Lichtverhältnisse sorgfältig zu studieren. Nachdem das abgeschlossen ist, sehen Sie den vorübereilenden Menschen zu und warten auf den Moment, in dem sich alles im Gleichgewicht befindet, d. h., der Ihr Auge zufriedenstellt. Das bedeutet häufig stundenlanges geduldiges Warten. Mein Bild *Winter, Fifth Avenue* ist das Ergebnis eines dreistündigen Ausharrens inmitten eines heftigen Schneesturms am 22. Februar 1893, während ich auf den richtigen Augenblick wartete. Meine Geduld wurde belohnt. Natürlich war das Ergebnis zum Teil auch dem glücklichen Zufall geschuldet, denn ich hätte noch viele weitere Stunden dort stehen können, ohne die erwünschten Bilder zu bekommen."

Gehen Sie zu Fuß

Alex Webb *Blick aus einem Barbier-Laden in der Nähe des Taksim-Platzes*, 2001

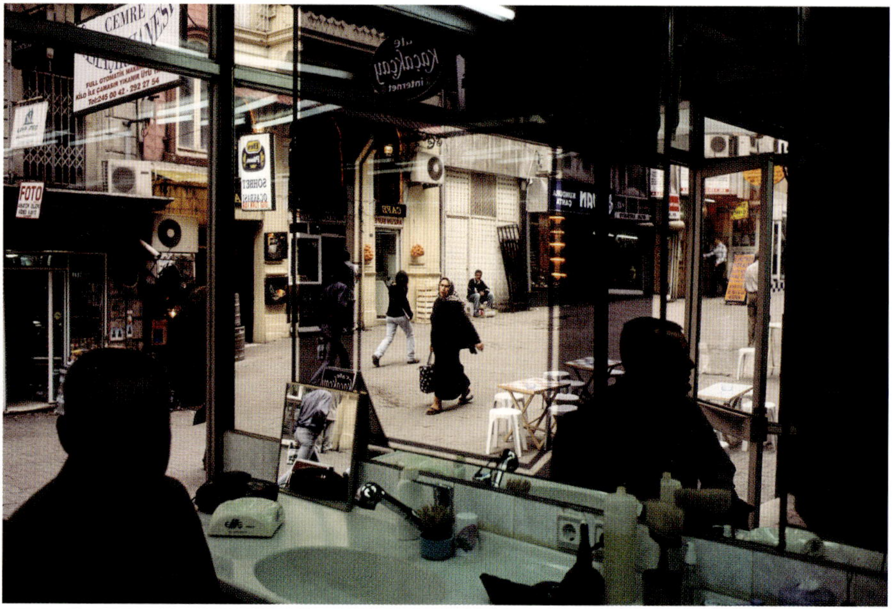

Als einer der bedeutendsten Vertreter der Farbfotografie folgt Alex Webb einem verblüffend einfachen Ansatz: „Um herauszufinden, wie ich an ein Motiv herangehe, muss ich zu Fuß unterwegs sein. Denn, was tut ein Streetfotograf anderes als herumlaufen, schauen und reden, und dann noch ein bisschen mehr schauen und warten, während er versucht, darauf zu vertrauen, dass das Unerwartete, das Unbekannte oder der verborgene Kern des Vertrauten hinter der nächsten Ecke lauert.“ Webb grenzt sich von „herkömmlichen Fotojournalisten“ ab, „die schon mit einer festen Vorstellung ankommen, was sie wollen oder was ihr Auftraggeber will“. Er hingegen versucht, sich einem Motiv als Streetfotograf zu nähern, „als jemand, der ohne vorgefasste Bilder umherstreunt. Ich bemühe mich, das möglichst intuitiv und mit Forschergeist anzugehen.“ Machen Sie sich Webbs Philosophie zu eigen! Seien Sie ein Flaneur auf der Suche nach surrealen, unerwarteten Momenten!

Seien Sie erfinderisch

Alexei Brodowitsch *Harper's Bazaar* Layout-Meeting, 1952 (fotografiert von Walter Sanders)

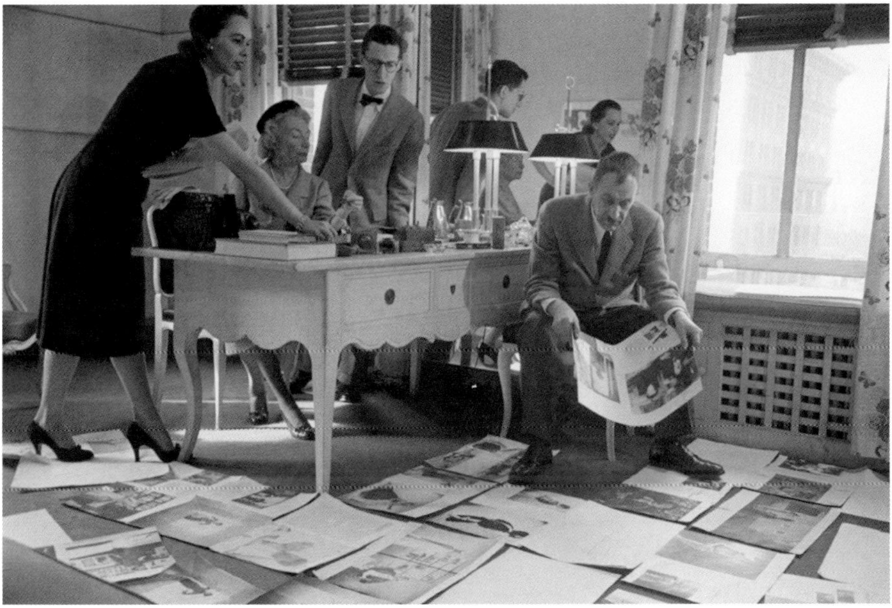

Alexei Brodowitsch zählt zu den einflussreichsten Persönlichkeiten der modernen Fotografie. Als Artdirektor des Modemagazins *Harper's Bazaar* (1934–1958) ließ er seine innovative, moderne Sichtweise in die Gestaltung einfließen und genoss als Lehrer späterer Stars wie Diane Arbus, Eve Arnold, Richard Avedon, Lisette Model, Garry Winogrand und Tony Ray-Jones großes Ansehen. Seinen Schülern riet er: „Überrascht mich!" Er stellte fest, dass die Fotografie in großen Teilen formelhaft und repetitiv geworden war und mahnte: „Die Krankheit, an der eure Generation leidet, ist diese Langeweile, und ein guter Fotograf muss erfolgreich gegen sie ankämpfen. Die einzige Möglichkeit, dies zu erreichen, ist Fantasie – mittels Überraschung." Und er empfahl: „Wenn ihr durch eure Kamera schaut und ein Bild seht, das ihr schon einmal gesehen habt, drückt nicht auf den Auslöser!" Suchen Sie stets Ihren eigenen, persönlichen Blick auf eine Szene! Andere sklavisch zu kopieren, bringt Sie nicht weiter.

Form und Inhalt sind untrennbar verbunden

Henri Cartier-Bresson *Brüssel*, 1932

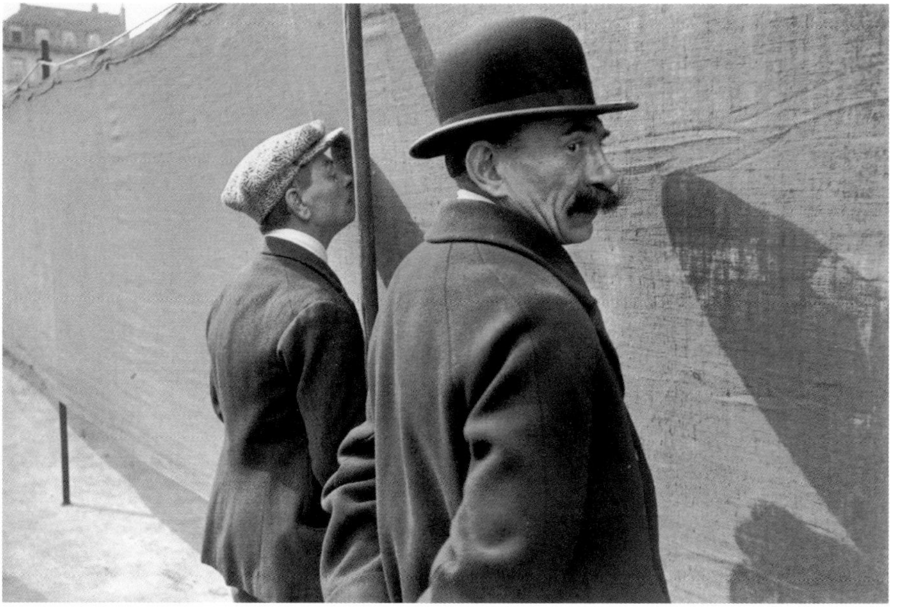

Henri Cartier-Bressons Buch *Images à la Sauvette* (auch unter dem Titel *The Decisive Moment* erschienen) gilt als eines der wichtigsten Fotobücher des 20. Jahrhunderts. In dem von Robert Capa als „Fotografen-Bibel" gerühmten Band offenbart sich Cartier-Bressons humanistische Ästhetik.

„Für mich bedeutet Fotografie die Gleichzeitigkeit des Erfassens – in Sekundenbruchteilen – der Bedeutsamkeit eines Ereignisses und der präzisen Gestaltung der Form, die diesem Ereignis den ihm angemessenen Ausdruck verleiht. Ich glaube, dass durch den Akt des Lebens gleichzeitig mit der Entdeckung des eigenen Selbsts auch die Entdeckung der Welt um uns stattfindet, jener Welt, die uns prägt, aber auch von uns beeinflusst wird. Diese beiden Welten, die in uns und die außerhalb von uns, müssen in ein Gleichgewicht gebracht werden. Infolge eines konstanten, wechselseitigen Prozesses wachsen diese beiden Welten zu einer einzigen zusammen. Und diese Welt ist es, die wir kommunizieren, nach außen tragen müssen. Aber das betrifft nur den Inhalt des Bildes. Für mich ist der Inhalt untrennbar mit der Form verbunden. Mit ‚Form' meine ich die stringente Gestaltung des Zusammenspiels von Oberflächen, Linien und Lichtwerten. Nur durch diese Gestaltung werden unsere Vorstellungen und Gefühle konkret und mitteilbar. In der Fotografie kann die visuelle Gestaltung nur aus einem gesunden Instinkt heraus erwachsen."

Die beste Kamera ist die, die Sie dabeihaben

Ed Kashi Ed Kashi fotografiert mit seinem iPhone, Saint-Brieuc, Frankreich, 2016

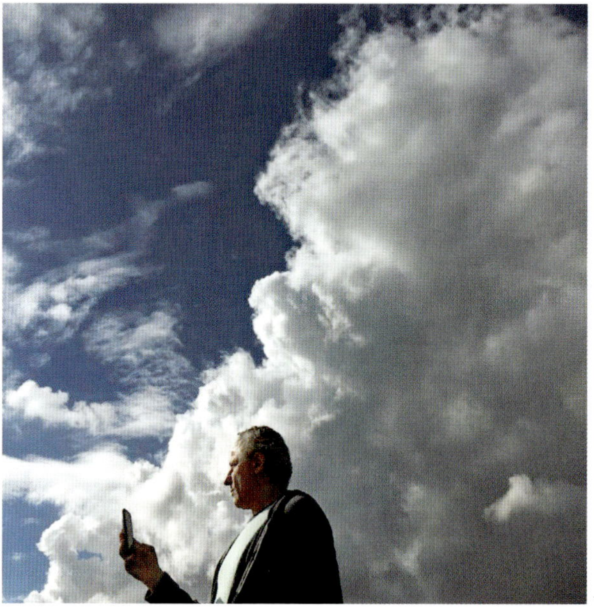

Moderne Smartphones verfügen über Sensoren, die den besten digitalen Spiegelreflexkameras von vor 20 Jahren mehr als ebenbürtig sind. Ed Kashi setzt sein Smartphone regelmäßig ein: „Mit Ihrem Smartphone haben Sie immer eine Kamera in der Tasche. Die heutigen Modelle sind technisch so ausgefeilt, dass Sie sowohl Stillleben als auch Videos in hoher Qualität aufnehmen können.“ Darüber hinaus haben sie, gegenüber herkömmlichen Fotoapparaten, den Vorteil, unauffälliger zu sein, und können dadurch, so Kashi, ein effektives Medium sein, wenn man nicht auffallen möchte. Er empfiehlt: „Achten Sie darauf, dass Ihr Handy immer voll aufgeladen ist und über genügend Speicherplatz für neue Bilder verfügt, vor allem wenn sich die Gelegenheit ergibt, als Bürgerreporter unterwegs zu sein, aber auch wenn Sie einfach nur den Alltag festhalten wollen.“ Smartphones machen heute oft Bilder in Profi-Qualtität, nutzen Sie sie daher nicht nur für Selfies und Schnappschüsse!

Der richtige Umgang mit Blitzlicht

Paul Lowe *Tschetschenische Frauen beten auf der Straße vor russischen Soldaten, um deren Vormarsch auf Grosny aufzuhalten*, 1994

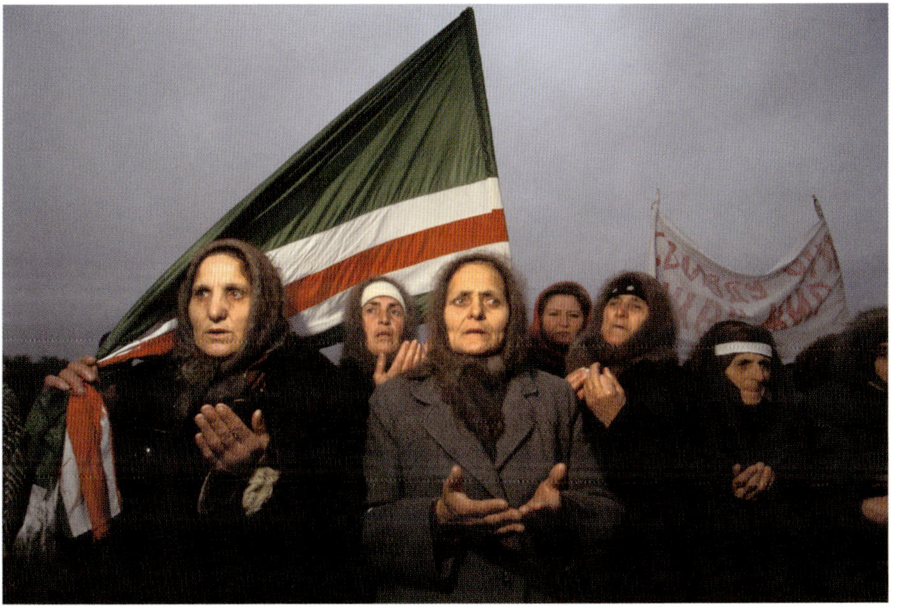

Die Idee vom „Sonnenlicht in der Hosentasche" vermittelt, wie nützlich Blitzlicht ist und wie man es am besten einsetzt. Man kann damit hartes, gebündeltes Licht erzeugen oder etwas weich und sanft illuminieren. Den direkt auf die Kamera gesteckten Blitz vermeidet man besser, weil er harte Kanten und starke Kontraste verursacht, das Motiv verflacht und rote Augen ergeben kann. Direktes Blitzlicht ist jedoch hilfreich, wenn es als Fülllicht eingesetzt wird, etwa damit der Vordergrund bei Gegenlicht nicht zu dunkel wird. Die besten Ergebnisse erzielt man mit einem von der Kamera losgelösten, verkabelten, seitlich positioniertem Blitz, also Kamera in der einen, Blitz in der anderen Hand. Indirektes, gebündeltes Licht verleiht einem Bild Tiefe. Ebenfalls bewährt hat es sich, das Blitzlicht von der Decke oder den Wänden reflektieren zu lassen. Das ergibt ein weiches, den gesamten Raum erhellendes Licht. Setzen Sie Blitzlicht kreativ ein und üben Sie, mit diversen Lichtverhältnissen klarzukommen.

Fotograf sein

Bilder überall

Elliott Erwitt *USA, New York City*, 1953

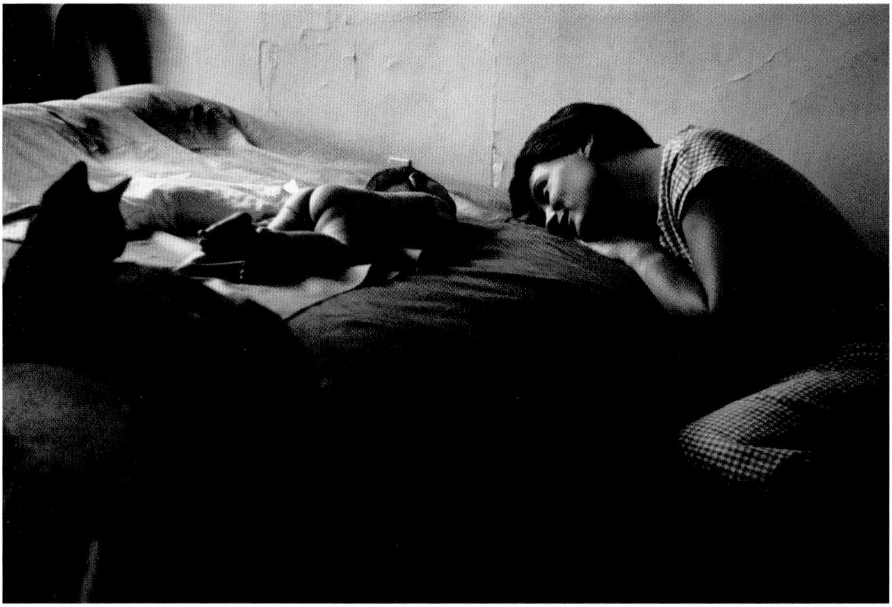

Für Elliott Erwitt steht beim Fotografieren der (scheinbar) einfache Akt des Betrachtens im Mittelpunkt: Es geht ihm „nur ums Schauen – zumindest bei der Fotografie, die ich für relevant halte. Entweder man schaut hin oder man schaut nicht hin.“ Er empfiehlt, sich dem unendlichen Potenzial des Alltäglichen zu öffnen, denn: „Man kann überall Bilder entdecken. Es geht einfach nur darum, Dinge zu bemerken und zu gestalten. Wir müssen uns um das kümmern, was uns umgibt, und uns für die Menschen, ihre Komik und Tragik interessieren.“ Betrachtet man Erwitts Arbeiten genauer, erkennt man, wie er in fast jeder Situation, so belanglos sie auch erscheinen mag, das menschliche Element entdeckt. Nun liegt es an Ihnen: Betrachten Sie Ihre Umgebung, schauen Sie sich die Elemente Ihres Bildrahmens an und überlegen Sie, in welcher Beziehung sie zueinander stehen, wo es Parallelen und Gegensätze gibt, die eine Bedeutung in sich tragen.

Überschreiten Sie Grenzen

Martine Franck *Frankreich, Provence. Le Brusc. Schwimmbaddesign von Alain Capeilleres*, 1976

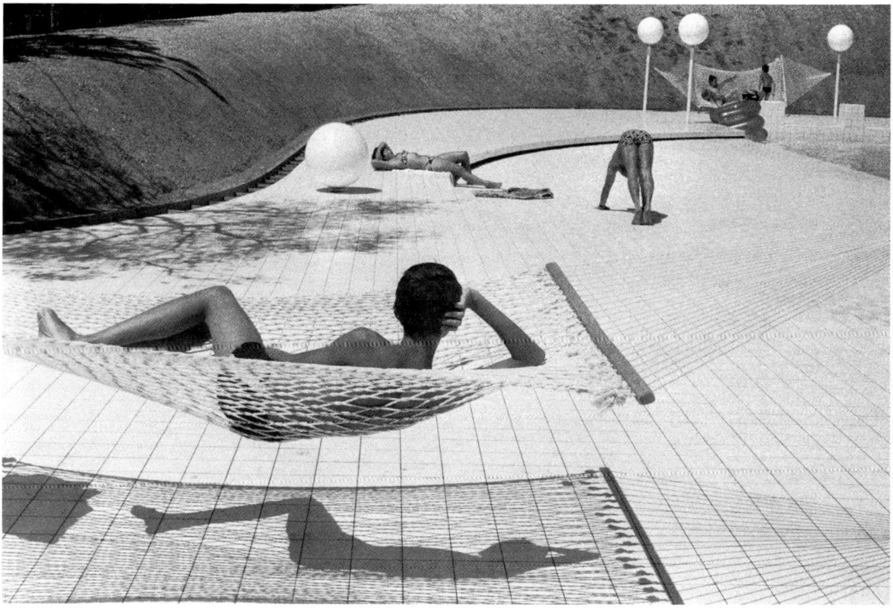

Für Magnum-Fotografin Martine Franck war die Fotografie ein Weg, ihre Schüchternheit zu überwinden. Sie fand es schwierig, mit Leuten zu sprechen, aber „eine Kamera in der Hand gab mir eine Aufgabe, einen Grund, irgendwo zu sein, als Zeugin, aber nicht als Protagonistin". Fotografie könne helfen, Grenzen niederzureißen: „Die Kamera an sich ist eine Grenze, eine Art Barriere, die man permanent übertritt, um näher an das Motiv heranzukommen. Dabei überschreitet man auch seine eigenen Grenzen. Man hat das Gefühl, ein Wagnis einzugehen, übergriffig und unhöflich zu sein und wäre lieber unsichtbar. Die einzige Möglichkeit, auf die andere Seite zu gelangen, ist, sich zeitweise selbst zu vergessen, indem man empfänglich für andere ist. So bin ich als Fotografin in zwei Welten zugleich. Das ist alles, was ich zu meinen Empfindungen beim Fotografieren sagen kann, der Rest liegt im Bereich des Unbewussten. Transgression ist das Wort, nach dem ich die ganze Zeit gesucht habe."

Arbeiten Sie mit Ihrem Modell zusammen

Aletheia Casey *Ella in Callala Bay*, 2018

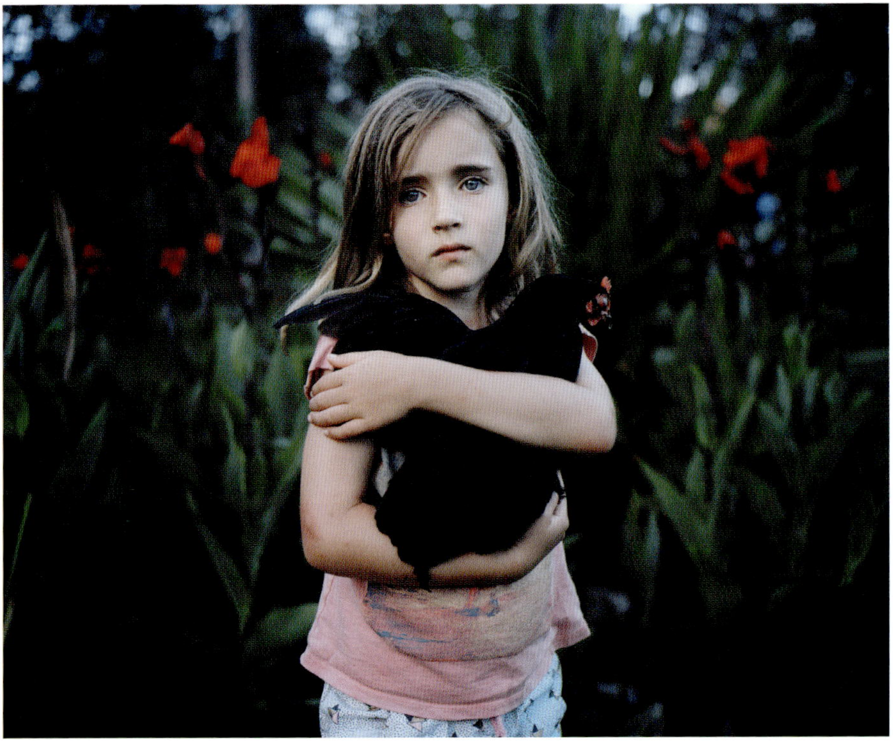

„Menschen ahmen einander unbewusst nach – sei es die Mimik, die Laune oder die Körpersprache. Kinder imitieren ihre Eltern und Erzieher, und auch Erwachsene ‚kopieren' unbewusst die Mimik und Körpersprache von anderen. Dies gilt ganz besonders für den Vorgang des Porträtierens. [...] Als Fotograf müssen Sie sich bewusst sein, dass Ihr Modell Sie ungewollt und unbewusst nachahmt. Bei einem Porträt geht es um die Beziehung zwischen Fotograf und Modell. Ein gelungenes Porträt ist ein Zusammenwirken, bei dem auch Sie sich vom Modell gespiegelt sehen, und wenn Sie aufmerksam sind und Ihr Modell Ihnen vertraut, werden Sie Seiten dieser Person sichtbar machen können, die sonst eher verborgen bleiben."

Die versierte Porträtfotografin Aletheia Casey nutzt Komposition, Farbe und Bildausschnitt, um kraftvolle Charakterstudien zu erschaffen, die eine tiefe seelische Verbindung zu ihren Modellen offenbaren. Sie erklärt, wie wichtig die Interaktion zwischen Fotograf und Modell ist, damit ein Porträt gelingen kann.

Beziehen Sie Stellung

Danny Lyon *Bei einer Demonstration kommt es zu Ausschreitungen, als die Polizei gewaltsam Demonstranten festnimmt und Tränengas einsetzt*, 1964

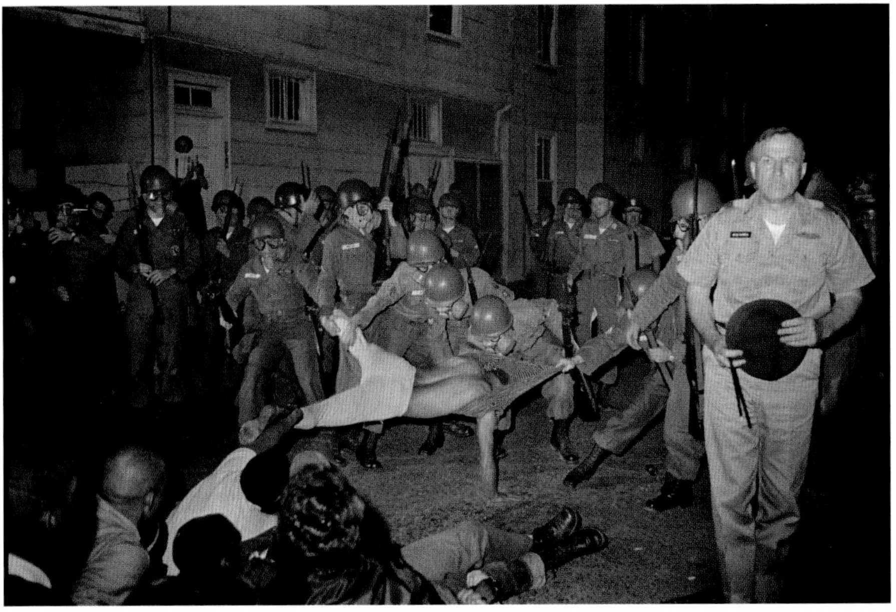

Danny Lyon war der erste festangestellte Fotograf des SNCC (Student Nonviolent Coordinating Committee), einer der bedeutendsten Organisationen der Schwarzen Bürgerrechtsbewegung der 1960er-Jahre in den USA. Seine unerschrockenen Bilder vom Kampf gegen die Segregation und für die Rechte der Afro-Amerikaner waren ein Meilenstein der Advocacy Photography, einem Genre, das offen Partei ergreift. Lyon war häufig mittendrin in den Protesten: „Der unsicherste Ort, egal ob die Leute mit Steinen werfen oder schießen, ist zwischen den Linien. Man muss sich für eine Seite entscheiden, selbst wenn es nur dafür gut ist, einen Platz zu haben, wo man einen Moment Ruhe hat, um scharfzustellen." Er stellte klar: „Ich fühle mich voll und ganz verantwortlich für das, was ich sehe und fotografiere." Wenn Sie in diesem Bereich arbeiten, sollten Sie Ihre eigene politische Einstellung und Ihre Vorurteile bedenken, aber auch zulassen, dass Ihre moralischen Überzeugungen Ihr Handeln lenken.

Rechnen Sie stets mit dem Unerwarteten

Louie Palu *Kandahar, Afghanistan*, aus *Front Towards Enemy*, 2017

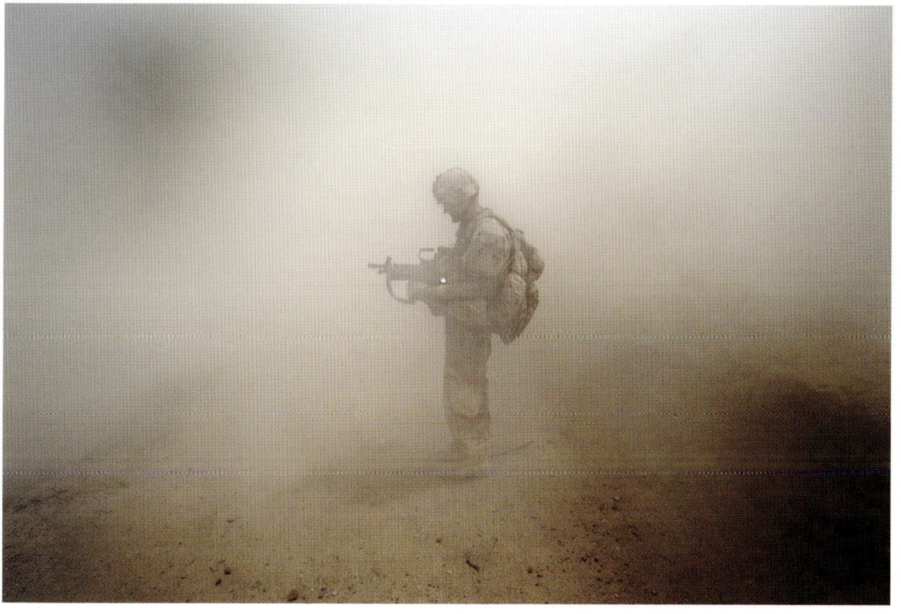

Der kanadische Dokumentarfotograf und -filmer Louie Palu ist dafür bekannt, sich mit sozialpolitischen Themen zu befassen, Krieg und Menschenrechte eingeschlossen. Zwischen 2006 und 2010 dokumentierte er den Krieg im afghanischen Kandahar und zwischen 2011 und 2012 den Drogenkrieg an der Grenze zwischen Mexiko und den USA. Er schreibt: „Worüber ich mir im Vorfeld und während eines Auftrags am meisten Gedanken mache, ist, was passiert, wenn alles schiefgeht. Erstens, wie bekomme ich das mit dem Fotografieren danach wieder hin, und zweitens, wie bleibe ich seelisch-moralisch gesund und erhalte mir meine Kreativität, wenn die Dinge sich anders entwickeln als geplant oder unerwartet eine riesige Hürde auftaucht. Sie können mir glauben: In einem Kriegsgebiet geht jeden Tag etwas schief. Tatsächlich entstanden einige meiner besten Fotos unter widrigsten Bedingungen, aber dann muss man einen Plan haben, wie das Problem gelöst werden kann."

Spielen Sie mit Vorurteilen

Philip-Lorca diCorcia *Brent Booth; 21 Jahre alt; Des Moines, Iowa; $30*, 1990

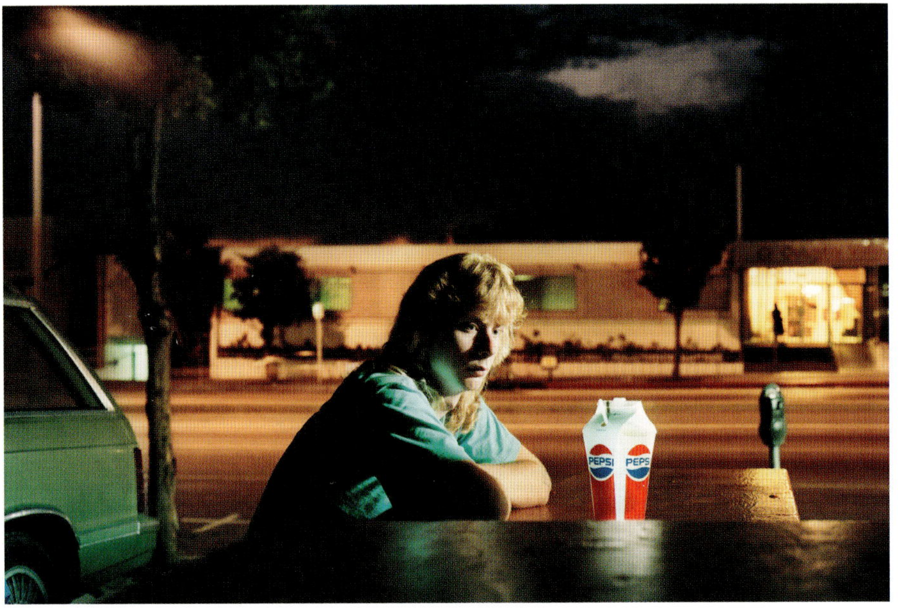

Das Werk von Philip-Lorca diCorcia bewegt sich auf dem schmalen Grat zwischen Realität und Fiktion. Seine Bilder sind wie optisch und emotional aufgeladene Fabeln über das menschliche Dasein. Er spielt mit den Vorurteilen und Annahmen der visuellen Grammatik des Mediums und untergräbt sie. „Fotografie ist eine Fremdsprache, die jeder zu sprechen glaubt", sagt er und weist auf den Widerspruch hin, dass das Fotografieren oberflächlich betrachtet einfach erscheinen mag, in Wirklichkeit aber eine vielschichtige, nuancierte Kunst ist, mit komplexen Chiffren und Strukturen. „Fotografie vereint das Offensichtliche und das Unbewusste an der Schwelle des Wahrnehmbaren – der Grenze zwischen dem, was wir sehen und was wir vermuten." Sein Werk verrät etwas darüber, wie Fotografie den Raum zwischen Wort und Bild besetzen und Bedeutungs- und Interpretationsebenen eröffnen kann, die sonst zwar durchaus präsent, aber schwer artikulierbar sind.

Brechen Sie eine Regel nach der anderen

Sara Terry *Gebet für die Toten, Witwe aus Srebrenica*, 2015

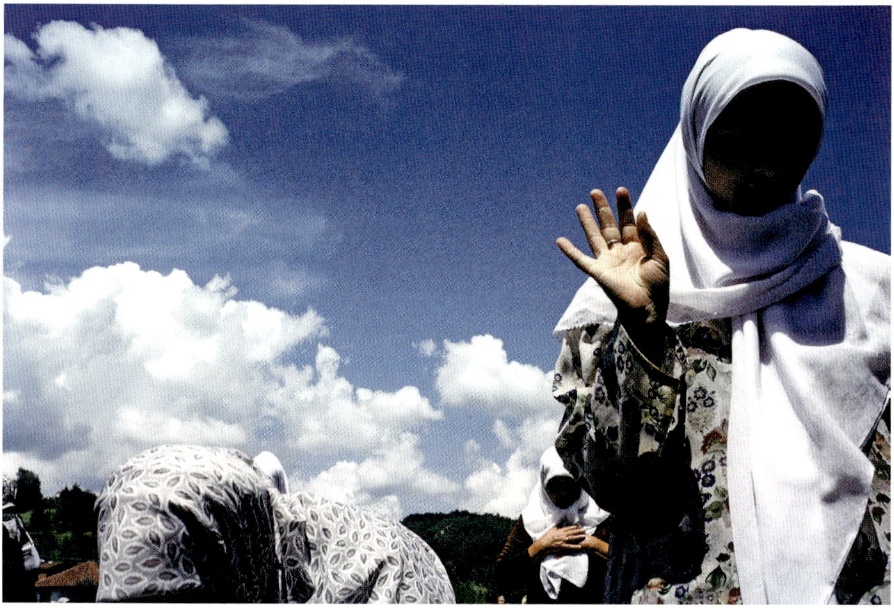

Sara Terry kam über den Journalismus zur Fotografie und zum Dokumentarfilm, nachdem sie bereits auf eine langjährige Erfahrung als Autorin zurückblicken konnte. Sie ist überzeugt, dass man zuerst die Grundlagen des fotografischen Handwerks beherrschen müsse, um zu seiner eigenen, ganz persönliche Stimme zu finden: „Lerne die Regeln: Bildaufbau, die Drittel-Regel und wie du manuell richtig belichtest und scharfstellst. Lerne von den Meistern des Fachs – wenn du ein Bild siehst, das dich fesselt, studiere es ausgiebig. Überlege, wo der Fotograf gestanden haben muss, um das Bild zu machen, welche Schwierigkeiten er überwinden musste, wo das Licht herkommt und wie es sich auf den Bildausschnitt auswirkt. Verinnerliche die Regeln, bis sie fester Bestandteil deiner Praxis sind, der Art, wie du hinsiehst und fotografierst. Und dann brich die Regeln, eine nach der anderen! Beobachte, was passiert, entscheide, welche du einhalten willst – und erfinde neue Regeln!“

Schauen Sie in sich hinein

Roger Ballen *Dresie und Casie, Zwillinge, West-Transvaal*, 1993

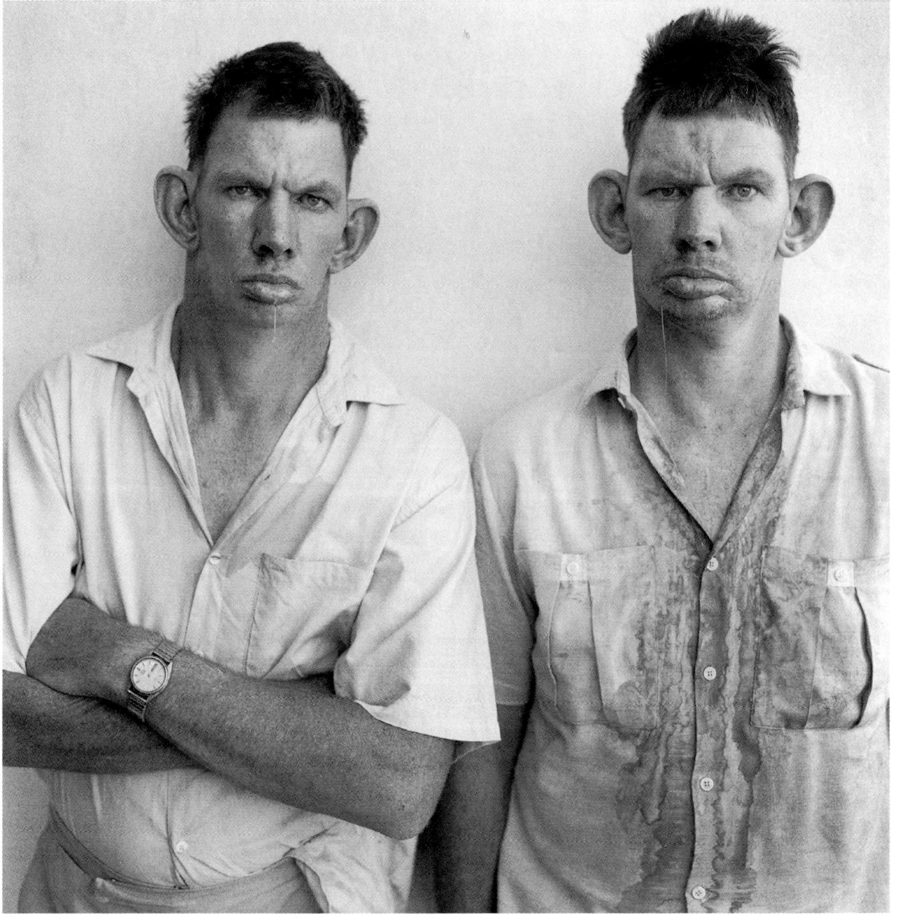

„Weil die Fotografie ein technisch so leicht zu beherrschendes Medium ist, insbesondere mit den modernen Kameras, bemerken die Leute nicht, dass es nicht damit getan ist, eine Kamera in die Hand zu nehmen.“

Roger Ballens eindrucksvolle psychologische Studien konfrontieren den Betrachter mit unbequemen Fragen zur Gesellschaft Südafrikas. Er betont jedoch, dass die Bilder nicht nur seinen eigenen Bedürfnissen entspringen, sondern auch die von ihm fotografierten Personen einen großen Anteil daran haben. Ballens ist davon überzeugt, dass er in den vergangenen 40 Jahren des Fotografierens herausfinden wollte, wer er ist: „Es war in erster Linie eine selbstanalytische Reise.“ Er findet, ein Fotograf müsse über seine eigenen Erfahrungen und Beweggründe nachdenken und dies in seinen Bildern verarbeiten, und rät uns: „Sie müssen tief in Ihr Inneres vorstoßen, um ein gutes Bild machen zu können.“ Die scheinbar so einfach zu bedienende Technik verdeckt die eigentliche Komplexität des Fotografierens: „Weil die Fotografie ein technisch so leicht zu beherrschendes Medium ist, insbesondere mit den modernen Kameras, bemerken die Leute nicht, dass es nicht damit getan ist, eine Kamera in die Hand zu nehmen. Wenn ich die Kamera hebe, um ein Bild zu machen, habe ich mich durch Tausende von Schritten durchgearbeitet, um an diesen Punkt zu gelangen. Was Sie in Wirklichkeit sehen, ist ein komplexer Blick auf die Welt, durch meine Vorstellungskraft, durch meine Erfahrungen.“

Fotografieren Sie mit Haltung

Sebastião Salgado *Geflüchtete in einem Camp in Korem, Äthiopien*, 1984

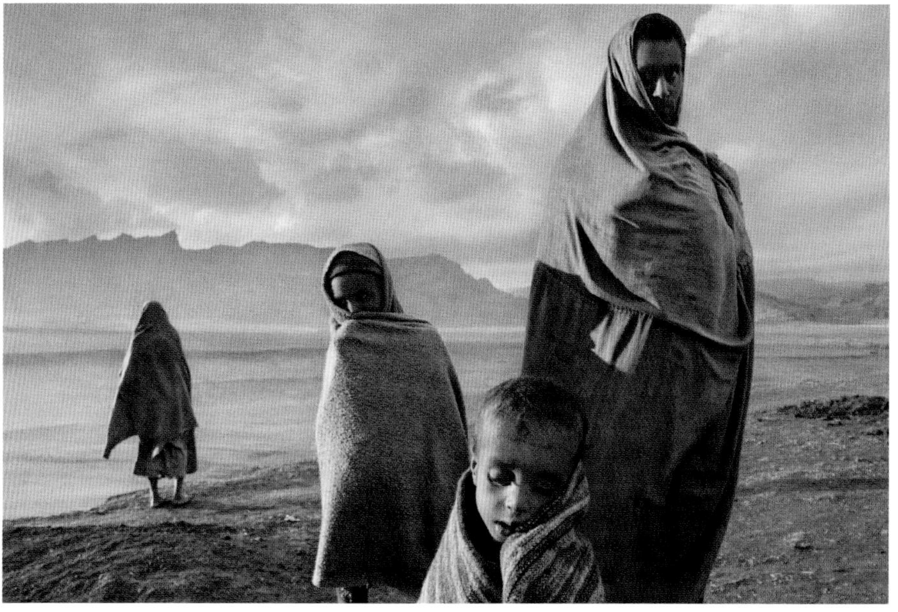

In den letzten vier Jahrzehnten war Sebastião Salgado immer wieder ein bedeutender Chronist der Auswirkungen, die die sozialen und wirtschaftlichen Umwälzungen auf Mensch und Natur haben. Dabei achtete er stets darauf, respektvoll mit den Menschen vor seiner Kamera umzugehen. „Wenn das Bild, das man von einer Person machen will, deren Würde verletzt, gibt es keinen Grund, dieses Bild zu machen." Fotografen müssen Haltung zeigen, eine Weltanschauung haben, die in ihren Fotos zum Ausdruck kommt, meint Salgado, doch es kommt ein Punkt, an dem ein partnerschaftlicher Aspekt auftaucht: „Wenn man längere Zeit an einem Projekt arbeitet, lernt man die Menschen kennen. Und plötzlich machst nicht mehr *du* die Fotos! Zwischen Fotograf und Modell passiert etwas, und der Fotograf erkennt, dass die Menschen ihm die Fotos schenken." Der Akt des Fotografierens ist ein Austausch zwischen Ihnen und den Modellen: Lassen Sie ihnen genügend Raum, um sich mit Würde zu präsentieren.

Arbeiten im Grenzbereich

Sally Mann Fotografin Sally Mann entspannt mit ihrem Hund „Honey“, 2004 (fotografiert von Michael Williamson)

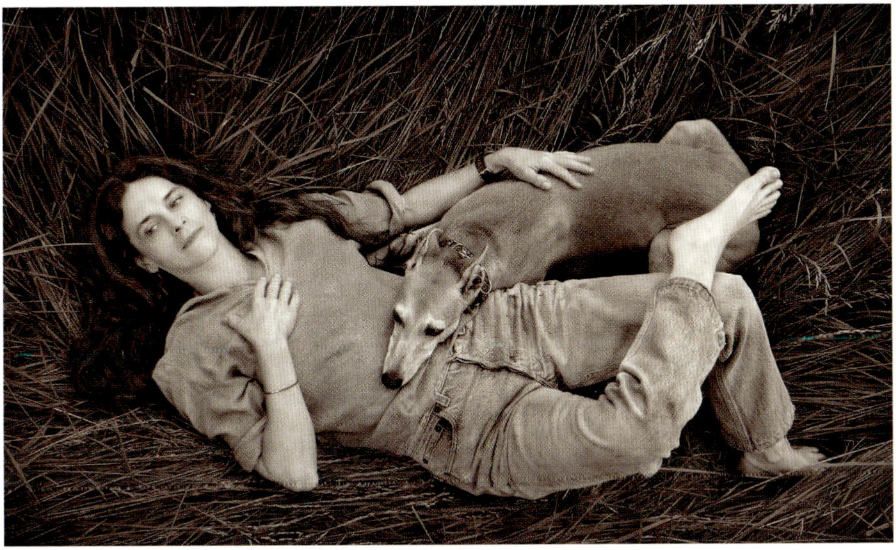

Emotional und psychisch aufgeladene Bilder entstehen oft in Momenten, in denen die Anwesenheit des Fotografen die Situation vielleicht ein wenig stärker beeinflusst als sie sollte, um dieses Mehr an Energie ins Bild zu bekommen. In ihren intimen, intensiven Bildern trägt Sally Mann diesem Spannungsverhältnis Rechnung. Sie räumt ein: „Der ausbeuterische Aspekt ist von Grund auf Teil jeder bedeutenden Porträtaufnahme, wir alle wissen das. Jedes noch so einfache Bild einer anderen Person ist moralisch komplex.“ Doch gerade das Arbeiten an dieser Grenze kann starke Bilder hervorbringen. „Wenn das Überschreiten der Grenze im Zentrum der Porträtfotografie steht, mildert das perfekte Ergebnis – Schönheit, Ehrlichkeit, Empathie – den Verstoß.“ Es braucht viel Erfahrung im nahen Umgang mit anderen, um ein Gefühl dafür zu entwickeln, wie weit man gehen darf. Oft müssen Sie ein klein wenig weiter gehen, als Sie für angemessen halten, um die besten Bilder zu bekommen.

Der steinige Weg zum eigenen Stil

Chuck Close

„Ich glaube, Fotografie ist zwar im Hinblick auf das Erwerben der technischen Kompetenzen das einfachste Medium, aber wenn es darum geht, eine ureigene, persönliche Vision zu entwickeln, wahrscheinlich das anspruchvollste. Die Schwierigkeit besteht darin, sich selbst von all den anderen abzugrenzen, die einigermaßen gute Sachen machen, und eine eigene Stimme zu finden, einen eigenen Blick auf die Dinge zu entwickeln, etwas zu erschaffen, das einen Erinnerungswert hat und wirklich aus einem selbst heraus entstanden ist. Es ist unglaublich schwierig, in der Fotografie einen unverkennbaren, charakteristischen Stil zu erreichen. Eigentlich ist Fotografie überhaupt kein einfaches Medium, sondern vielleicht sogar das komplizierteste von allen!"

Mit seinen großformatigen Porträts schlägt Chuck Close die Brücke zwischen bildender Kunst und Fotografie. Er weiß daher nur zu gut, wie schwierig es sein kann, den eigenen, unverwechselbaren Stil zu finden.

Entlarvende Extreme

Lauren Greenfield *Jackie und ihre Freundinnen mit Versace-Handtaschen beim Versace Store Private Opening*, *Beverly Hills*, 2007

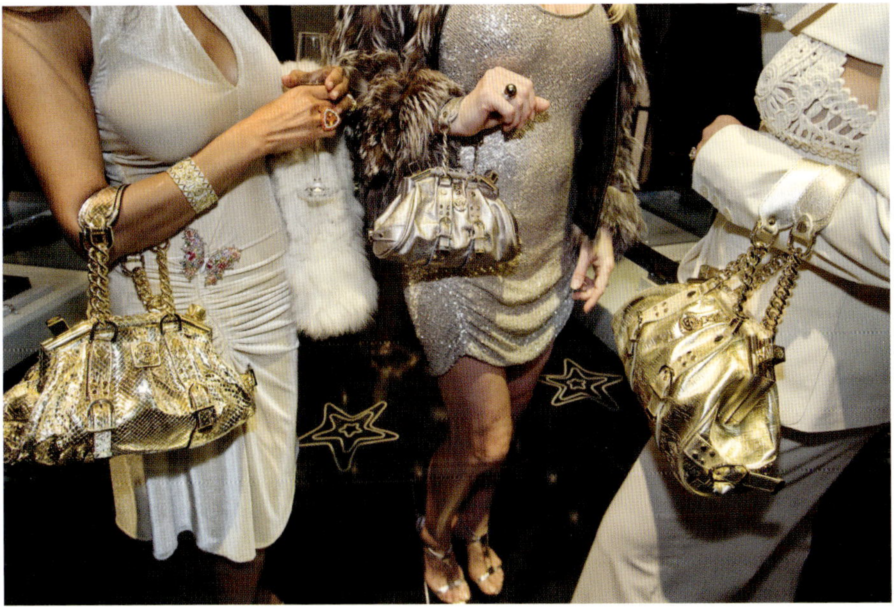

Fotografie zeigt häufig jene, die an den Rändern der Gesellschaft leben, Reiche wie Arme. Die amerikanische Dokumentarfotografin Lauren Greenfield setzt diese Strategie erfolgreich ein. Sie nutzt die Ränder als Spiegel, den sie dem Rest der Gesellschaft vorhält. „Ich zeige Extreme, um den Mainstream zu entlarven. Manchmal erscheint mir ein Thema, an dem ich arbeite, z. B. die Populärkultur, so allgegenwärtig, dass wir es kaum noch sehen – so wie die Luft zum Atmen, die man ja auch nicht sieht." Greenfield hat das Leben der Reichen in den USA untersucht und eine Ästhetik entwickelt, die satte Farben und Blitzlicht kombiniert, um den Überfluss zu illustrieren. „Ich versuche zu dekonstruieren, was ich sehe, und die Schönheit und Verlockung zu zeigen. Ich verwende leuchtende Farben und Blitzlicht für maximale Reflexion. Ich konstatiere die Anziehungskraft von Reichtum und dass wir uns der schwer entziehen können, will aber auch zeigen, dass er seine Verheißungen nicht erfüllt."

Hören Sie zu

Giles Duley *Shamah Darweesh, über 90 Jahre alt, aus Homs*, 2016

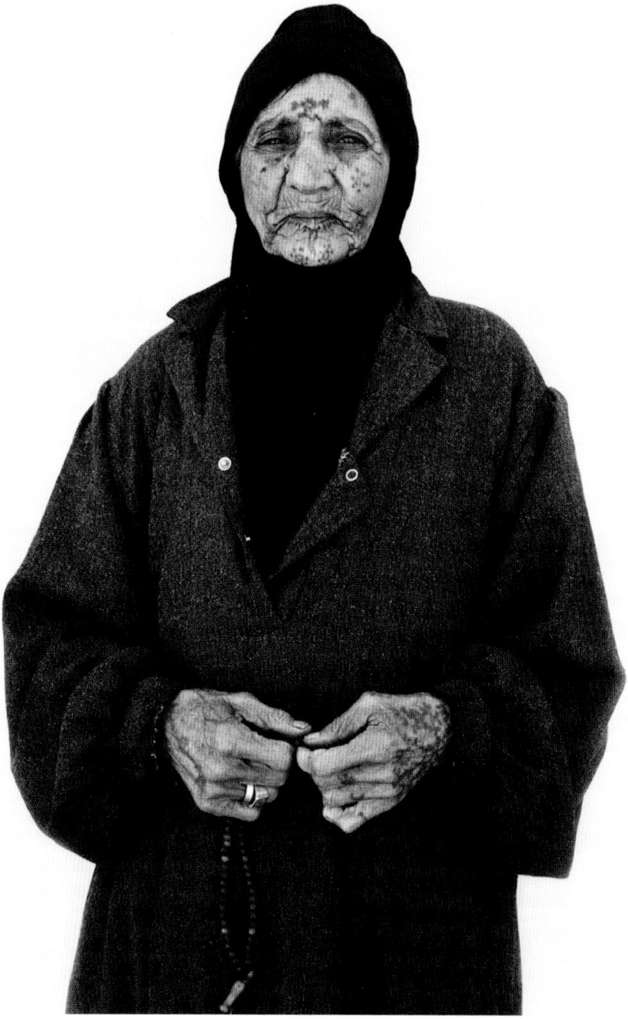

„Hören Sie zu! Es erscheint vielleicht merkwürdig, das zu einem Fotografen zu sagen, aber um jemandes Geschichte wirklich zu erfassen, müssen Sie ihm zuerst zuhören. Viel zu viele Fotografen tauchen auf und begegnen der Person, die sie fotografieren, nur durch den Sucher, glauben aber, sie wüssten schon, wie das Foto aussehen wird. Meiner Meinung nach ist das der falsche Weg. Zunächst muss ich zuhören, die Geschichte verstehen – dann finde ich vielleicht einen Weg, sie zu erzählen. Machen Sie keine Fotos, nur um etwas zu produzieren, von dem Sie glauben, dass andere es sehen wollen – fotografieren Sie, was Sie lieben, wofür Sie sich begeistern, was Sie kennen."

Dieser Ratschlag stammt von Giles Duley, der 2011 durch eine Sprengfalle beide Beine und den linken Arm verlor, während er in Afghanistan die Menschen im Krisengebiet fotografierte. Man sagte ihm, er werde nie wieder laufen und auch seinen Beruf nicht mehr ausüben können. Duley jedoch, von Natur aus ein Dickschädel, sagte seinen Ärzten: „Ich bin immer noch Fotograf", und kehrte nach weniger als 18 Monaten nach Afghanistan zurück, um zu arbeiten. In seinem Langzeitprojekt *Legacies of War* dokumentiert er Post-Konflikt-Gesellschaften.

Fotografieren Sie, was Sie lieben

Joe McNally *Thi Kim Phuc Phan und ihr Sohn*, 1995

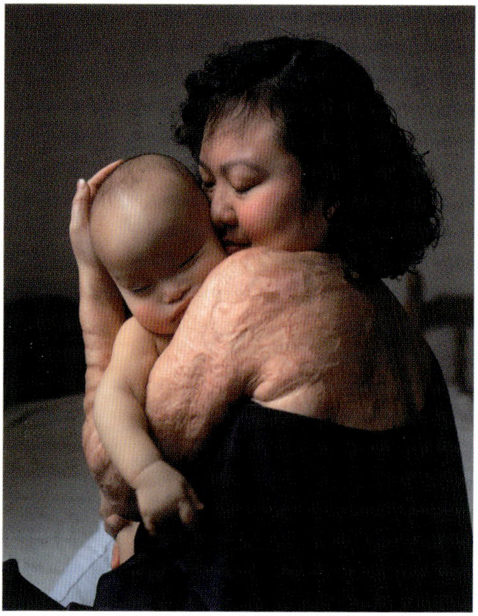

„Denken Sie immer daran, Platz zu schaffen, Raum zu lassen, damit Sie das fotografieren können, was Sie lieben. Nur so kann Ihr Fotografenherz weiterschlagen."

Der erfahrene Fotograf Joe McNally hat ein breit gefächertes Spektrum an Auftragsarbeiten vorzuweisen, darunter aus den Bereichen Fotojournalismus, Nachrichten, Sport und Werbung. Sein wichtigster Ratschlag lautet: Schaffen Sie immer genügend Raum, um das zu fotografieren, was Ihnen wirklich wichtig ist. „Egal, durch wie viel Mist Sie sich hindurchwühlen müssen, um als Fotograf zu überleben, egal, wie viele miese Aufträge, schlechte Tage, üble Kunden, pampige Modelle, unausstehliche Agenten, ausgeflippte Artdirektoren, technische Katastrophen, Fehlleistungen von Körper, Geist und Willenskraft Sie ertragen müssen, all das Hätte-Könnte-Sollte, das uns das Gehirn vernebelt und sich in unsere Träume schleicht – denken Sie immer daran, Platz zu schaffen, Raum zu lassen, damit Sie das fotografieren können, was Sie lieben. Nur so kann Ihr Fotografenherz weiterschlagen."

Lernen Sie loszulassen

Maggie Steber *Haitianische Soldaten verfolgen einen kleinen Jungen, der eine Kiste mit Lebensmittelhilfe stehlen will*, 1986

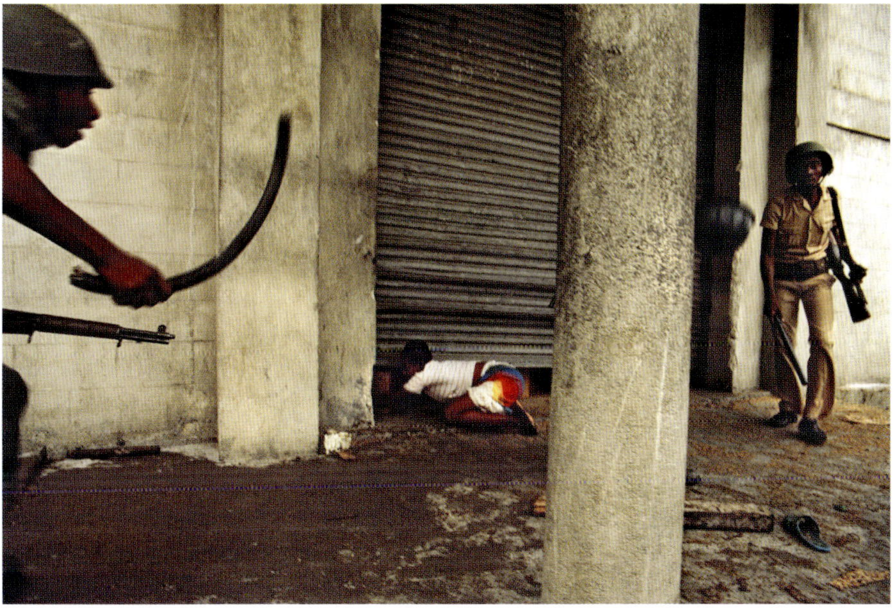

So sehr wir Fotografen uns auch bemühen, unsere Bilder zu kontrollieren, angefangen vom Bildausschnitt über die Nachbearbeitung bis zur Frage, welche Plattformen wir nutzen, um sie zu verbreiten und zu veröffentlichen – an einem gewissen Punkt müssen wir die Kontrolle abgeben, die Reaktionen der Betrachter abwarten und akzeptieren, dass sie unsere Bilder auf ihre eigene Weise interpretieren und mit Bedeutung füllen. Diese Unvermeidlichkeit fasste Maggie Steber treffend in Worte:

„Unsere Fotos sind wie unsere Kinder. Wir stecken unser Bestes hinein – das Beste unserer Vorstellungskraft, unserer Gedanken, unserer Herzen – und entlassen sie in die Welt hinaus. Irgendwann, vielleicht in dem Augenblick, wenn wir auf den Auslöser drücken, werden sie freigelassen. Von dem Moment an gehören sie uns eigentlich nicht mehr."

Sechs Regeln

Chris Steele-Perkins *Oxford-Studenten unter Hypnose beim Frühjahrsball*, 1989

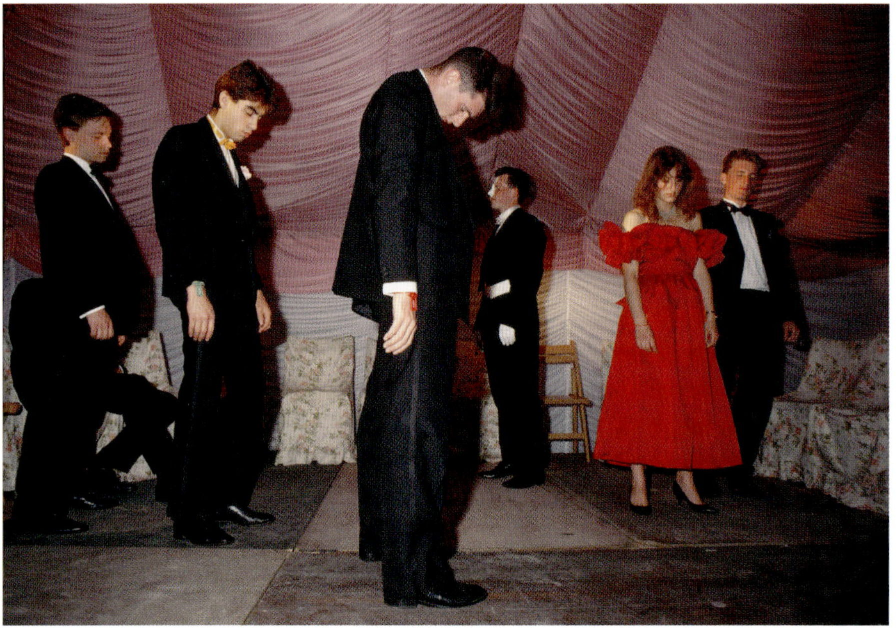

1. Glauben Sie niemals, Fotografieren sei einfach. Es ist wie mit der Lyrik: Ein paar Reime zu schreiben, ist nicht schwer, aber um ein Meisterwerk zu erschaffen, braucht es mehr.
2. Erlernen Sie das Fotografieren und studieren Sie, was andere Fotografen erreicht haben. Lernen Sie von ihnen, aber versuchen Sie nicht, genauso zu sein wie sie.
3. Fotografieren Sie Dinge, weil sie Ihnen wirklich wichtig sind, nicht, weil Sie sich verpflichtet fühlen.
4. Fotografieren Sie so, wie Sie es für richtig halten, und nicht, wie Sie glauben, dass Sie müssten.
5. Seien Sie offen für Kritik, sie kann wirklich hilfreich sein, aber bleiben Sie Ihren Grundwerten treu.
6. Machen Sie Fotos, je mehr, desto besser. Die Fotos werden Sie deprimieren, machen Sie mehr! Bauen Sie Ihre Fähigkeiten aus und gehen Sie hinaus in die Welt, werden Sie aktiv.

Der preisgekrönte Fotojournalist und Dokumentarfotograf Chris Steele-Perkins ist seit 1979 bei Magnum und hat für angehende Fotografen einige Empfehlungen zusammengestellt.

Nehmen Sie Ihre Kamera mit, immer und überallhin

Lara Jo Regan *Schulmädchen, Los Angeles, Kalifornien*, 1993

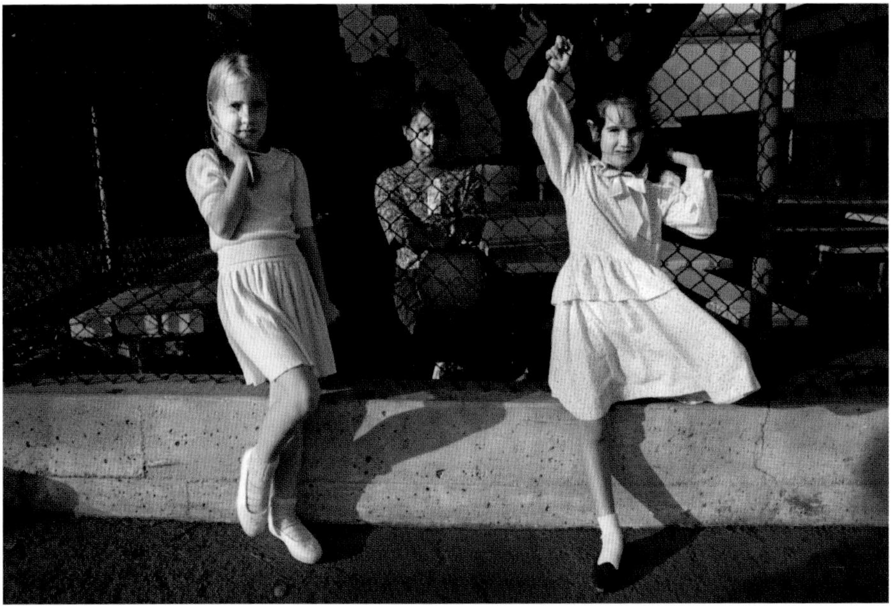

Die Arbeiten von Lara Jo Regan verbinden eine gemäldehafte Ästhetik mit einem soziologischen Blick. Sie hat ihre Kamera schon auf alle möglichen Motive gerichtet und beispielsweise eine Langzeit-Dokumentation über Südkalifornien realisiert. Ihr Hund „Mr Winkle" wurde einer der ersten viralen Internetstars, als sie eine Fotoserie mit ihm machte, die ihn in verschiedenen lustigen Situationen zeigte.

„Wenn Sie wirklich ein ernstzunehmender Streetfotograf werden wollen, müssen Sie Ihre Kamera immer und überall dabei haben, auch wenn Sie gerade nicht in Stimmung sind oder sie nicht zu Ihrem Outfit passt. Überragende Momente zeigen sich typischerweise dann, wenn man am wenigsten damit rechnet und es gerade überhaupt nicht passt. Wenn so ein Moment auftaucht, setzen Sie alles daran, ihn zu dokumentieren, egal wie müde, schüchtern, faul oder beschäftigt Sie sich fühlen! Wenn Sie an so einer Situation vorbeifahren, halten Sie an, parken den Wagen und hieven sich und Ihre Ausrüstung aus dem Auto. Solange Sie die Mysterien der Quantenphysik nicht gelöst haben, werden Sie nicht in der Lage sein, in die Vergangenheit zu reisen – es gibt keine zweite Chance, um das, was Sie sehen, festzuhalten! Die Fotografie hat etwas zu bieten, das keine andere Kunstform hat, nämlich ihr Verhältnis zur Zeit, ihre magische Fähigkeit, einen Augenblick einzufrieren, um ihn mit zahllosen anderen Personen zu teilen. Mich verfolgen immer noch die erhabenen Momente, denen ich mich verweigert habe. Jetzt existieren sie nur in meinem Kopf, für immer gefangen."

Kein Bild existiert ohne Kontext

Gemma Marmalade *Seed Series (Green Fingered)*, 1976

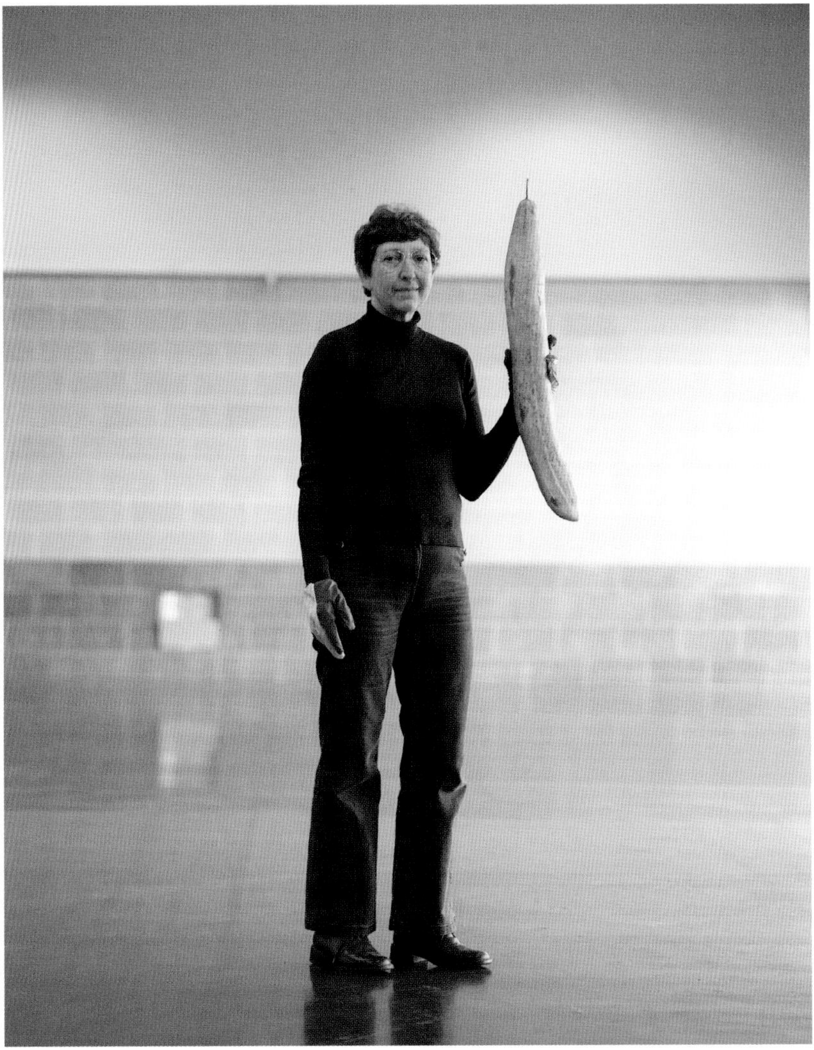

Die Fotografin und Lehrbeauftragte Gemma Marmalade behauptet, dass bei einem fotografischen Œuvre auch der wissenschaftliche Gehalt von Wert ist.

„Jedes Bild muss innerhalb seines politischen, geschichtlichen und philosophischen Kontextes und unter Berücksichtigung anderer kultureller Einflüsse verstanden werden. Die Auseinandersetzung mit diesen Inhalten zeigt sich auch in dem Wert, der ihm beigemessen wird. Kein Bild entsteht in einem Vakuum. Das Bewusstsein und die Empfänglichkeit des Fotografen für die Einflüsse, die es prägen, stehen in direktem Zusammenhang mit der visuellen Wirkkraft des Fotos. Die akademische Diskussion des Bildes wird häufig zu Unrecht als elitär abgetan, als etwas, das den instinktiven kreativen Prozess sabotiere. Doch ich empfinde die Symbiose aus strategischer wissenschaftlicher Forschung und einfühlsamem Schaffen als etwas Erhellendes und zutiefst Befriedigendes. Im Bild schwingen diese Elemente unbewusst mit und führen häufig dazu, dass etwas Innovatives und Originelles entstehen kann. Visuelle Avantgarde kann es nur geben, wenn sie auf den Schultern von Riesen steht, wie es so schön heißt. Angesichts der Universalität visueller Kommunikation in einer von Bildern gesättigten Welt steht der Fotograf in der Verantwortung, seine Plattform unter Berücksichtigung ästhetischer wie auch kritischer Aspekte sinnvoll zu nutzen.“

Die Beziehung dokumentieren

Susan Meiselas *Essex Junction, Vermont,1973. Lena on the Bally Box,* 1973

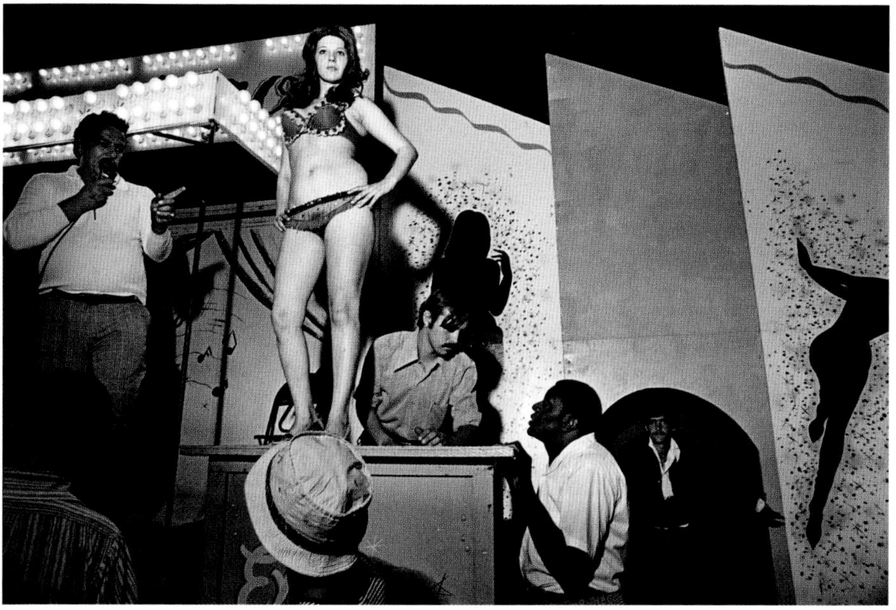

Das Werk der bedeutenden Dokumentarfotografin und Fotojournalistin Susan Meiselas kreist seit Jahrzehnten um das Thema Menschenrechte. Von ihrer Serie *Carnival Strippers* in den 1970er-Jahren bis zu ihrem monumentalen Kurdistan-Projekt ist es stets die Begegnung zwischen ihr und der Welt, die sie fasziniert: „Die Kamera dient als Ausrede, um irgendwo zu sein, wo man eigentlich nicht hingehört. Sie ist sowohl Verbindungs- als auch Trennungspunkt." Sie sieht sich selbst als jemand, der Geschichten mit der Kamera erzählt, möchte aber über das Visuelle hinaus andere Formen erproben. Was sie interessiert, ist das Foto als Aufzeichnung einer Begegnung: „Ich reihe mich gerne in die Zeitachse der Bildermacher ein, neben anderen Reisenden wie Anthropologen, Kolonisten, Missionaren, sogar Touristen." Überlegen Sie, wie Sie den unmittelbaren Moment des Fotografierens erweitern und in einen größeren Kontext stellen können, der mehr über Ihren Bezug zu diesem Moment verrät.

Mit den Augen hören

Paul Caponigro *Felswand No. 2*, 1977

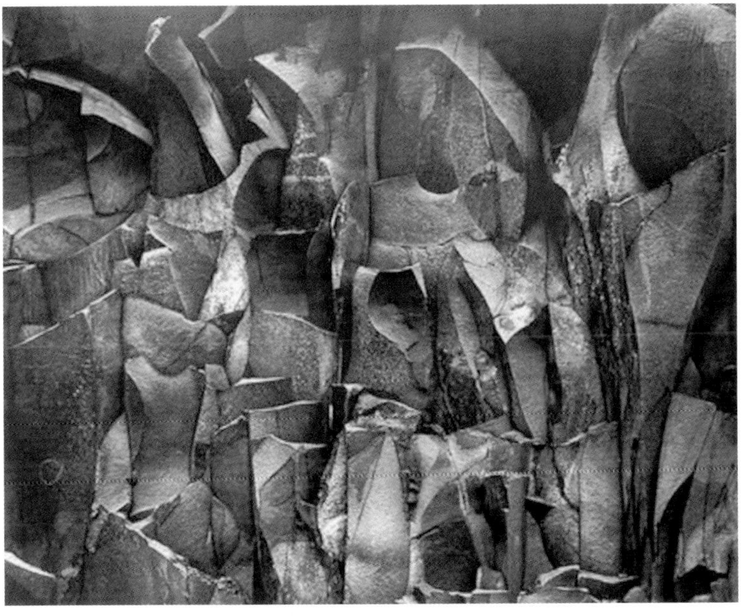

Für Paul Caponigro wurzelt der kreative Impuls in dem Wunsch, „zufällige und häufig unzusammenhängende Einzelheiten in einen Sinnzusammenhang zu bringen". In der Fotografie kreuzen sich, seinem Empfinden nach, „Zeit, Raum, Licht und emotionale Haltung". Das Verhältnis zwischen dem handwerklich-technischen Können des fotografischen Prozesses und dem Ausdruck von Emotion beschrieb er mithilfe eines poetischen Vergleichs: „Die Materialien der Fotografie sind das Terrain, in dem Fotoemulsion, Entwicklerflüssigkeit, Silbersalz und Fixierbad interagieren. Ich entwerfe eine Landschaft, die ich zunächst vor meinem inneren Auge erkunden muss, wenn ich will, dass sie sich als kunstvolles Bild in Silber manifestiert." Aus dieser Prämisse leitet er ab: Wenn der Fotograf „das Leben der Materialien" auf diese Weise erkennen könnte, würde ihm das die Möglichkeit eröffnen, die Welt mit gesteigertem Bewusstsein wahrzunehmen, sodass er in der Lage wäre, „mit den Augen zu hören".

Ein Thema, das bewegt

Mark Power *Scarborough*, aus *The Shipping Forecast*, 1993

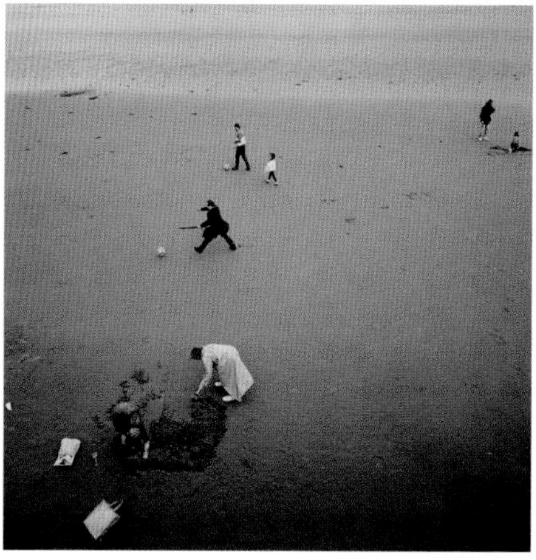

„Wenn Sie etwas zu sagen haben und, noch besser, dies auf innovative Art und Weise tun, dann haben Sie dort draußen eine Chance."

Magnum-Fotograf Mark Power glaubt, dass auf dem aktuellen Wettbewerbsmarkt viel mehr Menschen versuchen, „Fotografen zu sein", als es bei früheren Generationen der Fall war; auch die Zahl der Möglichkeiten und Gelegenheiten hat zugenommen. Um sich von der Masse abzuheben, reicht es heutzutage nicht mehr aus, einfach „gute Bilder" zu haben. Heute, so Power, „muss es um Ideen gehen und um die Intention der fotografischen Arbeiten. Wenn Sie etwas zu sagen haben und, noch besser, dies auf innovative Art und Weise tun, dann haben Sie dort draußen eine Chance." Vor allem müsse man leidenschaftlich und mit voller Hingabe hinter seinem Projekt stehen, so Power. Er rät Fotografen: „Finden Sie ein Thema, das Ihnen wichtig ist, etwas, das Sie bewegt. Etwas, das Ihre ungefilterten Emotionen in Wallung bringt. Und dann heißt es, geduldig sein."

Einfach machen

Chloe Dewe Mathews *Junge Frau nimmt ein Ölbad in der aserbaidschanischen Stadt Naftalan*, 2010

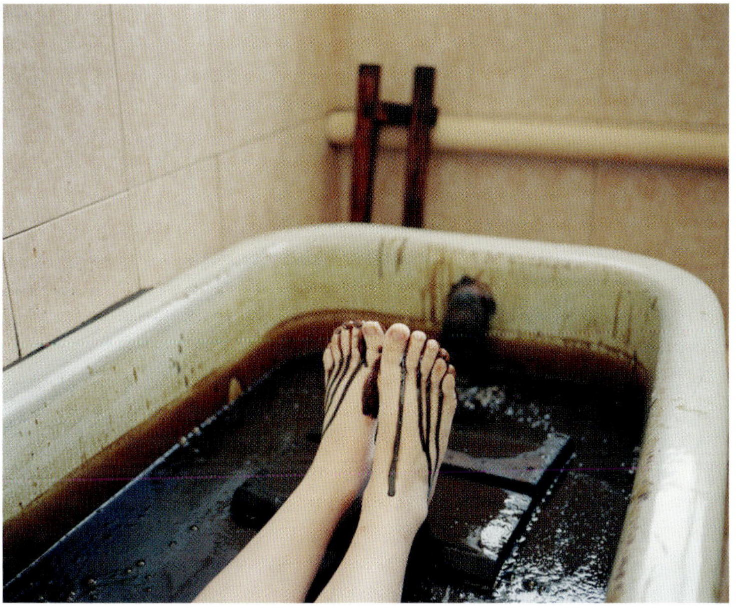

Chloe Dewe Mathews hat an dokumentarischen Langzeitprojekten über chassidische Juden, das Kaspische Meer und Hinrichtungsstätten für Deserteure im Ersten Weltkrieg gearbeitet. Auf die Frage, wie man am besten ein Langzeitprojekt startet, lautet ihre Antwort: „Einfach machen! Legen Sie los! Vergeuden Sie nicht Wochen und Monate damit, davon zu erzählen, was für ein Projekt Sie vorhaben, und darüber nachzudenken, ob die Idee gut genug ist, denn nur durch das tatsächliche Tun geht die Arbeit voran." Ihre Motivation zieht sie aus dem Gefühl, von der Welt überrascht werden zu wollen. Sie rät davon ab, sich sklavisch an feste, vorab erstellte Konzepte halten zu wollen: „Wenn man mit fertiger Agenda in ein Projekt hineingeht, verpasst man oft die interessantesten Dinge." Zwingen Sie sich, ein Projekt zu starten, und fangen Sie an zu fotografieren! Bleiben Sie offen für den Zufall und die visuellen und erzählerischen Möglichkeiten, die sich unverhofft bieten.

Legen Sie die Kamera hin

Léonie Hampton *Glass Darkly #1*, aus der Serie *Mend*, 2017

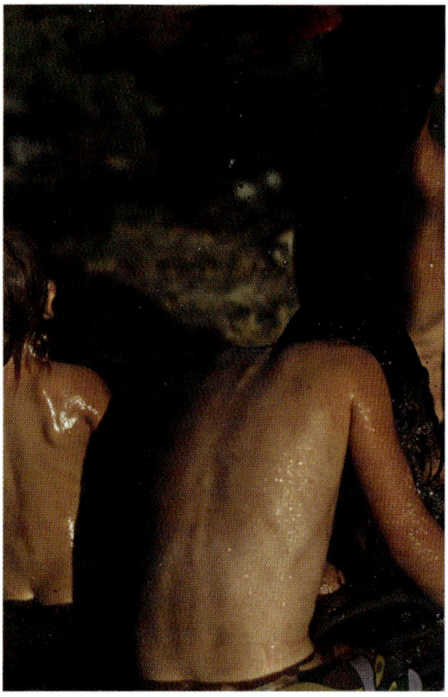

„Fotografie ist lediglich ein Mittel, um zu kommunizieren, was man fühlt, was man sieht und was man sagen möchte."

Mehr als zehn Jahre lang hat Léonie Hampton ihr Verhältnis zu ihrer Familie und ihre kollektiven Versuche, das vollgestopfte Haus ihrer Mutter zu entrümpeln, protokolliert. In der Verbindung aus Fotografie, Film und Ton ist *In the Shadow of Things* der Versuch, „mit der Flut an Emotionen zurechtzukommen, die über uns hereinbrachen, als wir in diese Besitzlandschaft eindrangen". Indem sie dieses komplexe Netz aus engen Beziehungen dokumentierte, lernte sie, „dass Fotografie lediglich ein Mittel ist, um zu kommunizieren, was man fühlt, was man sieht und was man sagen möchte". Es gab Zeiten, in denen sie das Gefühl hatte, frei arbeiten und aufnehmen zu können, was geschah, aber auch Momente, in denen sie all das unmittelbar, ohne Kamerabarriere erleben musste. Da erkannte sie: „Manchmal ist es am besten, die Kamera hinzulegen, gegenwärtig zu sein und sich mit dem zu verbinden, was darunter, in der Tiefe, ist."

Seien Sie neugierig

Eve Arnold *Marilyn Monroe*, 1960

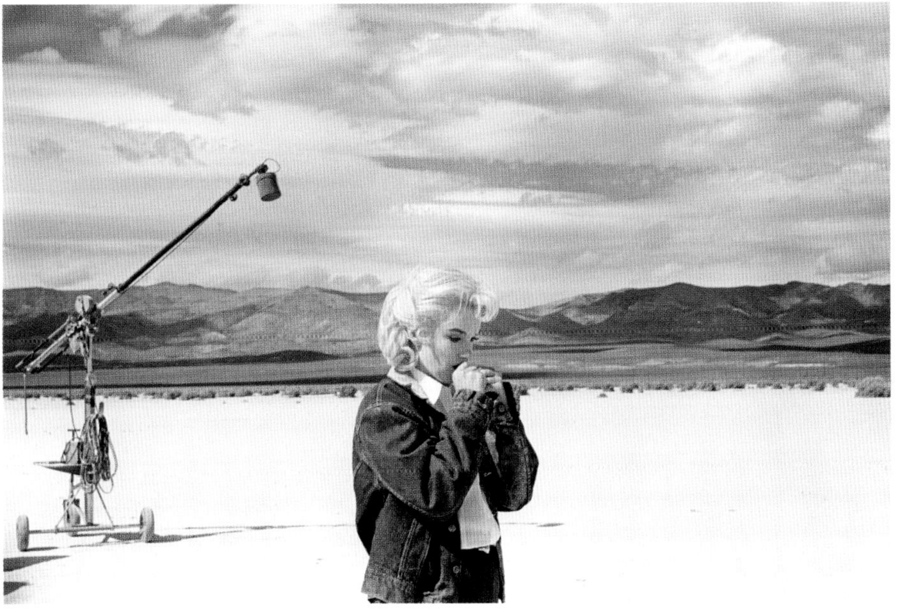

Eve Arnolds Aussage, eine „überwältigende Neugier und eine gute Verdauung" seien die wesentlichen Attribute, um ein guter Fotograf, eine gute Fotografin zu sein, erweckte den Anschein, leicht befolgt werden zu können. Ihre Kamera öffnete Arnold (fast) alle Türen und verschaffte ihr Zugang zu den intimsten Momenten im Leben der Leute, egal ob Normalbürger oder Promi. Ihre Freundschaft mit Marilyn Monroe verkörperte ihre Arbeitsmethode. Der Akt des Fotografierens war für sie ein Austausch zwischen ihr selbst und einem Modell, das bereit war, sich für die Kamera zu öffnen. Sie versuchte, die Porträtierten in den Prozess einzubeziehen: „Ich wollte, dass sie erkennen (ohne es auszusprechen), dass es ihnen oblag, mir zu geben, was immer sie mir geben wollten. Wenn sie bereit waren zu geben, war ich bereit zu fotografieren." Die Kamera bietet die Möglichkeit, besondere Momente der Verbundenheit zwischen Ihnen und der Welt mit anderen zu teilen, wenn Sie sowohl neugierig als auch empfindsam sind.

Finden Sie heraus, was Sie antreibt

Tina Barney *Familienporträt mit Schlange*, 2007

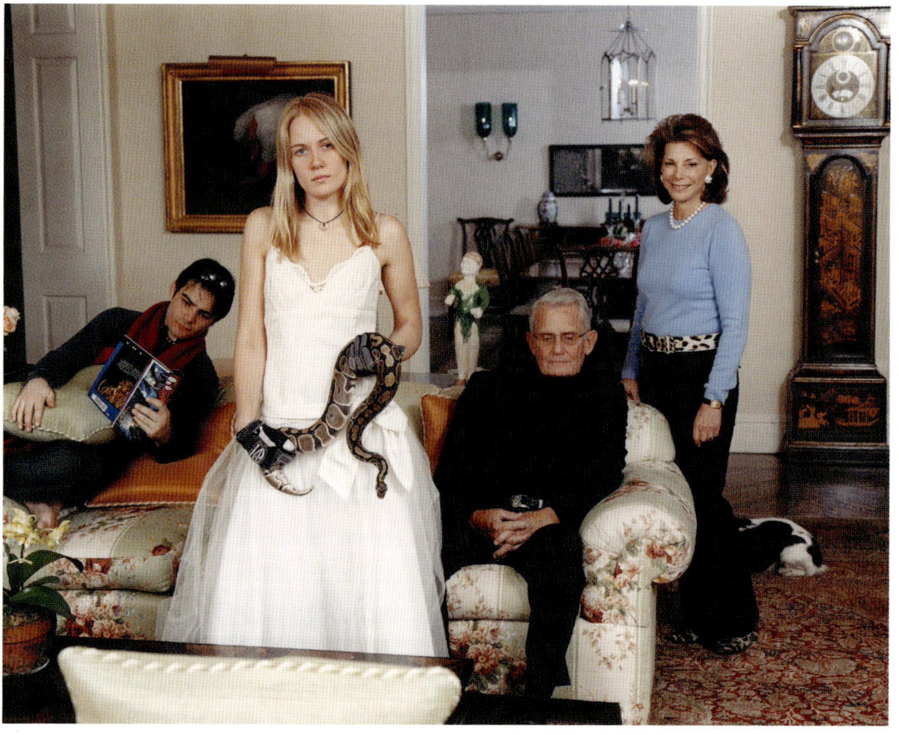

„Heute weiß ich, dass ich, bevor ich ein Bild mache, mir sicher sein muss, welche Gefühle ich dem Motiv bzw. Modell entgegenbringe. Was ich nicht weiß, ist, ob ich diesen Personen erklären sollte, was ich mache, während ich sie fotografiere.“

Tina Barney dokumentiert seit Jahrzehnten das Leben der wohlhabenen Bürger von New England und New York und hat, oft über Generationen hinweg, ein vielschichtiges Porträt dieser Familien erstellt. Dank ihrer Großformatkamera gelingt es ihr, besonders viele Details einzufangen und gleichzeitig der Ästhetik des Bildes durch die gemäldeartigen Untertöne ein hohes Maß an Formalität zu verleihen. Für sie ist es essenziell, einen Standpunkt zu haben. Man sollte sich darüber im Klaren sein, welchen Ausgangspunkt man für seine Interaktionen mit der Welt wählt. Barney empfiehlt: „Setzen Sie sich mit Stift und Papier hin und überlegen Sie, worum es in Ihrem Leben geht, worum es Ihnen persönlich geht. Nehmen Sie die Kamera erst in die Hand, wenn Sie das herausgefunden haben!“ Dies wird Einfluss darauf nehmen, welche Beziehung Sie zu den Menschen und den Situationen aufbauen, die Sie fotografieren, selbst wenn Sie Ihre Gefühle zu verbergen versuchen. Barney erklärt: „Heute weiß ich, dass ich, bevor ich ein Bild mache, mir sicher sein muss, welche Gefühle ich dem Motiv bzw. Modell entgegenbringe. Was ich nicht weiß, ist, ob ich diesen Personen erklären sollte, was ich mache, während ich sie fotografiere.“ Legen Sie vorab gedanklich genau fest, was Sie interessiert, was Sie motiviert und antreibt, und zwar einige Zeit, bevor Sie sich wirklich auf den Weg machen, um zu fotografieren.

Fotos und ihre Geheimnisse

Diane Arbus Seltenes Porträt der Fotografin Diane Arbus im Automaten an der Sixth Avenue, New York, um 1968 (fotografiert von Roz Kelly)

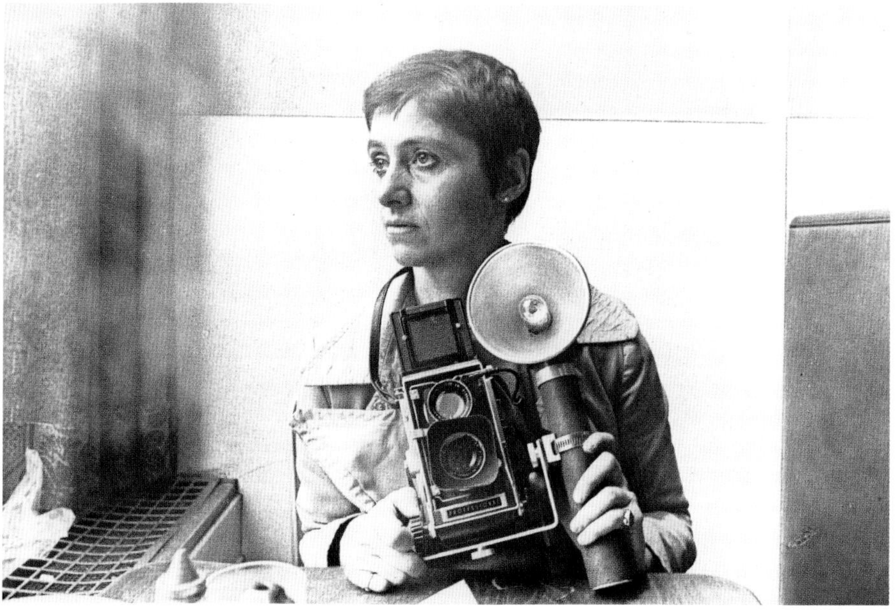

Diane Arbus, eine der einflussreichsten Fotografinnen aller Zeiten, drang in das komplexe Leben anderer Leute ein, meist Randfiguren der Gesellschaft. Die Kamera war für sie ein Passierschein, um an Orte zu gelangen, die sie sonst nie zu sehen bekommen hätte. „Wäre ich einfach nur neugierig, fiele es mir schwer, zu jemandem zu sagen, ich möchte, dass Sie mich in Ihr Haus lassen und mir Ihre Lebensgeschichte erzählen. Die Leute würden mich für verrückt erklären! Außerdem wären sie total vorsichtig. Aber die Kamera ist eine Art Lizenz.“ Arbus gelangen komplexe Charakterstudien, die sich immer wieder anzuschauen lohnen. Sie bringt die Betrachter dazu, sich die unausgesprochenen Dinge, die das Bild suggeriert, vorzustellen. „Das Foto ist ein Geheimnis über ein Geheimnis: Je mehr es verrät, desto weniger wissen Sie.“ Das Medium ist oft dann am besten, wenn es uns über ein Thema zwar etwas, aber nicht alles sagt und der Fantasie Raum lässt, die Lücken zu füllen.

Seien Sie unvoreingenommen

Jocelyn Bain Hogg *Millie und Mrs Ansell, Pflegeheim „Bon Accord", Hove*, 1983

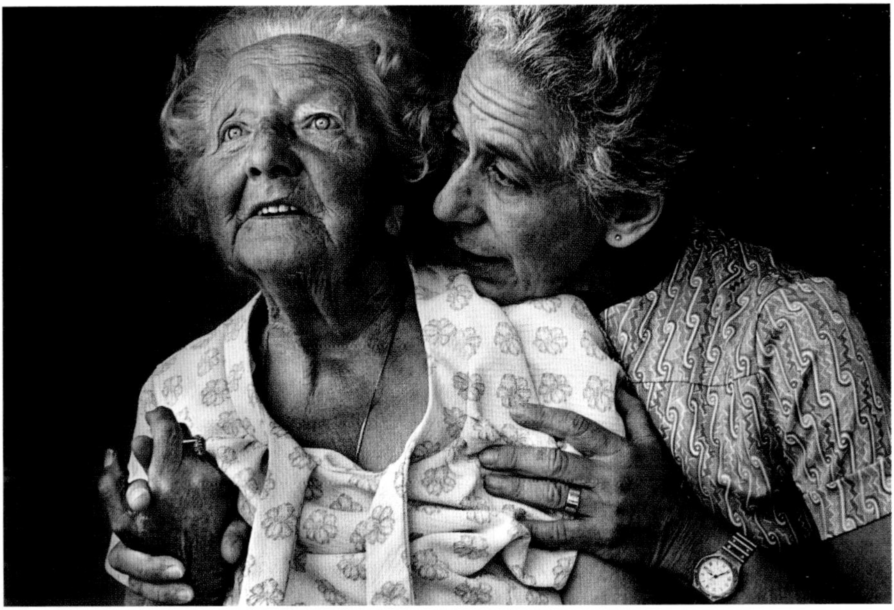

Jocelyn Bain Hogg hat Menschen aus allen Gesellschaftsschichten fotografiert, von der Elite der High Society und Promi-Kultur bis zu East-End-Ganoven. Sein Leitprinzip bei der Arbeit mit einer derart großen Bandbreite an sozialen und politischen Positionen ist, immer offen und unvoreingenommen zu sein: „Jeder, den Sie fotografieren, verdient es, ohne Vorurteile behandelt und in seiner Würde als Mensch gesehen zu werden. Arbeiten Sie bei allen Projekten ohne vorgefasste Meinung!" Bain Hogg ist der Ansicht, dass wir keinesfalls das Recht haben, irgendwelche Vermutungen anzustellen, denn „in der Sekunde, in der wir das tun, verschiebt sich ein Paradigma und jeder Anschein dokumentarischer Wahrhaftigkeit ist dahin". Wir sind alle Menschen und haben unsere Überzeugungen und Meinungen, aber für Bain Hogg ist es von elementarer Bedeutung, vorurteilsfrei auf Personen zuzugehen und deren Grenzen zu achten.

Lesen Sie mehr

Tod Papageorge *Central Park*, 1979

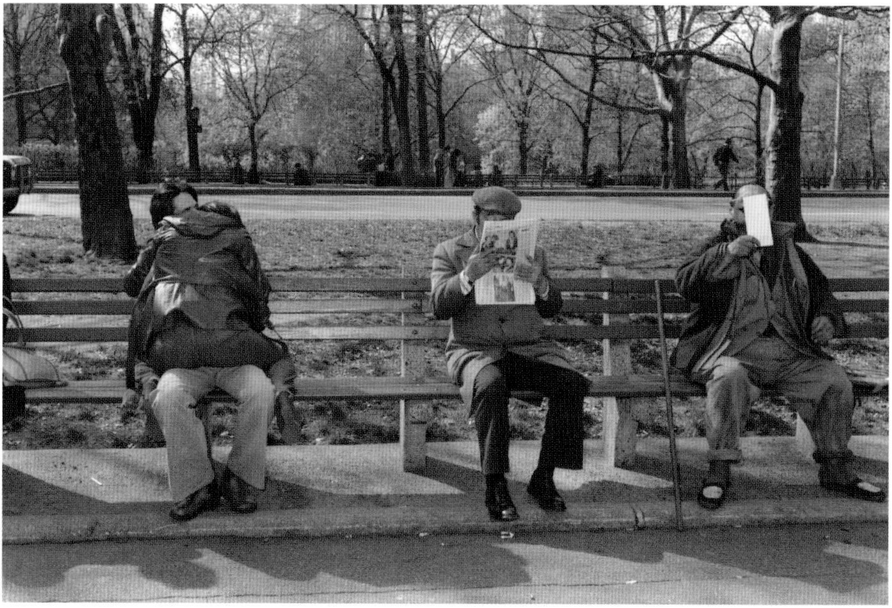

Tod Papageorge leitete den Graduiertenstudiengang in Fotografie an der Yale University und zählt zu den einflussreichsten Fotografen und Dozenten der USA. Er ruft Fotografen dazu auf, tiefgehender über ihre Arbeiten nachzudenken. Papageorge erkennt Parallelen zwischen dem Schreiben und der Fotografie und stellt die Wahrhaftigkeit der Letztgenannten infrage, indem er sie als „fiktionalisierendes Medium“ bezeichnet. Der studierte Literaturwissenschaftler sieht in der Fotografie eine Methode, Poesie zu erschaffen, ohne die schreckliche Qual, Worte zusammenklauben zu müssen. „In meinem Irrglauben ging ich davon aus, Fotografie sei einfacher. Ich hätte nie gedacht, dass es schwieriger oder zumindest ebenso schwer sein würde.“ Er rät, ein Foto wie einen Text zu behandeln und zu fragen, was ein Foto, das als Geschichte gelesen wird, mit der Welt da draußen zu tun hat. Darüber nachzudenken, inwiefern Literatur als imaginierte Version der Wahrheit fungiert, kann helfen, das eigene Werk freier zu gestalten.

Es ist nicht Ihre Geschichte

Edmond Terakopian *Eine Frau betet in einer armenischen Kirche in Gjumri für die Seelen derjenigen, die beim Erdbeben ums Leben kamen*, 1988

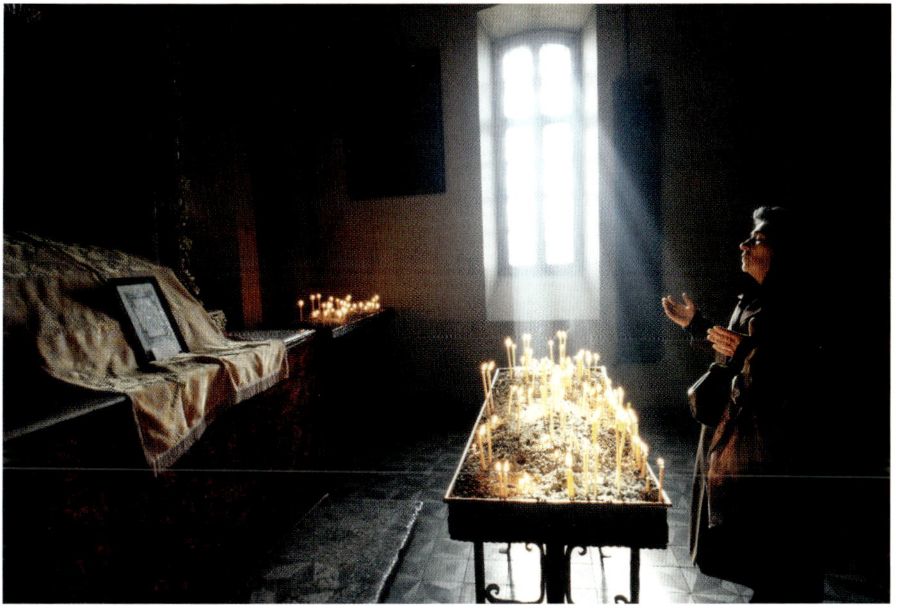

Der preisgekrönte Fotojournalist Edmond Terakopian erinnert uns an etwas, das wir nie vergessen sollten, wenn wir das Leben anderer Menschen, insbesondere deren Notlagen, dokumentieren: „Es ist nicht Ihre Geschichte, sie gehört der Person, die Sie fotografieren!“ Er glaubt, dass man zwar ein dickes Fell braucht, immer aber den Respekt bewahren sollte. „Man muss abgehärtet sein, um im Job zu funktionieren, aber vielleicht ist es zutreffender, dies als Konzentration zu beschreiben. Man darf sich nicht ablenken lassen. Sie haben hier eine Aufgabe zu erfüllen: erzählen, was los ist, der Welt zeigen, was passiert.“ Genauso wichtig ist der Kontakt zu den Menschen: „Wer offen und ehrlich ist, wird respektiert, und das eröffnet Möglichkeiten. Nur dann entdecke ich die kleinen Momente und sonderbaren Ereignisse, die eine Story ausmachen.“ Sein Mantra gilt für alle Fotojournalisten: „Menschlichkeit ist das Fundament jedes Bildes. Dann kommt der Journalismus-Aspekt, dann die Fotografie.“

Geben Sie niemals auf

Swarat Ghosh *Ein Rikscha-Fahrer versucht, seine Mini-Rikscha zu reparieren, Altstadt von Hyderabad, Indien*, 2019

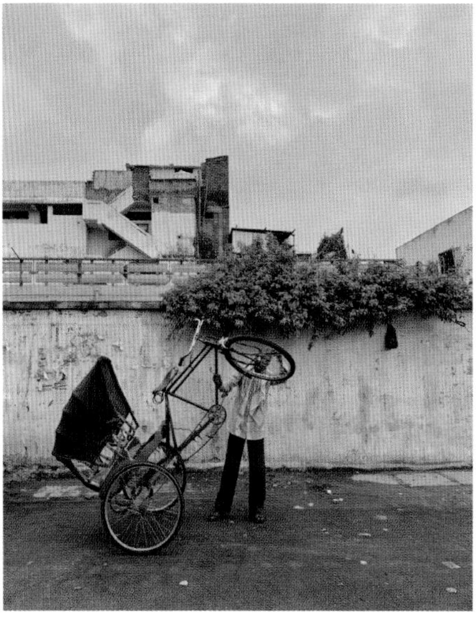

„Seien Sie stets wachsam, denn im nächsten Augenblick könnten Gott oder der Zufall Sie mit einer kleinen Überraschung beglücken."

Der indische Streetfotograf Swarat Ghosh glaubt an die Tugend der Geduld, wenn er in den Straßen auf Motivjagd ist, denn eine Situation, die visuell anfangs wenig herzugeben schien, kann sich plötzlich verwandeln – durch neue Lichtverhältnisse oder die veränderte Geometrie der Personen, die sich durch den Bildausschnitt bewegen. Er erklärt: „Die Straße stellt jeden Tag neue Herausforderungen, und damit muss man klarkommen." Angehenden Fotografen empfiehlt er, ein Motiv niemals aufzugeben. „Seien Sie stets wachsam, denn im nächsten Augenblick könnten Gott oder der Zufall Sie mit einer kleinen Überraschung beglücken." Für Swarat dreht sich bei gelungener Streetfotografie „alles um Timing und Beobachtung". Bleiben Sie also dran und konzentrieren Sie sich auf die winzigen Details und Momente, die ein Foto dem Alltäglichen entreißen und es in etwas Außerordentliches verwandeln können.

Erkennen, wer man ist

Bénédicte Kurzen

„Stellen Sie sich die Frage: Was für ein Fotograf bin ich? Dass Fotografieren bedeutet, Verstand, Auge und Herz auf eine Linie zu bringen, sagte schon Henri Cartier-Bresson. Welcher Teil dieses magischen Dreiecks bei uns den anderen speist und worin unsere ureigene Rezeptur besteht, um diese Elemente zu verbinden, ist ausschlaggebend dafür, was für ein Fotograf wir sind. Wir alle haben einen Trigger, einen Funken, der die Kiste der Pandora mit unseren fixen Ideen und unserer Neugier öffnet und die Kamera zur Erweiterung unserer inneren Stimme macht. Manche Fotografen werden geistig stimuliert, andere betrachten Fotografie als emotionale Reise oder rein visuelle Entdeckungsfahrt."

Bénédicte Kurzen ist eine französische Fotojournalistin und Dokumentarfotografin. Sie ist bekannt für ihre Arbeiten über Konflikte und den sozio-ökonomischen Wandel in Afrika. Für ihr Projekt *Land of Ibeji* in Zusammenarbeit mit der NOOR-Fotografin Sanne De Wilde wurde sie 2019 mit dem World Press Photo Award ausgezeichnet.

Gehen Sie in Ihrem Projekt auf

Daniel Meadows *Pflegemutter mit ihren Kindern*, 1972

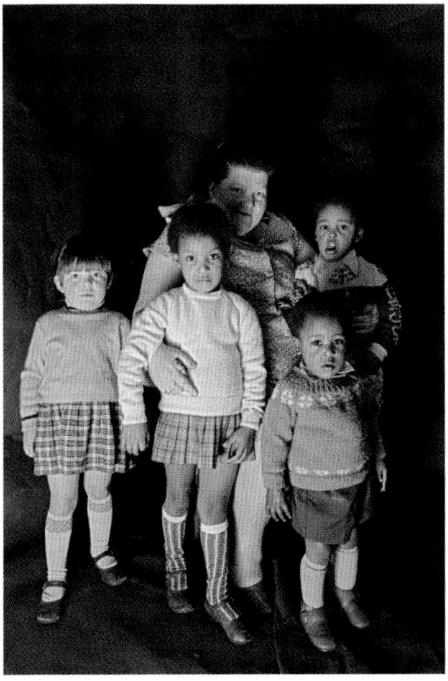

„Nichts darf wichtiger sein als Ihre Arbeit. Arbeiten Sie allein und diszipliniert!“

Daniel Meadows kann auf eine außergewöhnlich lange Fotografen-Laufbahn zurückblicken. Er kommt häufig auf Motive und Personen zurück, die er bereits in den 1970er-Jahren fotografiert hatte, um zu sehen, was sich seither verändert hat. Er steht auf dem Standpunkt, dass man sich seinem Projekt vollkommen hingeben und ganz darin aufgehen müsse. Im Idealfall befindet sich der eigene Lebensmittelpunkt in unmittelbarer Nähe: „Sie sollten möglichst nahe dran sein und das auch durchhalten können. Nichts darf wichtiger sein als Ihre Arbeit. Arbeiten Sie allein und diszipliniert, und zwar mindestens acht Stunden täglich! Machen Sie es so gut, wie es Ihnen möglich ist.“ Abschließend gibt er noch einen ernüchternden, aber vermutlich realistischen Hinweis mit auf den Weg: „Erwarten Sie in den ersten 20 Jahren (mindestens) nicht, dass sich jemand für das interessiert, was Sie gemacht haben.“

Beharrlichkeit führt zum Ziel

Dorothy Bohm *Paris*, 1953

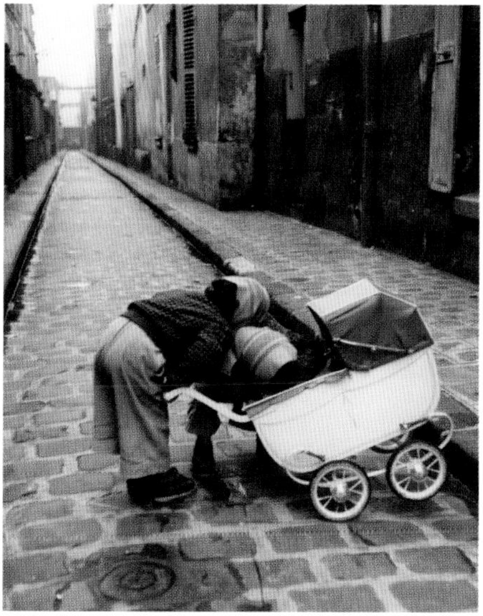

„Ich habe versucht, Ordnung ins Chaos zu bringen, Stabilität im Fließenden zu finden und Schönheit an den unwahrscheinlichsten Orten."

Dorothy Bohm arbeitet seit den 1940er-Jahren als Fotografin und gilt als Großmeisterin der britischen Fotografie. Dass sie schon so lange in diesem Bereich erfolgreich ist, schreibt sie ihrer Beharrlichkeit zu: „Das Wichtigste für einen Fotografen besteht darin, beständig gute Arbeit abzuliefern. Jeder kann ein gutes Foto schießen – das Problem ist, dies durchgängig zu tun." Ihr Durchhaltewillen speist sich aus dem tiefsitzenden Wunsch, Spuren der Welt, die sie umgibt, zu bewahren. „Die Fotografie stillt mein tiefes Bedürfnis, die Dinge vom Verschwinden abzuhalten. Sie nimmt der Vergänglichkeit etwas von ihrem Schmerz und bewahrt ein Stück des besonderen Zaubers, den ich gesucht und gefunden habe. Ich habe versucht, Ordnung ins Chaos zu bringen, Stabilität im Fließenden zu finden und Schönheit an den unwahrscheinlichsten Orten." Suchen Sie sich etwas, das Sie motiviert, jeden Tag Fotos zu machen, denn wie in vielen Bereichen des Lebens, gilt auch hier: Beharrlichkeit führt zum Ziel.

Hinterfragen Sie Ihre Vorurteile und recherchieren Sie

Tomas Van Houtryve *Von einer Drohne aufgenommenes Hochzeitsfoto*, 2013

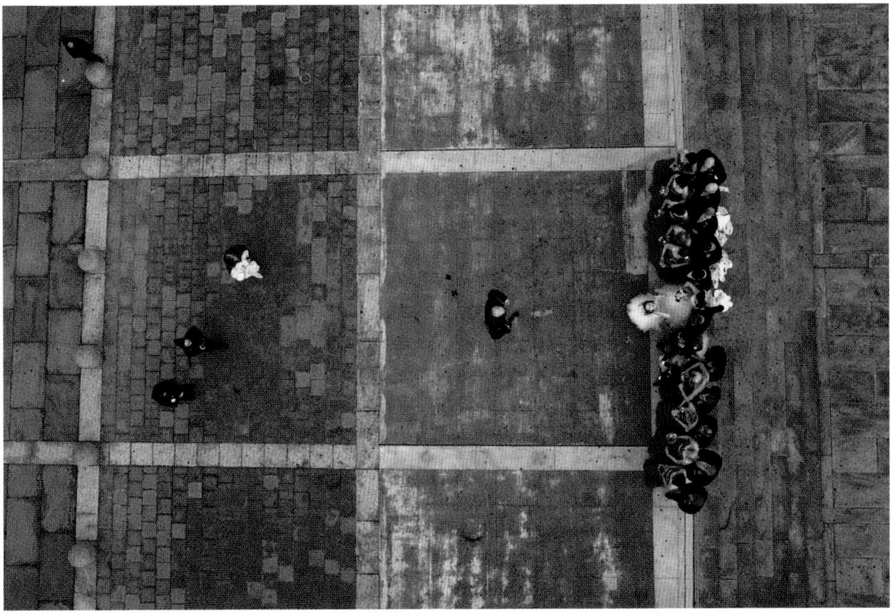

1. Finden Sie ein Thema, das Sie wahnsinnig interessiert – eines, das Sie zu spannenden Fragestellungen treibt.
2. Bringen Sie durch Recherche, Befragungen, Beobachtung und eigene Erkenntnis so viel wie möglich darüber in Erfahrung.
3. Hinterfragen Sie alle Vermutungen, die Sie zu diesem Thema haben oder die Sie im Laufe der Recherche entwickeln. Halten sie einer genauen Überprüfung stand?
4. Wählen Sie einen fotografischen Ansatz, der Ihre Beobachtungsgabe zur Geltung bringt, und machen Sie diese Beobachtungen durch Ihre Fotos unverstellt sichtbar.

Die Arbeiten von Tomas Van Houtryve möchten Dinge sichtbar machen, die dem Auge sonst verborgen blieben. Zu seinen Themen zählen Identität, Ideologie, Erinnerung, Überwachung und das Verhältnis des Einzelnen zum Staat. Viele seiner Projekte beginnen für ihn mit einer „quälenden Neugier auf ein Thema, manchmal bin ich regelrecht besessen davon, dieses Thema zu verstehen, zu dokumentieren und offenzulegen“. Hier verrät er, von welchen Strategien er sich bei der Arbeit leiten lässt.

Probieren Sie alles aus

Alec Soth *Vasa, Minnesota*, 2002

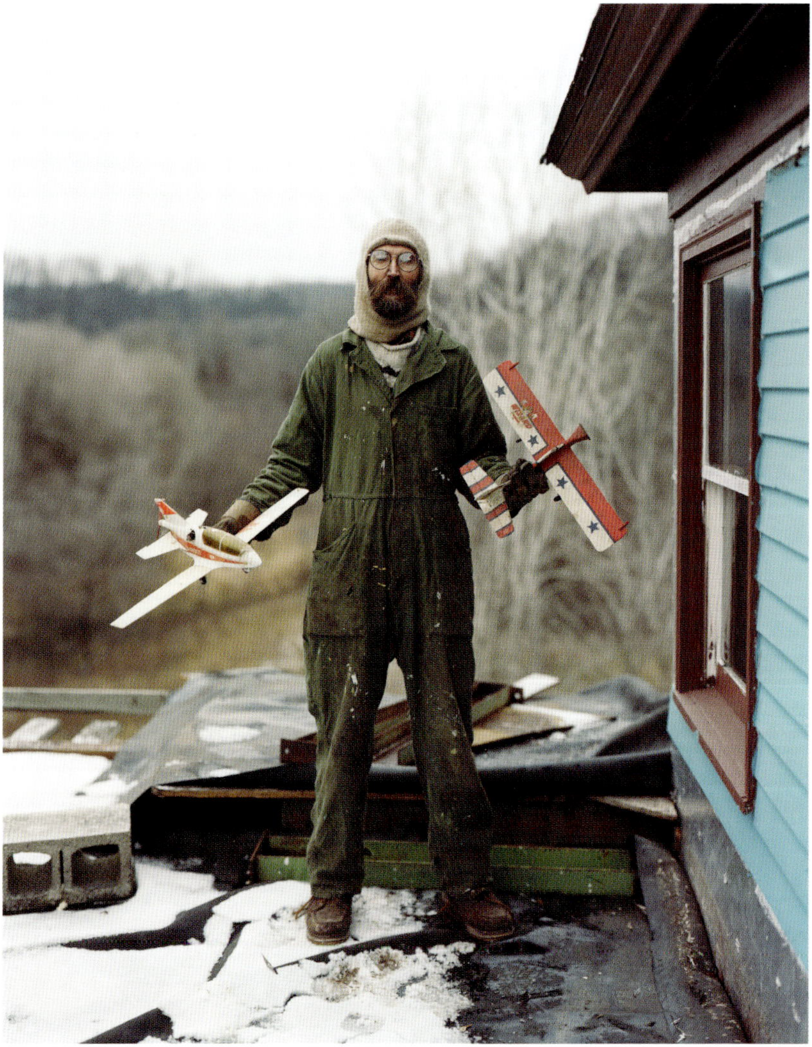

„Der Spaß darf nicht zu kurz kommen. Man sollte den gesamten Prozess des Fotografierens und das Thema mögen. Wenn es Sie langweilt oder unzufrieden macht, wird das in den Bildern zu sehen sein.“

In der Fotografie kann es leicht passieren, dass man an einer Routine festhält und in eingefahrenen Bahnen denkt. Häufig beschränken sich Fotografen auf ein bestimmtes Genre, weil sie sich nicht die Zeit genommen haben, andere Möglichkeiten auszuloten. Streifen Sie die unsichtbare Zwangsjacke ab und folgen Sie dem Rat von Alec Soth: „Probieren Sie alles aus! Fotojournalismus, Mode, Porträt, Akt, was auch immer. Sie werden erst herausfinden, was für eine Art Fotograf Sie sind, wenn Sie es ausprobieren.“ In seiner Anfangszeit arbeitete Soth im Bereich Skulptur, fotografierte Tischplatten in einem Studio und war für eine Vorortzeitung tätig, wo er schließlich herausfand, dass er gerne als freier Fotograf Auftragsarbeiten annehmen würde.

Soth betont, wie wichtig es ist, Freude an der Arbeit zu haben: „Der Spaß darf nicht zu kurz kommen. Man sollte den gesamten Prozess des Fotografierens und das Thema mögen. Wenn es Sie langweilt oder unzufrieden macht, wird das in den Bildern zu sehen sein.“ Nehmen Sie sich hin und wieder etwas Zeit, um über Ihre Routinen nachzudenken, und zwingen Sie sich, in für Sie unbekannte Gebiete vorzustoßen. Vielleicht entdecken Sie einen neuen Ansatz, der gut zu Ihnen passt.

Die eigene Persönlichkeit erkennen

Bruce Davidson *Der Zwerg. Jimmy Armstrong. Palisades, New Jersey*, 1958

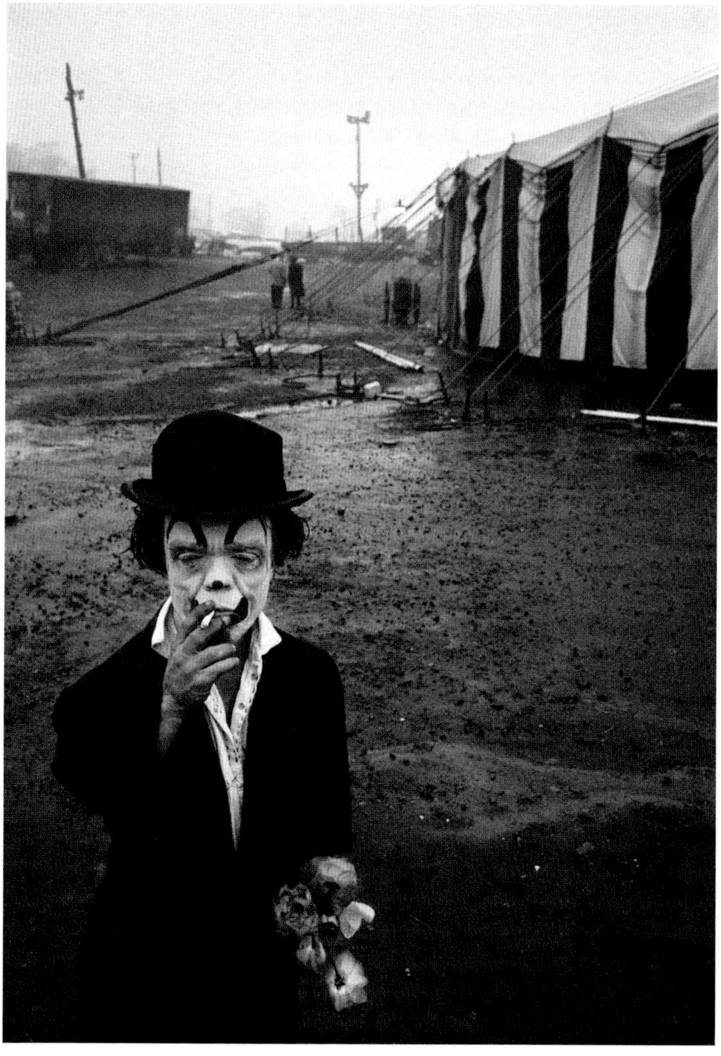

„All meine Fotos sind Porträts – Selbstporträts, weil man niemanden ohne Spiegelung bzw. Echo fotografieren kann, wie eine Fledermaus, die ein Signal aussendet, das zu ihr zurückkommt. Man erhält nicht nur ein Bild der porträtierten Person, sondern zugleich auch ein Bild von sich selbst."

Bruce Davidson hat ein umfangreiches Œuvre in Form von aufeinanderfolgenden Langzeitprojekten geschaffen, in denen er mit Communities arbeitete, die am Rande der Gesellschaft stehen. Er verspüre einen starken inneren Drang, sich mit diesen Themen zu befassen, erklärt er, und dass er sich fühle wie ein „eingeweihter Außenseiter. Ich bin besser darin, die dunkle Seite der Dinge zu sehen als ihre helle." Er ist sich der Tatsache bewusst, dass, wie bei jedem Fotografen, seine eigenen Belange und Ansichten in die Arbeit einfließen: „All meine Fotos sind Porträts – Selbstporträts, weil man niemanden ohne Spiegelung bzw. Echo fotografieren kann, wie eine Fledermaus, die ein Signal aussendet, das zu ihr zurückkommt. Man erhält nicht nur ein Bild der porträtierten Person, sondern zugleich auch ein Bild von sich selbst." Seien Sie sich Ihrer eigenen Persönlichkeit bewusst und wie diese Ihre Herangehensweise an das von Ihnen gewählte Thema prägt. Wir sind keine neutralen Beobachter.

Denken Sie wie ein Amateur

Donald Weber *Omaha Beach, Dog Green – 6. Mai, 2015, 9:57 Uhr.*
14°C, 62% rF, Wind WSW, 19 Knoten, Sicht: gut, wechselnd bewölkt.

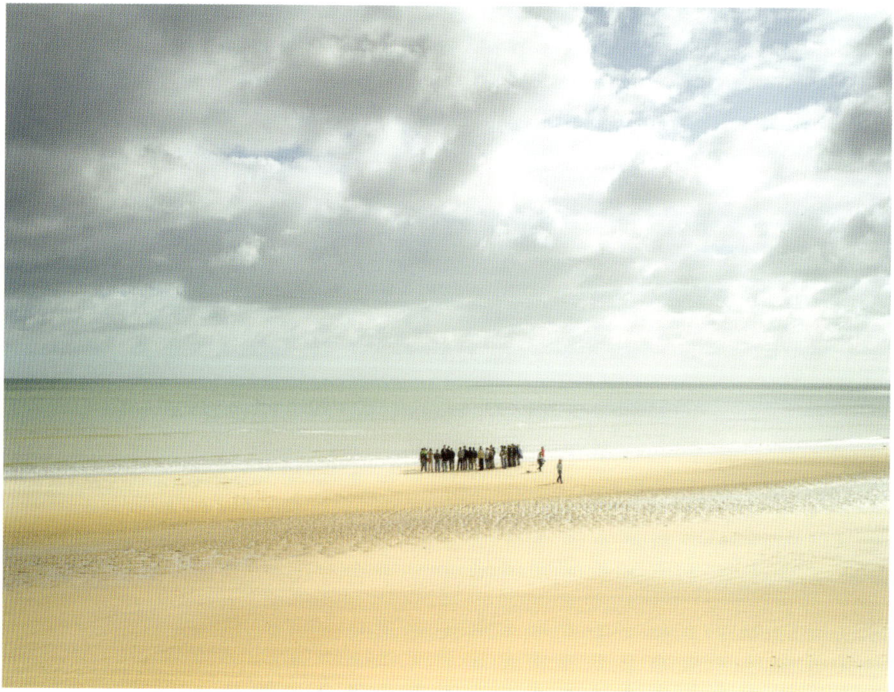

„Denken Sie wie ein Amateur und unternehmen Sie Expeditionen ins Profi-Terrain. Das muss absolute Prioriät haben. Pfeifen Sie auf die Anerkennung, auch wenn die Branche unbedingt will, dass Sie sich ihr unterwerfen. Erkämpfen Sie sich stattdessen Ihren eigenen Raum, Ihr eigenes Profil. Und verwechseln wir den ‚Amateur' nicht mit jemandem, der dilettantisch und unprofessionell ist! Nein, ein Amateur ist jemand, der Freude an dem hat, was er tut. Damit Sie sich als Amateur sehen können, brauchen Sie nur einen Blick auf die Etymologie des Wortes zu werfen: ‚Amator' ist Lateinisch für ‚Liebhaber'. Möchten Sie nicht etwas tun, das Sie lieben, das Sie erfüllt, das einen Sinn ergibt? Alle Möglichkeiten stehen uns offen. Ich kann von einer Disziplin zur nächsten wechseln und mit anderen zusammenarbeiten, ich kann mich mit Institutionen anlegen und ihre Macht infrage stellen. Die Freiheit, außerhalb der Norm zu arbeiten, öffnet Türen zu einer Zukunft, die ich mir nie vorstellen konnte. Tun Sie, was Sie lieben. Andere werden bei Ihnen mitmachen wollen, Chancen werden aufauchen."

Der Dokumentarfotograf Donald Weber ist bekannt für seine nachdenklichen Arbeiten. Er ermutigt uns, das Wesentliche in dem zu erkennen, was wir tun, und uns nicht der Bewertung von außen zu unterwerfen.

Beginnen Sie zu Hause

Annie Leibovitz Annie Leibovitz und Mick Jagger an den Niagarafällen während der Rolling Stones Tour durch Nord- und Südamerika, 1975 (fotografiert von Christopher Simon Sykes)

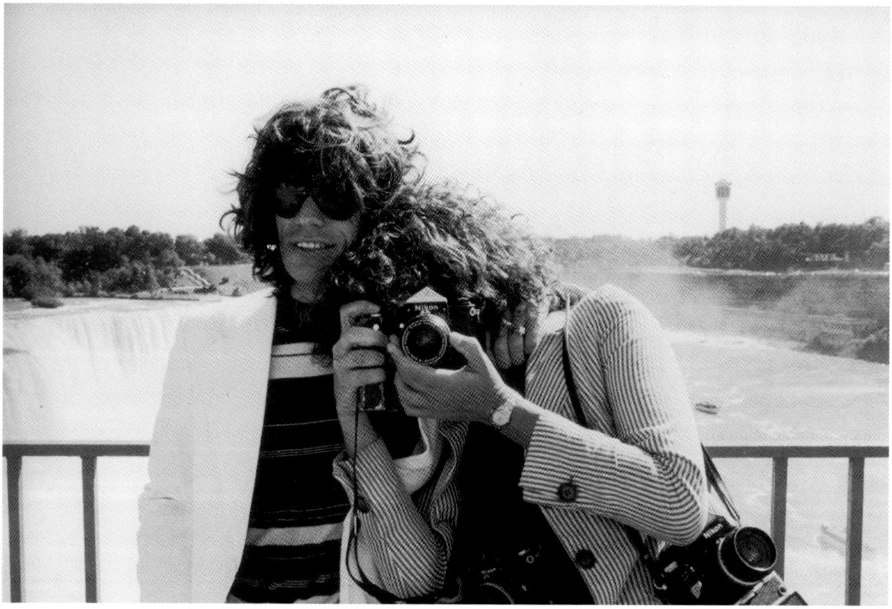

Annie Leibovitz hat Hunderte Promis auf der ganzen Welt fotografiert, ist aber überzeugt, dass jeder Fotograf enorm viel lernt, wenn er das fotografiert, was er gut kennt: „Ich habe eine Million Mal gesagt, dass es für einen jungen Fotografen am besten ist, in der Nähe seines Zuhauses zu bleiben. Fangen Sie mit Ihren Freunden an, der Familie, den Menschen, die Ihnen gewogen sind.“ Die emotionale Bindung erleichtert es herauszufinden, wie man in großer Nähe zu Menschen arbeitet . So entdeckt man, „was es bedeutet, nah an Personen dran, mit ihnen vertraut zu sein“. Diese Erfahrung dient als Bezugsgröße für die Arbeit mit Fremden: „Messen Sie den Unterschied zur Arbeit mit jemandem, über den Sie nicht so viel wissen.“ Einige der stärksten Werke stammen von Fotografen, die mit engen Verwandten und Freunden arbeiteten, denn ein so hohes Maß an Intimität und Anteilnahme ist mit Fremden schwer zu erreichen.

Den Anknüpfungspunkt finden

Martin Parr Selbstporträt, 1997

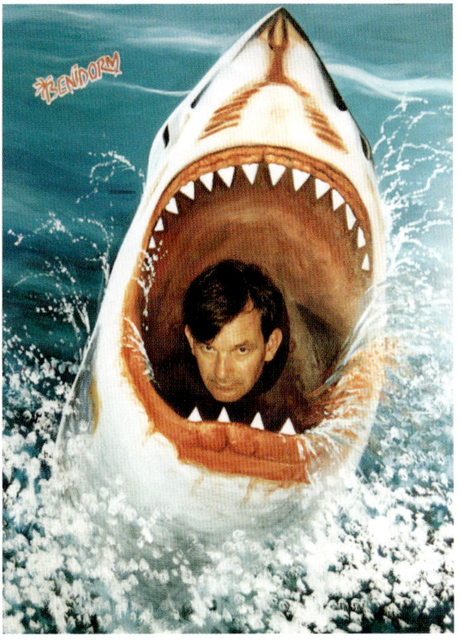

„Wenn Sie begeistert sind, sind Sie motiviert zu arbeiten, dann wird alles klappen. Diese Spannung hat das Potenzial, sich auf den Betrachter zu übertragen.“

Martin Parr dokumentiert und kritisiert schon seit Jahrzehnten die bunte Welt der Konsumkultur. Sein Interesse an diesem Thema schlug sich in einer großen Bandbreite von Projekten mit jeweils unterschiedlichen visuellen Ansätzen nieder. Parr ist überzeugt: „Es kommt vor allem auf die Qualität der Verbindung zwischen Ihnen und dem Motiv an. Und es sollte immer eine Geschichte dahinterstecken, eine Spannung oder Verletztheit. Dann kommen gute Bilder heraus.“ Sobald Sie diesen Anknüpfungspunkt gefunden haben, müssen Sie den leidenschaftlichen Wunsch verspüren, dies abzubilden: „Es muss Sie begeistern. Wenn Sie begeistert sind, sind Sie motiviert zu arbeiten, dann wird alles klappen. Diese Spannung hat das Potenzial, sich auf den Betrachter zu übertragen.“ Die Kombination aus Begeisterung für Ihr Projekt und der tiefen Verbundenheit damit ist das Erfolgsrezept für fesselnde Fotografien, zu denen die Betrachter in Beziehung treten können.

Verlieben Sie sich

Ruth Bernhard *Ebbe*, 1970

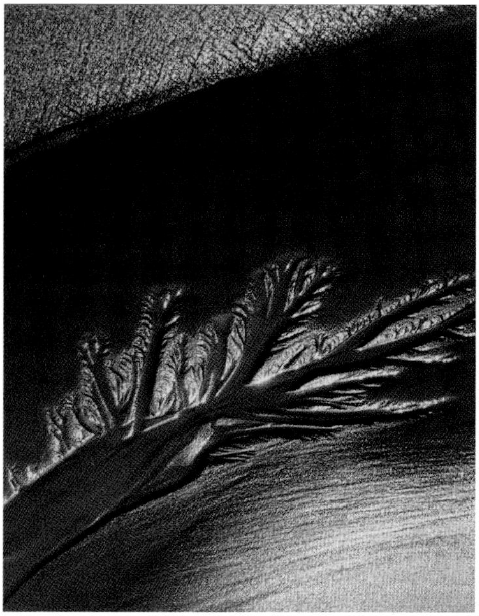

„Verlieben Sie sich, jeden Tag, in alles, in das Leben. Wenn Sie sich verlieben können, können Sie Fotograf sein. Ich glaube, das ist absolut entscheidend."

Ruth Bernhard empfand die „Erschaffung einer Fotografie als eine gesteigerte emotionale Reaktion, die der Poesie und Musik ähnlich ist. Jedes Bild ist die Krönung eines verlockenden, unwiderstehlichen Impulses." Ihre oft surrealen, emotional aufgeladenen Fotos wirken direkt auf die Psyche. Sie erachtete eine starke persönliche Bindung zum Motiv als essenziell und forderte, wir sollten uns verlieben, „jeden Tag, in alles, in das Leben. Wenn Sie sich verlieben können, können Sie Fotograf sein. Ich glaube, das ist absolut entscheidend." Entdecken Sie Ihre Leidenschaft und stellen Sie eine tiefgreifende Verbindung zu Ihrem Motiv her, um Ihren Arbeiten mehr emotionalen Tiefgang zu verleihen.

Spielen Sie

Laura Pannack *Jugend ohne Alter und Leben ohne Tod*, 2018

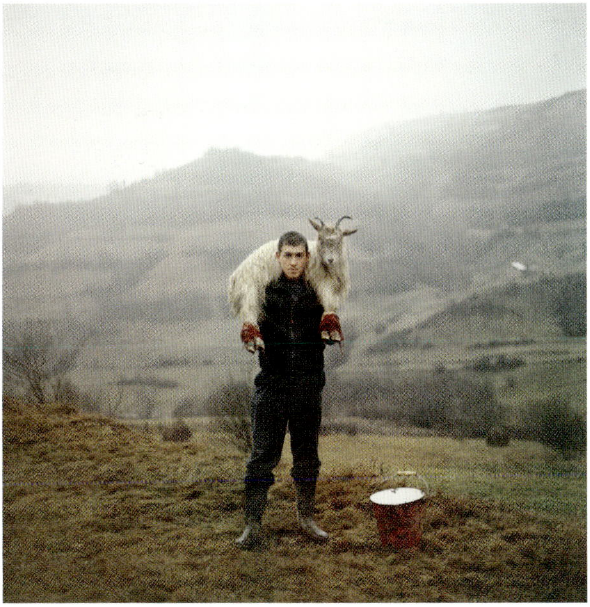

Laura Pannack ist für ihre emotional und psychologisch aufgeladenen Porträts bekannt, in denen sie ihre eindrucksvolle Fähigkeit unter Beweis stellt, mit ihren Motiven auf einer tiefgreifenden Ebene in Kontakt zu treten. Für sie ist ein Bild dann gelungen und fesselnd, wenn es „eine Emotion hervorruft und man sich mit ihm verbunden fühlt. Ich mag die Vorstellung einer Art Gewindeverbindung vom Motiv zum Fotografen und zum Betrachter – einer, die leichtgängig alle drei verbindet.“

Dies gelingt ihr, indem sie viel Zeit mit den Personen verbringt, die sie fotografieren will, und der unmittelbaren Begegnung Raum gibt: „Ich verbringe gerne den ganzen Tag mit ihnen. Ich habe zwar Ideen, wie ich fotografieren will, aber ich plane nicht gern. Spontaneität ist, gerade bei Porträts, entscheidend.“ Ihre Philosophie fasst sie wie folgt zusammen: „Hab Freude, lass dir Zeit und spiele.“ Folgen Sie ihrem Rat! Lassen Sie sich Freiraum für Experimente und erforschen Sie Ihr Motiv unbefangen.

Drosseln Sie das Tempo

Nolan Ryan Trowe *Straße in NYC*, 2017

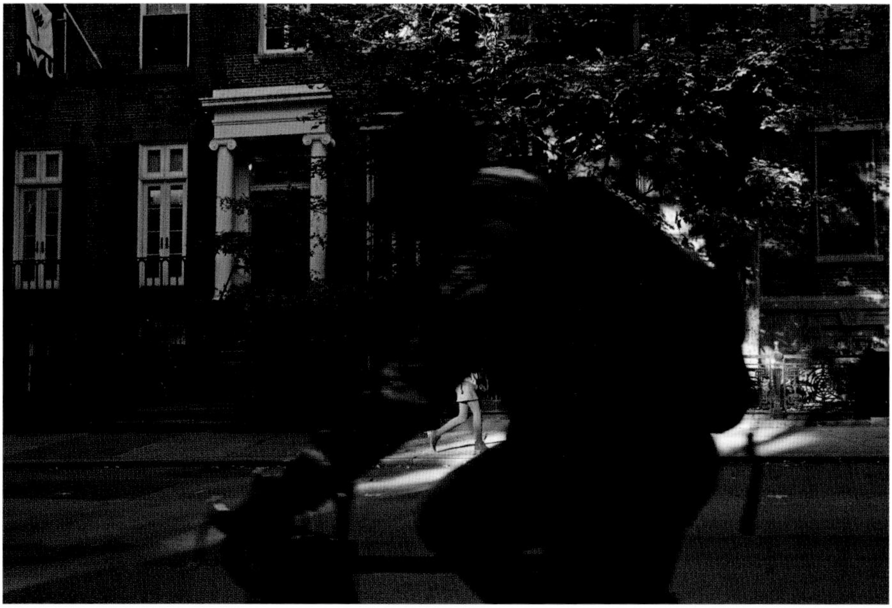

Wenn alles um einen herum sich schnell bewegt, kann es leicht passieren, dass man sich mitreißen lässt und übereilt in eine Situation hineinrauscht. Nolan Ryan Trowe rät zu Entschleunigung auf mentaler Ebene, denn um starke Bilder zu bekommen, ist es wichtig, bedachtsam und wohlüberlegt vorzugehen. Er erklärt: „Es ist nicht immer einfach, den richtigen Bildausschnitt zu finden. Wenn Sie ihn gefunden haben, bleiben Sie geduldig! Es kann eine Weile dauern, bis Sie das Foto schießen können, das Sie brauchen. Es ist besser, auf dieses Bild zu warten, als einen Haufen anderer Sachen auszuprobieren, die nicht funktionieren. Manchmal dauert es ein paar Minuten, bis sich jedes Element in den gewählten Rahmen fügt." Das Tempo zu drosseln und gedanklich tief durchzuatmen, wird Ihnen helfen, Bildaufbau und Timing unter Kontrolle zu bringen, statt hektisch zig Fehler zu machen. Fragen Sie sich selbst: Wollen Sie mit fünf guten Bildern oder 500 schlechten nach Hause gehen?

Fotografie ist nicht gleich Video

Claudia Hinterseer

„Glauben Sie nicht, Sie wüssten schon alles, wenn Sie sich auf Videos verlegen!“

Viele Fotografen verlegen sich auf Video- und Multimedia-Produktionen, da die modernen Digitalkameras auch qualitativ hochwertige bewegte Bilder liefern. Allerdings ist dieser Schritt nicht so leicht wie es auf den ersten Blick scheint. Durch das Hinzufügen von Ton und Bewegung gewinnt das Narrativ des Standfotos eine ganz neue Dimension hinzu, für die es neue Fähigkeiten braucht. Claudia Hinterseer gelang der Schritt zum Multimedia-Journalismus. Ihr Rat lautet: „Glauben Sie nicht, Sie wüssten schon alles, wenn Sie sich auf Videos verlegen! Sie müssen etwas über Handlungsbögen, Schreiben, Bewegung, Filmschnitt, Audio und das Equipment lernen; Sie sind ein Anfänger!“ Was Fotografen jedoch können, ist ihre persönliche Sichtweise einzubringen. Hinterseer empfiehlt, den eigenen Background nicht zu vergessen: „Sie bringen Ihre Geschichten, Ihren Stil und Ihre Ästhetik mit.“ Was bringen Sie mit, um ein Video zu machen, das eindeutig von Ihnen stammt?

Bereiten Sie sich gründlich vor, aber dann gehen Sie ganz offen an die Sache heran

Maggie Steber *Ein junger Haitianer windet sich vor Trauer beim Begräbnis seiner Mutter*, 1987

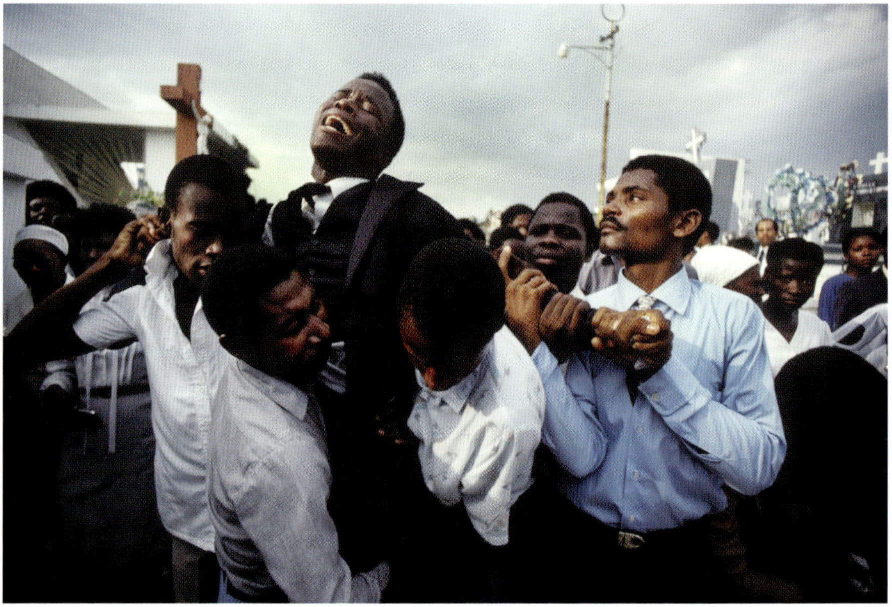

Maggie Steber hat in mindestens 67 Ländern gearbeitet und Gemeinschaften dokumentiert, die unter Konflikten, sozialer Ungleichheit und finanzieller Not litten. Sie rät, sich zwar gut vorzubereiten, aber dann vor Ort aufgeschlossen und unvoreingenommen an die Sache heranzugehen.

„Recherchieren Sie gründlich, vor allem, wenn die Kultur, die Sie besuchen, nicht die Ihre ist und das Land nicht Ihre Heimat. Dann gehen Sie wie ein Kleinkind dort hinein, als wüssten Sie nichts, und lernen von den Menschen, deren Geschichte Sie erzählen möchten. Sie sind ein weißes Blatt Papier, auf das die Menschen ihre eigene Geschichte schreiben, und das ist nicht die, die man sich aus Recherche und Hörensagen zusammenreimen könnte. Ihnen muss klar sein, dass Sie die Kultur oder die Menschen, in deren Leben Sie eindringen, nie ganz verstehen werden. Das Wichtigste ist aber, wie Sie die Menschen behandeln: immer mit Respekt. Lassen Sie Ihr Ego in der Gesäßtasche. Es geht nicht um uns – nie! Es geht um die anderen – immer!“

Denken Sie wie ein Dichter

Imogen Cunningham *Magnolienblüte*, 1925

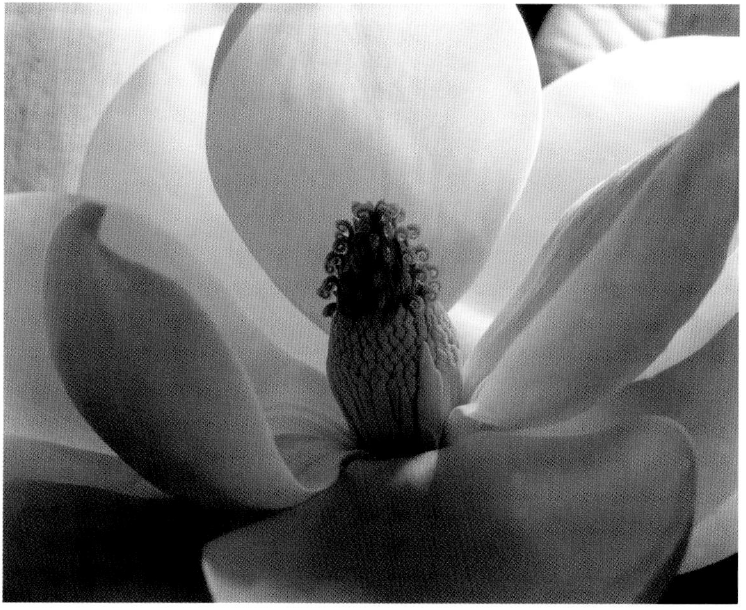

Im Laufe ihrer 75-jährigen Karriere untersuchte Imogen Cunningham, wie Licht Formen moduliert, und schuf ausdrucksstarke Bilder, insbesondere im Bereich Akt- und Pflanzenfotografie. Ihre modernistischen Aufnahmen sind sinnlich und dicht. Aus dem Spiel von Sonnenlicht und Schatten wird die Form destilliert, mit feinen Schattierungen in Schwarz, Weiß und Grau. Sie schuf Fotografien, die über eine eigene innere Logik verfügten, jede ein Miniatur-Haiku über die Schönheit der Natur. Es war Cunninghams bewusster Versuch, einen literarischeren Aspekt des Mediums zu erschließen. Sie war sich sicher: „Um in der Fotografie einen guten Job zu machen, muss man wie ein Dichter denken." Ihre Bilder sind auch dem Symbolismus anverwandt: „Der fantasievolle Fotograf träumt immer und versucht, seinen Traum aufzuzeichnen." Fotos müssen ein Motiv nicht eins zu eins wiedergeben, sondern können, trotz starken Bezugs zur materiellen Welt, geheimnisvoll und sehr metaphorisch sein.

Die Kamera als Lerninstrument

Larry Fink *Pat Sabatines 8. Geburtstag, Pennsylvania*, 1977

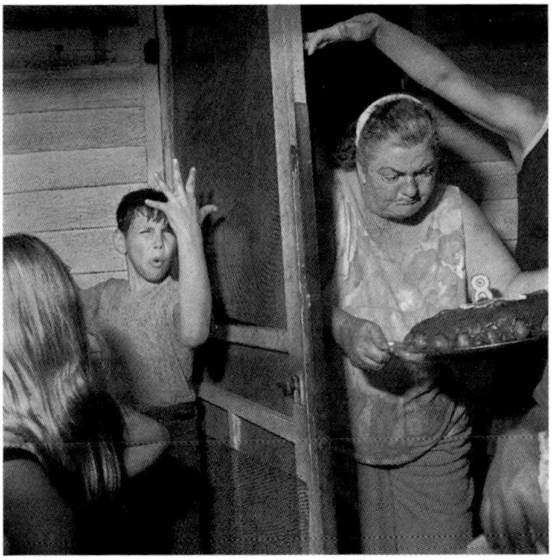

„Auch die Fotos selbst können lehrreich sein. Durch sie entdeckt man neue Bahnen für Gefühle, Storytelling oder den Wert des Menschen, monumentalisiert ganz gewöhnliche Dinge."

Larry Fink schärft seinen Studenten seit 40 Jahren ein: „Fotografie ist eine wunderbare Methode, um die Neugier der Menschen zu fördern." Die Kamera kann ein hervorragendes Werkzeug sein, um etwas über andere Leute und, was vielleicht noch wichtiger ist, über sich selbst zu lernen. Für Fink liegen die Wurzeln der Originalität in der Selbstreflexion. Daher fordert er seine Studenten zum Nachdenken auf: „Wer seid ihr, was braucht ihr und was habt ihr vor? Wonach hungert euch, was sind eure Ängste und Hoffnungen?" Die Bilder betrachtet er als pädagogische Räume: „Auch die Fotos selbst können lehrreich sein. Durch sie entdeckt man neue Bahnen für Gefühle, Storytelling oder den Wert des Menschen, monumentalisiert ganz gewöhnliche Dinge." Die Neugier auf die Welt in Verbindung mit dem Gespanntsein, wie die Kamera dies auf ihre spezielle Art aufnimmt, steht im Zentrum der fotografischen Praxis.

Die Grammatik und das Vokabular der Fotografie

Alec Soth *Zwei Handtücher*, 2004

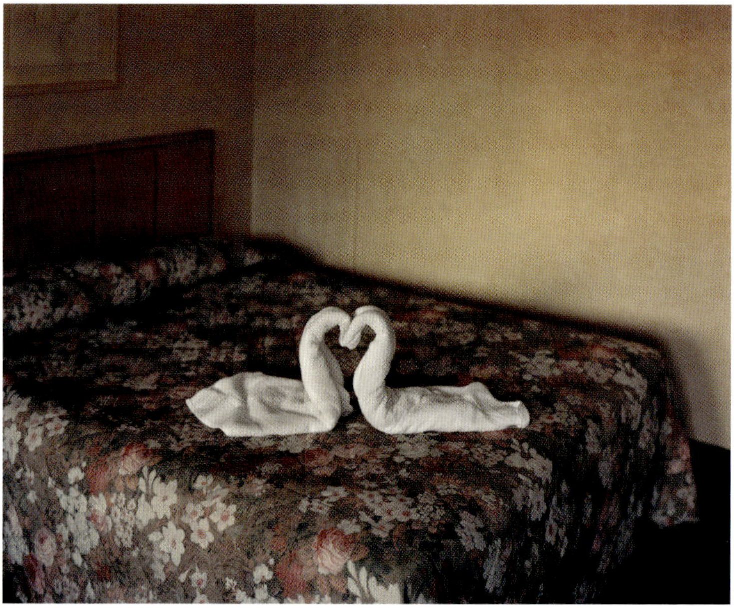

Magnum-Fotograf Alec Soth macht nicht nur höchst ausgefeilte Bilder, sondern denkt und schreibt auch Tiefsinniges über sein Medium. Für ihn ist die Fotografie eine Form von Sprache, deren Grammatik, Satzbau und Struktur man erlernen muss, wenn man sich ihrer bedienen möchte. Im Durchlaufen dieses Prozesses erkennt man, wo in der Geschichte des Mediums man selbst angesiedelt ist. „Die Geschichte der Fotografie ist der Wortschatz, Einflüsse sind die Dialekte. Man sollte sich für seinen Akzent nicht schämen!" Er führt die literarische Analogie fort und erklärt, die Fotografie „dient nicht als Narrativ, aber der Fotograf nimmt den Platz des Protagonisten in der Geschichte ein, und Sie nehmen den Platz des Fotografen ein". Konzeptualisiert man das Lernen des fotografischen Sehens, wird man sich, genauso wie beim Erlernen einer Sprache, bewusst, wie viel Arbeit und Zeit man investieren muss, um diese „Sprache" fließend zu sprechen.

Lassen Sie sich auf Ihr Modell ein

Nadar *Alexandre Dumas*, 1855

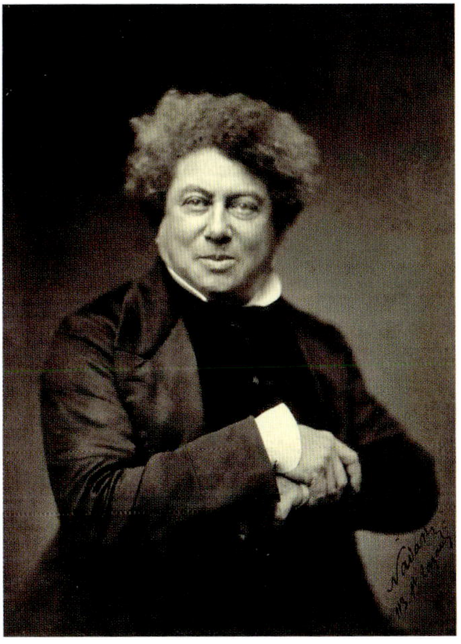

„Die Theorie der Fotografie kann man in einer Stunde lernen, die Technik an einem Tag, doch das Gefühl für Licht kann man niemandem beibringen."

Die Bilder des grandiosen Porträtfotografen Nadar (1820–1910) suggerieren eine tiefgreifende Verbindung zur porträtierten Person. Sein Ratschlag lautete: „Um ein intimes Ebenbild hervorzubringen und kein banales Porträt, das nur durch schieren Zufall entsteht, müssen Sie sich mit dem Modell zusammentun und seine Gedanken und sein eigentliches Wesen ergründen." Nadar war auch ein Meister des Lichts. Er setzte gerne starkes, aber weiches direktes Licht ein, um das Gesicht dreidimensional wirken zu lassen. Die Fähigkeit, mit Licht umzugehen, erachtete er als essenziell: „Die Theorie der Fotografie kann man in einer Stunde lernen, die Technik an einem Tag, doch das Gefühl für Licht kann man niemandem beibringen – dafür ist eine künstlerische Auffassungsgabe nötig. Was auch kaum vermittelt wird, ist das unmittelbare, einfühlsame Verstehen des Modells. Es versetzt einen in die Lage, ein wahrhaftes, beglückendes Abbild größter Intimität anzufertigen."

Die eigene Stimme finden

Shannon Ghannam

„Die besten fotografischen Arbeiten fühlen sich an, als hätten wir so etwas noch nie zuvor gesehen, egal, ob das Foto eine Geschichte, einen Stil oder ein Gefühl evoziert. Wenn Sie ein Projekt konzipieren, stellen Sie sich selbst die schwierigen Fragen, warum Sie diese Story ausgesucht haben: Sind Sie die am besten geeignete Person, um sie zu erzählen? Was bringen Sie dem Genre oder der Geschichte, das noch nicht gesagt oder gemacht wurde? Warum ist Ihnen das wichtig und wie wollen Sie erreichen, dass es den Betrachtern wichtig ist? Nutzen Sie Ihren gedanklichen Vorsprung und wählen Sie das Projekt oder den Ansatz, mit dem Sie diese Fragen gut beantworten können. Jeder angehende Fotograf braucht ein persönliches Projekt, das zeigt, wozu er in der Lage ist, das ausdrückt, worum es ihm geht. Es kann Jahre dauern, das zu entwickeln, aber es wird der Ausgangspunkt für andere Aufträge sein und dazu beitragen, Ihre individuelle Identität als Fotograf zu festigen."

Shannon Ghannam hat an Bildungsprogrammen von Reuters und Magnum mitgearbeitet. Sie empfiehlt, sich ein Projekt zu suchen, in dem man seinen individuellen Ansatz zum Ausdruck bringen kann.

Sie müssen es fühlen

Don McCullin Der britische Fotojournalist Don McCullin in der Zitadelle von Hué, 1968 (fotografiert von Nik Wheeler)

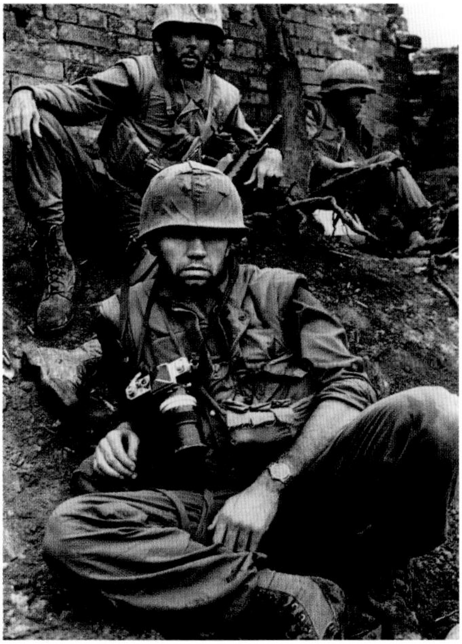

„Für mich ist Fotografie nicht Sehen, sondern Fühlen. Wenn du das, was du siehst, nicht fühlen kannst, wirst du andere nie dazu bringen, etwas zu empfinden, wenn sie deine Bilder anschauen."

Der britische Fotoreporter Don McCullin, Inbegriff eines Kriegsfotografen, hat im Laufe seiner über 50-jährigen Karriere viele Konflikte dokumentiert, von Nordirland über Vietnam und Libanon bis Biafra. Dass er Zeuge endlosen Leids und zahlloser Menschenrechtsverletzungen geworden ist, hat Spuren hinterlassen: „Manchmal fühlte es sich an, als brächte ich nicht Negative mit nach Hause, sondern Fetzen menschlichen Fleisches. Es ist, als trüge man das Leid der Menschen, die man fotografiert hat, mit sich herum." Aber er ist überzeugt, dass man diesen Schmerz und diese Wut als Energiequelle für die eigene Arbeit nutzen muss: „Für mich ist Fotografie nicht Sehen, sondern Fühlen. Wenn du das, was du siehst, nicht fühlen kannst, wirst du andere nie dazu bringen, etwas zu empfinden, wenn sie deine Bilder anschauen." Wenn Sie unter ähnlich schwierigen Bedingungen arbeiten, müssen Sie Strategien entwickeln, Ihre Emotionen zu kanalisieren und in Ihre Arbeit einfließen zu lassen.

Machen Sie es sich leicht

Alfred Eisenstaedt Alfred Eisenstaedt steht, von Kindern umringt, auf der Straße, 1960

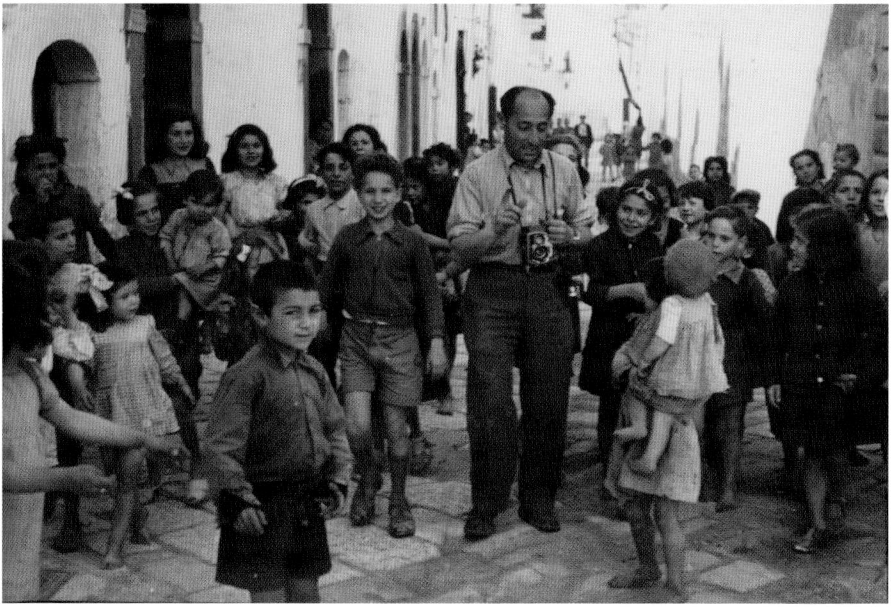

Der legendäre Fotoreporter Alfred Eisenstaedt fotografierte Könige, Diktatoren und Filmstars, aber auch ganz gewöhnliche Leute in Alltagssituationen. Sein Leitprinzip: So direkt und einfach arbeiten wie möglich, am liebsten mit natürlichem Licht.

„Mein Stil hat sich in den 60 Jahren kaum verändert. Ich nutze nach wie vor meistens natürliches Licht und versuche, Menschen nicht herumzuschubsen. Ich muss ebenso sehr Diplomat sein wie Fotograf. Die Leute nehmen mich oft nicht ernst, weil ich so wenig Ausrüstung dabeihabe und so wenig Aufhebens mache. Ich habe noch nie viel Equipment mit mir herumgetragen. Mein Motto war immer: ‚Mach's dir leicht!' Ich fotografiere am liebsten mit den vorgefundenen Lichtverhältnissen – ich nenne das Rembrandt-Licht –, so wird das Gesicht schön natürlich moduliert, und das Porträt wird lebendiger, realer und vorteilhafter. Ich vergesse nie, was Wilson Hicks, der Bildredakteur von LIFE, mal zu mir gesagt hat, als ich den Auftrag hatte, glamouröse Hollywood-Stars abzulichten: ‚Sie sind vielleicht Königinnen in ihrer Zunft, aber du bist König in deiner!' Das hat mir immer geholfen. Die Fotografen von heute denken da anders. Viele sehen das echte Licht gar nicht mehr. Sie denken nur in Blitzkategorien – klar, es sieht alles toll aus, aber das ist kein richtiges Schauen. Wer Augen dafür hat, erkennt, dass die Lichtnuancen schon da sind, auf dem Gesicht des Modells. Wenn dein Denken an Blitzlicht gekoppelt ist, wird deine Palette schnell Mittelmaß – und deswegen fotografiere ich nur mit natürlichem Licht."

Seien Sie ernsthaft unernst

Elliott Erwitt *Frankreich, Cannes,* 1975

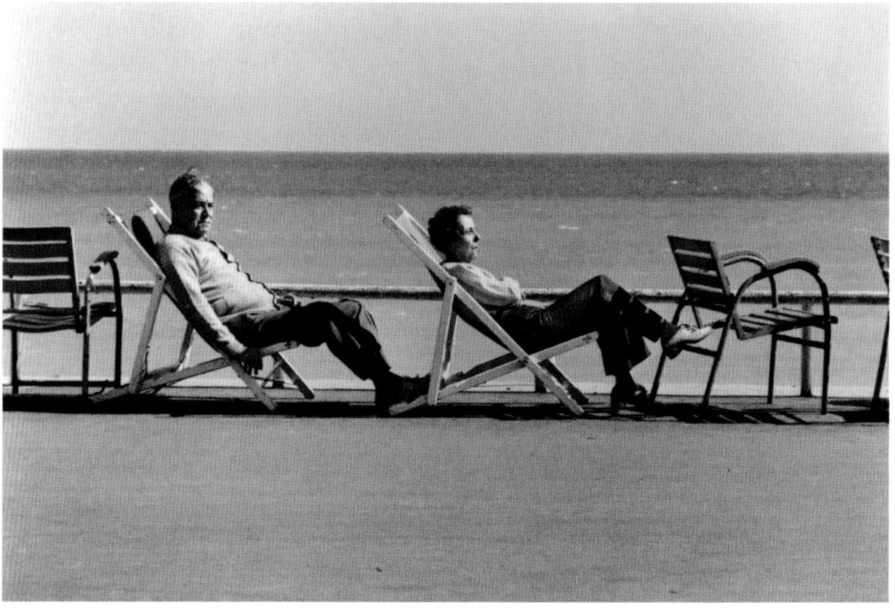

Elliott Erwitt ist einer der wenigen Fotografen, denen es gelingt, wirklich lustige Aufnahmen von alltäglichen Situationen zu machen. Seit mehr als 50 Jahren nutzt er seinen schrägen Sinn für Humor und seinen feinen Witz, um die Marotten und Schwächen der menschlichen Natur ironisch in Szene zu setzen. In der für ihn typischen sarkastischen Art stellt er fest: „Es ist höchste Zeit, dass wir anfangen, Fotografie ernst zu nehmen und sie wie ein Hobby zu behandeln." Aber gleichzeitig ist er ein echter Profi, der anspruchsvolle Kunden innerhalb knapper Fristen mit einer großen Bandbreite an stilistischen Ausdrucksmerkmalen und Szenerien zufriedenstellen kann. Auf die Frage, wie man die eigene künstlerische Vision mit dem Erwerbsleben als Fotograf unter einen Hut bringen kann, rät er Fotografen: „Lernen Sie das Handwerk (was nicht sehr schwer ist). Studieren Sie eingehend die Werke früherer Fotografen und der klassischen Malerei. Sehen Sie sich Filme an und lernen Sie aus ihnen. Fin-

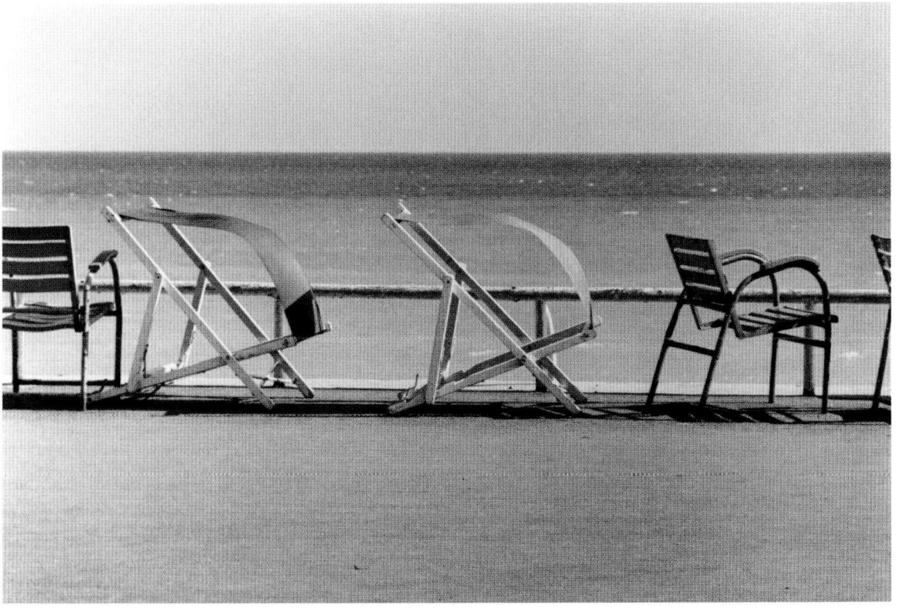

„Lernen Sie das Handwerk (was nicht sehr schwer ist). Studieren Sie eingehend die Werke früherer Fotografen und der klassischen Malerei. Sehen Sie sich Filme an und lernen Sie aus ihnen.“

den Sie heraus, wo Sie als ‚kommerzieller‘ Fotograf – ‚kommerziell‘ bedeutet hier, Sie arbeiten für andere und liefern auf Anfrage ein Produkt – unterkommen wollen. Aber vor allem: Bewahren Sie sich Ihre persönliche Fotografie als Hobby! Wenn Sie sehr gut und fleißig sind, könnte es sich auszahlen.“ Die Strategie besteht darin, sich mithilfe von Auftragsarbeiten Freiräume zu schaffen, in denen Sie Ihre persönliche Vision voll ausleben können.

Sehen Sie hin und denken Sie nach, bevor Sie auf den Auslöser drücken

Yousuf Karsh *Winston Churchill*, 1941

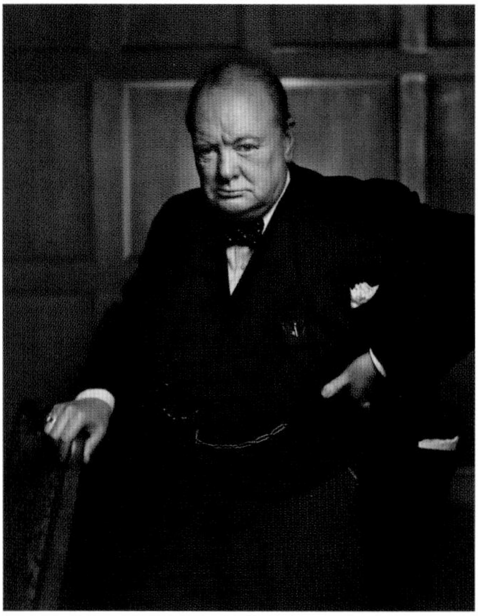

„Sehen Sie hin und denken Sie nach, bevor Sie auf den Auslöser drücken. Herz und Verstand sind das wahre Kameraobjektiv.“

Der gefeierte Porträtfotograf Yousuf Karsh war bekannt für seine eindringlichen Charakterstudien, perfekt verkörpert von diesem eindrucksvollen Porträt von Winston Churchill. Karsh sah seine Aufgabe als Fotograf darin, die verborgenen Seiten seiner Modelle zum Vorschein zu bringen. Dies gelang häufig dank „eines Sekundenbruchteils mit einer unbewussten Geste, einem Leuchten in den Augen, einem kurzen Lüften der Maske, die alle Menschen tragen, um ihr Innerstes vor der Welt zu verbergen“. Für ihn verschmolzen Technik, Kreativität und Emotion, sodass die Wissenschaft und die Kunst des Fotografierens eins wurden und einander nicht entgegenstanden. Gleichzeitig war er der Meinung, dass es bei der Porträtfotografie vor allem um das Beobachten gehe: „Sehen Sie hin und denken Sie nach, bevor Sie auf den Auslöser drücken! Herz und Verstand sind das wahre Kameraobjektiv.“ Am Ende ist die menschliche Verbindung zwischen Fotograf und Modell entscheidend, nicht die Technik.

Stellen Sie sich selbst infrage

Robin Maddock *Ein Mann in einem England-Shirt isst einen Kebab während des Abendgebets, das das Ende des Ramadan einläutet, Birmingham*, 2017

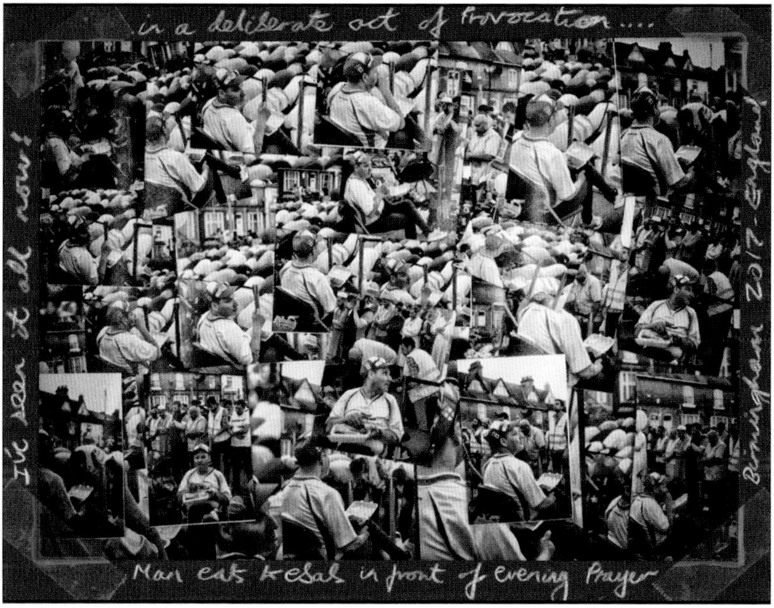

Der britische Dokumentarfotograf Robin Maddock ist überzeugt: Gute Arbeiten entspringen dem „Wunsch zu zeigen, wie etwas ist, nicht, wie etwas aussieht". Dafür, so meint er, „ist ein gewisses Maß an Hingabe und Integrität nötig, und ich frage mich oft, ob ich das habe". Und er ergänzt: „Man muss auch zu sich selbst ehrlich und aufrichtig sein. Wer bin ich, dass ich das Wort erhebe? Welche Ängste und Vorurteile habe ich? Wie weit bin ich bereit, meine Sicherheit sowie meine körperliche und geistige Gesundheit zu gefährden? Mein eigenes Leben zu vermasseln? Kein Zuhause zu haben, an Orten zu sein, an denen ich besser nicht wäre?" Schließlich fragt Maddock ganz ostentativ: „Sind wir bereit, uns so tiefgreifend mit etwas zu befassen, dass wir auch etwas über uns selbst herausfinden?"

Mut zur Ambivalenz

Lisa Barnard *The Canary and the Hammer*, Leiterplatte, aufgenommen in einer Fabrik für Elektroschrott-Recycling in Shenzhen, China, 2016

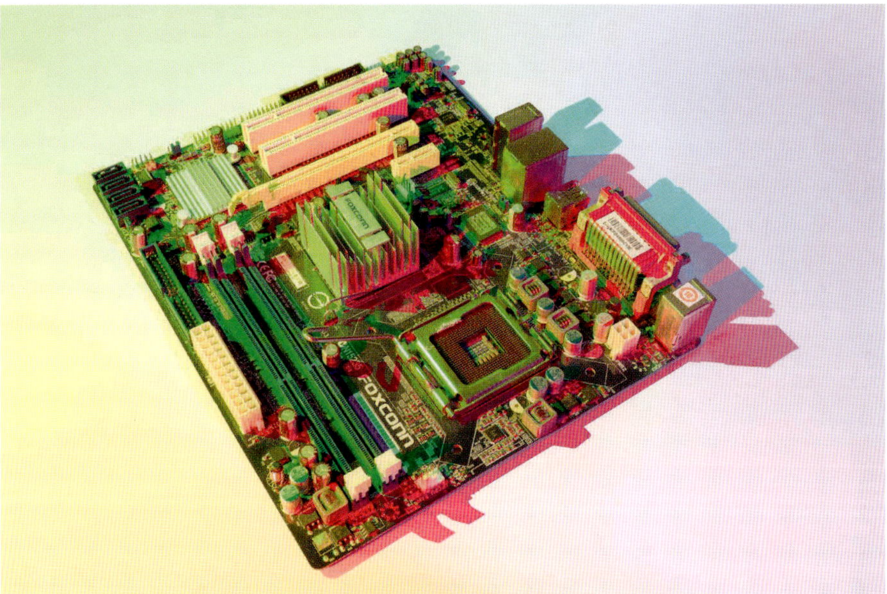

Lisa Barnards Arbeiten befassen sich mit tatsächlichen Ereignissen. Ihre komplexen und innovativen visuellen Strategien greifen sowohl auf traditionelle Dokumentartechniken als auch auf eher zeitgenössische, streng konzeptionelle Darstellungsformen zurück. Sie erklärt, wie wertvoll es ist, sich mit der Ungewissheit anzufreunden.

„Sich inhärenter Widersprüche bewusst zu sein, ist bei der Entstehung meiner Dokumentarprojekte ein wichtiger und notwendiger Aspekt des schöpferischen Prozesses. Der Mut zur Ambivalenz und das Zulassen gemischter Gefühle hat eine lange Geschichte innerhalb der psychologischen Ästhetik. Ich bin von Natur aus neugierig auf die Welt, und Fotografin zu sein ist ein Privileg, das mir den Vorwand liefert, all die Unvereinbarkeiten darin zu erforschen. Zum Beispiel herrscht weithin Konsens darüber, dass Gold nicht nur das Übel der Gesellschaft ist, sondern auch die Lösung für all ihre Probleme. Dieser beispielhafte Widerspruch in unserem kapitalistischen System fasziniert mich. Gründliche Recherche eröffnet verschiedene Perspektiven, Positionen und Unsicherheiten; was mich interessiert, ist die Zweideutigkeit der Informationen, die man durch diesen Prozess gewinnt. Wenn Sie in der nachfolgenden Verwirrung in sich hineinhören und sich auf den zwiespältigen Dialog mit sich selbst einlassen, werden Sie mit Energie und Kreativität belohnt. Es gibt keine einfachen Antworten – das Leben ist verwirrend – und ein gutes Dokumentarprojekt thematisiert die Komplexität, die in den verschiedenen Vorstellungen von Realität anklingt. Der Mut zur Ambivalenz könnte die lohnendste und kreativste Entscheidung sein, die Sie je treffen."

Bleiben Sie in der Nähe

Bruce Davidson *East 100th Street*, 1966

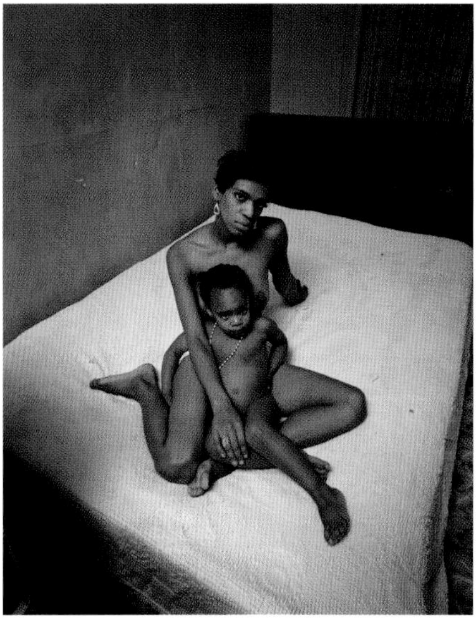

„Sie müssen eine Weile in der Nähe bleiben. Sie müssen sich Ihre Bilder verdienen.“

Magnum-Fotograf Bruce Davidson verfügt über die bemerkenswerte Gabe, in das Leben anderer Menschen einzutauchen. Dafür braucht man Geduld und Beharrlichkeit, so Davidson: „Sie müssen eine Weile in der Nähe bleiben. Sie müssen sich Ihre Bilder verdienen!“ Für sein wegweisendes Buch *East 100th Street* mit großformatigen Schwarz-Weiß-Fotos der Bewohner eines Häuserblocks in Harlem, New York, klopfte Davidson zwei Jahre lang an Türen und pflegte Kontakte, um das Vertrauen der Menschen zu erlangen. Er glaubt, dass zu viele Fotografen schnelle Ergebnisse erwarten: „Sie neigen dazu, zu früh aufzuhören. Sie ahmen etwas nach, das sie gesehen haben, bleiben aber nicht lange genug dran.“ Er empfiehlt stattdessen, ein Fotograf solle „lange Zeit mit seinem Motiv verbringen, damit das Unterbewusstsein die Chance hat, an die Oberfläche zu kommen“. Nehmen Sie sich Zeit, um die Menschen, die Sie fotografieren, wirklich kennenzulernen, sodass sie Ihnen vertrauen und sich öffnen.

Fünf Regeln

Gary Knight

Der preisgekrönte Fotograf Gary Knight, Mitbegründer und Leiter der Fotoagentur *VII*, nennt wichtige Leitlinien der Dokumentarfotografie.

1 Inhalt geht vor Ästhetik.

2 Lassen Sie das Thema die Entwicklung der Geschichte bestimmen, nicht belanglose fotografische Aspekte wie dogmatische Ästhetikkonventionen und Stilfragen.

3 Akzeptieren Sie Ihre Vorurteile und Ihre Unwissenheit und versuchen Sie dann, sie zu überwinden. Wir alle haben Vorurteile, und unser Wissen und unsere Erfahrungen sind begrenzt. Wir glauben, aus Erfahrung klug zu werden, aber eigentlich ist eher das Gegenteil der Fall. Versuchen Sie, genauer zu verstehen, was Sie sehen, sprechen Sie mit Leuten vor Ort, die einen anderen Blickwinkel haben, lesen Sie und tauchen Sie so tief wie möglich in das Leben der Menschen ein. Dann versuchen Sie, das, was Sie sehen, neu zu denken, und fotografieren es mit so viel Empathie und Feingefühl, wie Sie aufbringen können.

4 Versuchen Sie nicht, jemand zu sein, der Sie nicht sind.

5 Lernen Sie, das Magische im Gewöhnlichen zu sehen. Man versteht die Welt nicht, indem man spektakuläre Events und Freakshows fotografiert.

Wenn Sie es nicht fühlen, wird es auch sonst niemand tun

Line Ørnes Søndergaard *Zeit, sich auszuruhen*, 2018

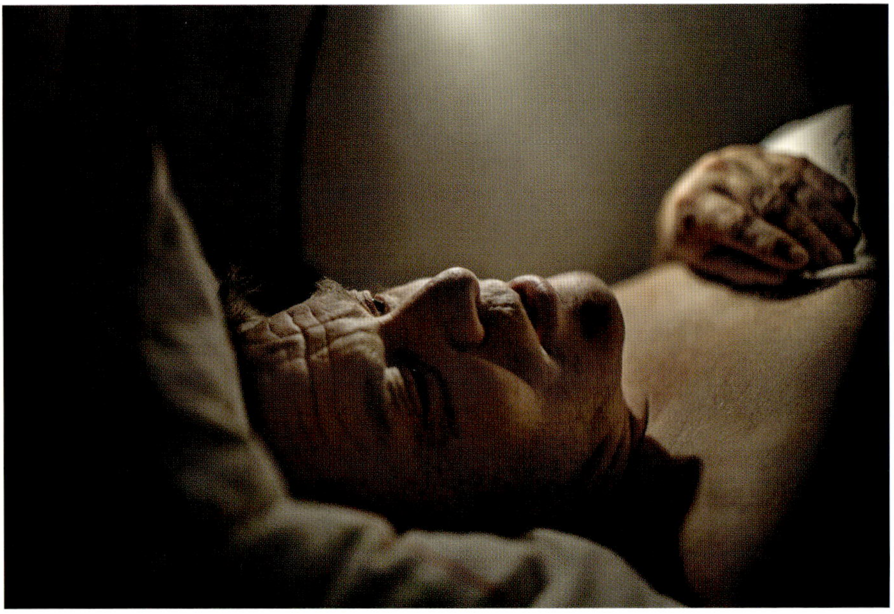

„Bei einem Großteil meiner Arbeiten versuche ich, große Themen durch intime, persönliche Begegnungen greifbar zu machen. Ich betrete dann die Privatsphäre der Menschen und versuche, ihre Welt aus diesem gemeinsam erlebten Moment heraus zu vermitteln. Für mich ist Fotografie daher – wie alle Begegnungen mit anderen Menschen – ein Prozess, der es wagt, jemandem emotional nahezukommen. Es geht darum, einen Weg zu finden, auf authentische Weise zusammen zu sein, auch in heiklen Situationen. Es geht darum, daran zu erinnern, dass die Person mir gegenüber immer besser über die Geschichte ihres Lebens Bescheid weiß. Und dass auch ich bei meinen Begegnungen etwas aufs Spiel setzen muss. Denn, wenn ich es nicht fühle, wird es der Betrachter erst recht nicht tun."

Die norwegische Dokumentarfotografin Line Ørnes Søndergaard geht im Rahmen von intimen Begegnungen sozialen und politischen Fragen nach. Sie versucht, einen Bezug zum emotionalen Aspekt der Situation herzustellen, und sucht nach Anknüpfungspunkten für ihr Publikum.

Berufliche Praxis

Nichts übereilen

Taha Ahmad *Schwanengesang der Badlas*, 2016

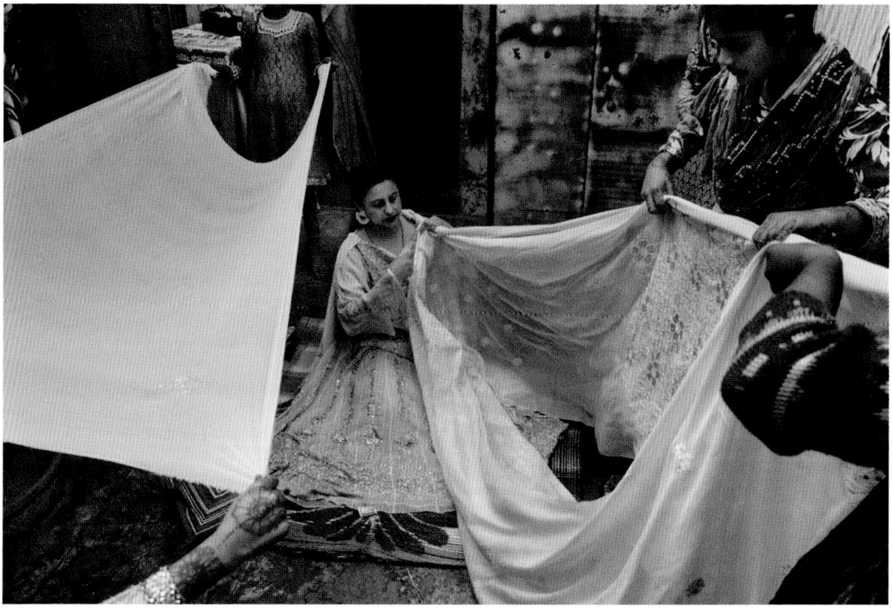

Der indische Fotograf Taha Ahmad arbeitet an dokumentarischen Langzeitprojekten. Er betont, wie wichtig es ist, sich immer genügend Zeit zu nehmen.

„Geduld ist eine Tugend. Sie ist das wichtigste Instrument für die Recherche, das Fällen von Entscheidungen, die Analyse des visuellen Narrativs und den künftigen Ansatz für das angestrebte Projekt. Heute, in der digitalen Ära, wo jede Minute Millionen von Fotos angeklickt und hochgeladen werden, sehen wir viele Imagemacher, gierig nach sofortiger Befriedigung, die sich in verzweifelte Kämpfe um Preisgelder und Stipendien stürzen. Diese Haltung wird vor allem bei Langzeitprojekten problematisch. Es lohnt sich, Zeit dafür zu verwenden, das eigene Werk und den eigenen Ansatz reifen zu lassen; das Überspringen einzelner Schritte und zu schnell getroffene Entscheidungen können das Ergebnis negativ beeinflussen. Manchmal ist es sogar wichtig, eine Pause einzulegen. Fotografische Projekte können für einen Fotografen verwirrend, mühsam und sehr kompliziert werden, daher ist eine Pause mitunter das Beste, was einem Werk passieren kann. Sie hilft, das Interesse neu zu beleben, und gibt dem Fotografen die Kraft, seinen künstlerischen Ansatz neu zu organisieren oder zu überdenken. Nach einer kurzen Auszeit von einem Projekt, kehrt man mit frischer Energie und neuen Ideen zurück, findet neue Wege aus Sackgassen und kann ein stimmiges Werk erschaffen.“

Tipps für die Bewerbung um ein Stipendium

PHmuseum

PHmuseum ist eine kuratierte Plattform für zeitgenössische Fotografie und vergibt seit 2013 Stipendien. Hier werden typische Fehler beschrieben, die bei der Bewerbung um Zuschüsse eine entscheidende Rolle spielen können.

1. **Ein starkes Coverfoto:**
   Das Coverfoto vermittelt einen ersten Eindruck davon, worum es in Ihrer Arbeit geht. Es muss die Aufmerksamkeit der Jurymitglieder wecken, sodass diese sich auch nach der Bearbeitung anderer Anträge noch daran erinnern.
2. **Weniger ist (oft) mehr:**
   Wenn es um ein Stipendium geht, improvisiert man nicht und reicht keine Bilder ein, die „vielleicht" gut sind. Wenn Sie sich Ihrer Auswahl sicher sind, reichen Sie sie ein! Verkaufen Sie sich nicht unter Wert, indem Sie „Lückenfüller" mitschicken.
3. **Gute textliche Einordnung:**
   Wir sind zwar visuelle Menschen, aber der Text ist ein sehr wichtiges Element der Bewerbung. Er hilft der Jury, Zugang zu Ihrem Werk zu finden. Beachten Sie die Wortzahl, unterteilen Sie den Text in Absätze und beginnen Sie mit einer überzeugenden Einleitung.
4. **Die richtige Sequenz:**
   Stellen Sie sich Ihr Projekt als Film vor. Der richtige Ausschnitt kann darüber entscheiden, ob Ihr Projekt die Jury überzeugt.
5. **Der passende Titel:**
   Präsentieren Sie Ihre Arbeit und heben Sie sich von anderen ab. Verwenden Sie genügend Zeit für die Suche nach einem Titel, der zu Ihrem Werk passt, und schlicht, aber nicht abgedroschen ist. Seien Sie mutig, aber nicht anmaßend.
6. **Nicht auf die letzte Minute:**
   Warten Sie nicht bis kurz vor Ablauf der Frist! Es könnte die Qualität Ihrer Bewerbung negativ beeinflussen.
7. **Details, Details, Details:**
   Schreiben Sie alle genannten Punkte auf eine Liste und prüfen Sie, ob Sie an alles gedacht haben. Details sind immer wichtig, vor allem, wenn die Jury zwischen ähnlich guten Arbeiten wählen muss. Bevor Sie die Bewerbung abschicken, kontrollieren Sie alles noch einmal.

Denken Sie quer

Aidan Sullivan

„Sie müssen quer denken! Schauen Sie sich so viele Optionen wie möglich an, die helfen könnten, Ihnen die nötige Finanzierung und Anerkennung zu verschaffen. Es gibt zahllose Stipendien – Sie müssen sie nur finden!“

Aidan Sullivan ist Vorsitzender und Gründer des Ian Parry Stipendiums. Es wird jährlich im Gedenken an den Fotografen vergeben, der mit nur 24 Jahren im Dezember 1989 auf tragische Weise ums Leben kam, als er den Sturz des rumänischen Diktators Nicolae Ceaușescu dokumentierte. Angesichts der schrumpfenden Medienlandschaft und eines dramatischen Auftragsrückgangs empfiehlt er, kreativ und tatkräftig nach Finanzierungsmöglichkeiten zu suchen, um die eigenen künstlerischen Ziele zu verwirklichen. „Unter den heutigen Bedingungen, wo die Branche mit tektonischen Verschiebungen konfrontiert ist und immer weniger Projekte finanziert werden, ist eine kluge Vorgehensweise gefragt.“ Er rät, viel Zeit für die Suche nach Fördermitteln zu verwenden, und betont: „Sie müssen quer denken! Schauen Sie sich so viele Optionen wie möglich an, die helfen könnten, Ihnen die nötige Finanzierung und Anerkennung zu verschaffen. Es gibt zahllose Stipendien – Sie müssen sie nur finden!“ Ebenfalls wichtig ist es, das „fotografische Getto“ zu verlassen: Auch außerhalb der Medienwelt gibt es viele Organisationen, die Fördermittel vergeben und an den gleichen Fragen und Themen interessiert sind wie Sie.

Vertrauen ist das Wichtigste

Damir Šagolj *Ein festgenommener Iraker mit Plastiktüte über dem Kopf sitzt im Garten eines Hauses in Tikrit, das im Zuge einer nächtlichen Razzia von US-Soldaten durchsucht wird,* 2003

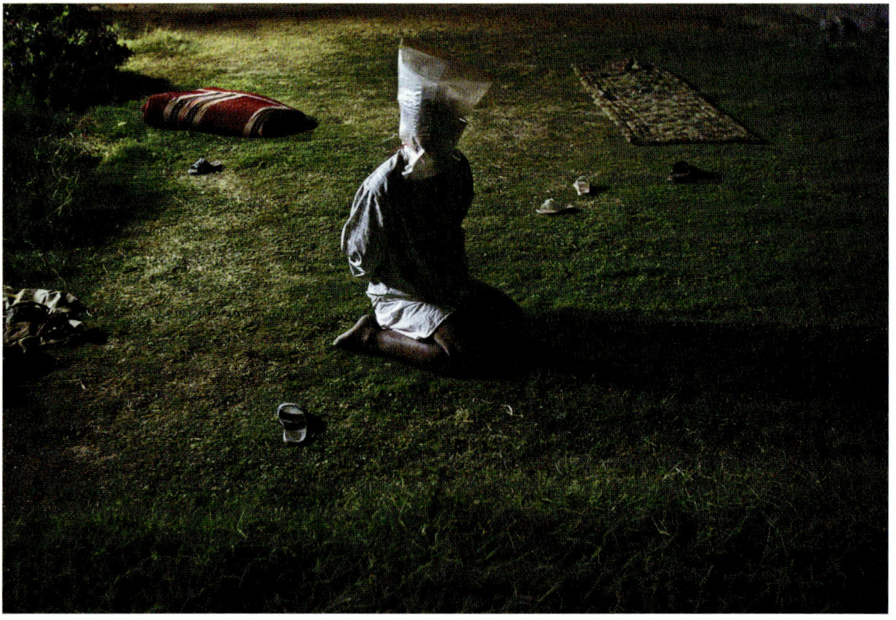

20 Jahre lang berichtete der Fotoreporter Damir Šagolj aus aller Welt. Als Dokumentarfotograf ist die Kamera sein wichtigstes Instrument. Er unterrichtet in Sarajevo Fotografie und vermittelt zeitgenössische dokumentarische Ansätze.

„Das Bild ‚funktioniert', wenn die Szene, die der Fotograf beobachtet, dem Betrachter so vermittelt wird, dass das Dargestellte ihn informiert, fesselt oder bewegt.

Wenn wir mehr als nur ‚Schönheit' anstreben, dient die Ästhetik des Bildes lediglich als Mittel, um den Hauptgegenstand – Information, Emotion, Gefühl – zu transportieren. Ebenso wichtig oder eigentlich noch wichtiger ist die andere Seite der Gleichung, wenn wir von Journalismus oder dokumentarischen Werken sprechen: das Vertrauen in den Autor. Wer ist die Person, die dieses Bild gemacht hat und zeigt? Was wissen wir über sie? Und schließlich: können wir ihr vertrauen?

Eine vereinfachte Formel würde lauten: ‚Die Größe unseres Vertrauens in das Bild entspricht unserem Vertrauen in den Fotografen, multipliziert mit der Ästhetik des Fotos.'

Leider ist die Gleichung in Wirklichkeit komplexer und dynamischer, da ein Bild zwischen dem Zeitpunkt der Aufnahme und dem Gezeigtwerden häufig verfälscht, aus dem Kontext gerissen und auf andere Weise missbraucht wird.

Was ein gutes Foto ausmacht, geht über das Bild selbst hinaus und hängt stark von der Integrität des Fotografen ab – etwas, das sich im Lauf der Zeit aufbaut – und unserem Vertrauen in den gesamten Prozess, den das Bild durchläuft, bevor es gezeigt wird."

Unterstützen Sie andere

Laura Noble

Die bekannte Galeristin, Kuratorin, Autorin und Künstlerin Laura Noble rät, sich um Freunde und Kollegen zu kümmern.

„Unterstützen Sie Ihre Kollegen: Besuchen Sie ihre Ausstellungen, Talks und Events und setzen Sie sich zum Beispiel für ihre Crowdfunding-Aktionen ein. Dabei zu sein und gesehen zu werden, ist in dieser Branche alles. Kontaktieren Sie Leute nicht erst, wenn Sie etwas von ihnen wollen, denn das geht nicht lange gut. Man gilt schnell als egozentrisch. Die Leute wollen mit jemandem zusammenarbeiten, der gute Absichten hat. Eine positive Einstellung färbt ab und nützt am Ende jedem, mit dem Sie in Verbindung stehen. Teilen Sie nicht nur Ihre eigenen Arbeiten in den sozialen Medien, sondern auch die von anderen Künstlern, die Sie mögen und fördern. Wenn Sie von einer Galerie vertreten werden, nehmen Sie Anteil an den Vorhaben befreundeter Künstler und Galeristen, indem Sie sich zeigen und Werbung dafür machen – es wird sich in Zukunft für Sie alle auszahlen. Man arbeitet engagierter für jemanden, mit dem die Zusammenarbeit angenehm ist. Seien Sie präsent und besprechen Sie Dinge so oft wie möglich persönlich. Der direkte Kontakt macht viel aus.“

Durchforsten Sie Ihr Archiv

Paul Lowe

„Bilder, die in der Vergangenheit unwichtig erschienen, können im Nachhinein eine neue Bedeutung erlangen, entweder wegen ihres Inhalts oder weil Ihr Sinn für Ästhetik und Ihre Meinung, was ein gutes Bild ausmacht, sich geändert haben."

Die Regel, Ihre analogen Negative und digitalen Daten zu ordnen und zu strukturieren haben Sie ja sicher befolgt. Nun geht es darum, ein durchsuchbares Archiv zu haben, das die Arbeiten Ihrer gesamten Fotografenlaufbahn enthält. In regelmäßigen Abständen sollten Sie Ihre alten Arbeiten durchgehen und aus einem neuen Blickwinkel betrachten, um herauszufinden, ob es Bilder gibt, die Sie bei der ersten Runde übersehen haben. Bilder, die in der Vergangenheit unwichtig erschienen, können im Nachhinein eine neue Bedeutung erlangen, entweder wegen ihres Inhalts oder weil Ihr Sinn für Ästhetik und Ihre Meinung, was ein gutes Bild ausmacht, sich geändert haben. Das gilt besonders für Auftragsarbeiten, denn die ursprüngliche Bildauswahl war redaktionell oder kommerziell motiviert. Das Durchforsten Ihres Archivs kann spannende und wertvolle Neuinterpretationen hervorbringen, vor allem, wenn die Bilder mittlerweile in einem historischen Kontext stehen.

Klasse statt Masse

Emma Bowkett *Zwei junge Frauen genießen einen Sommertag an der Promenade von Blackpool*, 1951 (fotografiert von Bert Hardy)

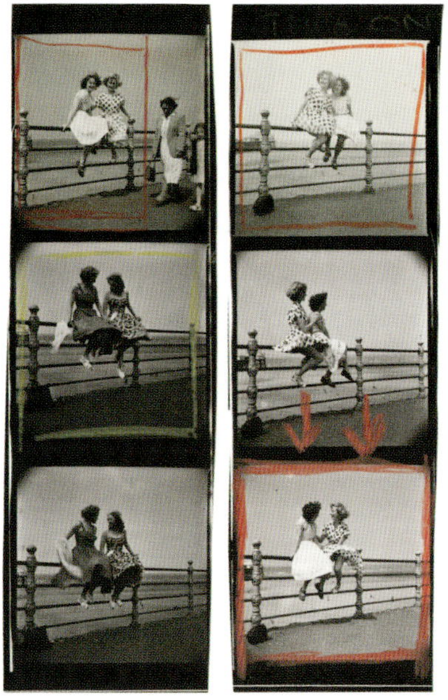

„Seien Sie selbstbewusst! Senden Sie nur die Bilder ein, mit denen Sie sich wirklich wohlfühlen."

Emma Bowkett, Bildredakteurin der *Financial Times*, hat einen einfachen, aber sinnvollen Rat: „Senden Sie nur Arbeiten ein, deren Veröffentlichung Sie sich wünschen." Fotografen geben ihr häufig die Rückmeldung, dass die Zeitung nicht ihre besten Fotos veröffentlicht habe, und obwohl sie weiß, dass es sehr subjektiv ist, welches Bild „das beste" ist, empfiehlt sie Fotografen: „Seien Sie selbstbewusst! Senden Sie nur die Bilder ein, mit denen Sie sich wirklich wohlfühlen." Bei der Nachbearbeitung und Auswahl der Bilder, die Sie einem Kunden schicken, müssen Sie schonungslos sein. Blähen Sie Ihre Lieferung nicht mit zusätzlichen Bildern auf, nur damit der Kunde sieht, dass Sie viel Arbeit hineingesteckt haben, und fragen Sie sich bei jedem Foto, das Sie schicken, ob Sie glücklich damit wären, wenn es veröffentlicht werden würde.

Arbeiten Sie sich gründlich ins Thema ein

Gaia Tripoli

„Sie gehen mit der bestmöglichen Vorbereitung in die Story hinein, sind aber gleichzeitig vollkommen offen. Machen Sie sich bewusst, dass die Tatsache, sich mit einem Thema gut auszukennen, nicht bedeutet, eine vorgefasste Meinung zu haben."

In ihrer Funktion als Bildredakteurin der *New York Times* hat Gaia Tripoli mit Hunderten von Fotografen an deren Aufträgen gearbeitet. Sie unterstreicht, wie wichtig es ist, dass ein Fotograf sich bis in alle Einzelheiten mit seinem Thema auskennt, wenn er einer Publikation eine Story anbietet oder an einem Projekt arbeitet. „Nuancen sind wichtig , und je besser Sie das Umfeld, in dem Sie arbeiten werden, kennen und verstehen, desto dichter und vielschichtiger werden Ihre Bilder sein." Dieses tiefgreifende Wissen hilft Ihnen auch, den Personen, die Sie fotografieren, mit dem nötigen Respekt zu begegnen. Tripoli ist überzeugt, dass gründliche Recherche hilft, alle Blickwinkel zu erkennen, die bei einem Thema sinnvollerweise einfließen sollten. Das bedeutet jedoch nicht, dass all Ihre Ideen vor dem Shooting in Stein gemeißelt sein müssen: „Sie gehen mit der bestmöglichen Vorbereitung in die Story hinein, sind aber gleichzeitig vollkommen offen. Machen Sie sich bewusst, dass die Tatsache, sich mit einem Thema gut auszukennen, nicht bedeutet, eine vorgefasste Meinung zu haben", betont Tripoli, und empfiehlt: „Strengen Sie sich an!"

Tun Sie, was Sie tun wollen, nicht, was andere von Ihnen zu erwarten scheinen

Jess Crombie

„Ich weiß nicht, wie oft Leute mir Arbeiten vorgelegt haben, von denen sie dachten, sie entsprächen meinen Erwartungen an sie, statt mir zu zeigen, was sie tatsächlich gerne machen."

Jess Crombie arbeitete als Bildredakteurin für die NGO „Save the Children" und hat sich im Rahmen potenzieller Aufträge die Arbeiten von Hunderten von Fotografen aus aller Welt angesehen. Wenn es um Portfolios geht, ist sie der Meinung, man sollte nur die Arbeiten einsenden, von denen man selbst völlig überzeugt ist. „Ich weiß nicht, wie oft Leute mir Arbeiten vorgelegt haben, von denen sie dachten, sie entsprächen meinen Erwartungen an sie, statt mir zu zeigen, was sie tatsächlich gerne machen." Crombie empfiehlt, Redakteuren jene Projekte zu zeigen, von denen man selbst begeistert ist. Dem Redakteur klarzumachen, dass Sie über eine eigene, markante Vision und Identität verfügen, ist entscheidend. Sie wollen sich schließlich von der Masse abheben.

Glauben Sie an Ihre Ideen

Ilvy Njiokiktjien *Die Schwimmmannschaft des Internats Michaelhouse, Südafrika*, 2019

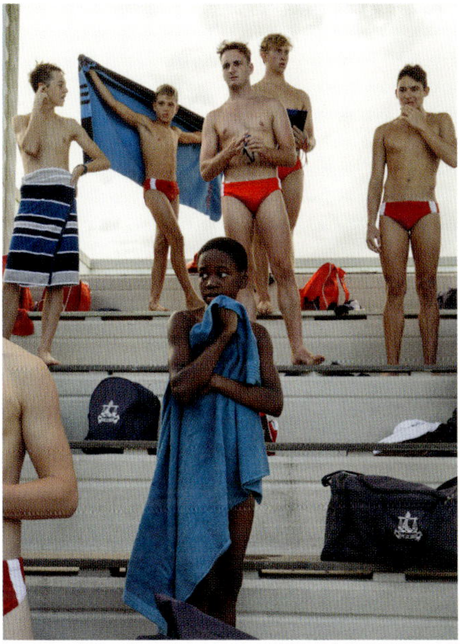

„Meinen Fotos fehlte angeblich der ‚Newsfaktor', sie waren ‚nicht sensationell interessant' usw. In den ersten Jahren war es schwierig, veröffentlicht zu werden."

Ilvy Njiokiktjien begleitete über zehn Jahre lang das Leben junger Südafrikaner. Aus den Ergebnissen dieses Dokumentarprojekts entstand ihr 2019 veröffentlichtes Buch *Born Free*. Bei Langzeitprojekten ist die Gefahr groß, irgendwann den Mut und den Glauben daran zu verlieren. Um das zu verhindern, rät sie, auf die Stimme des eigenen Herzens zu hören. Sie erinnert sich, dass Redakteure ihr zu Beginn ihres Projekts vorwarfen, ihren Fotos fehle der „Newsfaktor", sie seien „nicht sensationell interessant" usw. „In den ersten Jahren war es schwierig, veröffentlich zu werden." Zwar ging sie davon aus, dass Redakteure das Potenzial des Jahres 2019 erkennen würden (25 Jahre Ende der Apartheid), geriet aber zwischen 2015 und 2017 dennoch ins Wanken, weil ihr Projekt so wenig Unterstützung erfuhr. Sie machte weiter, *Born Free* erschien, und ihre Bilder wurden weltweit erfolgreich ausgestellt. Entscheidend ist, neben dem richtigen Timing, der Glaube an sich selbst und an die eigene Vision.

Seien Sie sich Ihrer Motivation bewusst

Shahidul Alam *Mizan sieht fern, Dhanmondi, Dhaka*, 1995

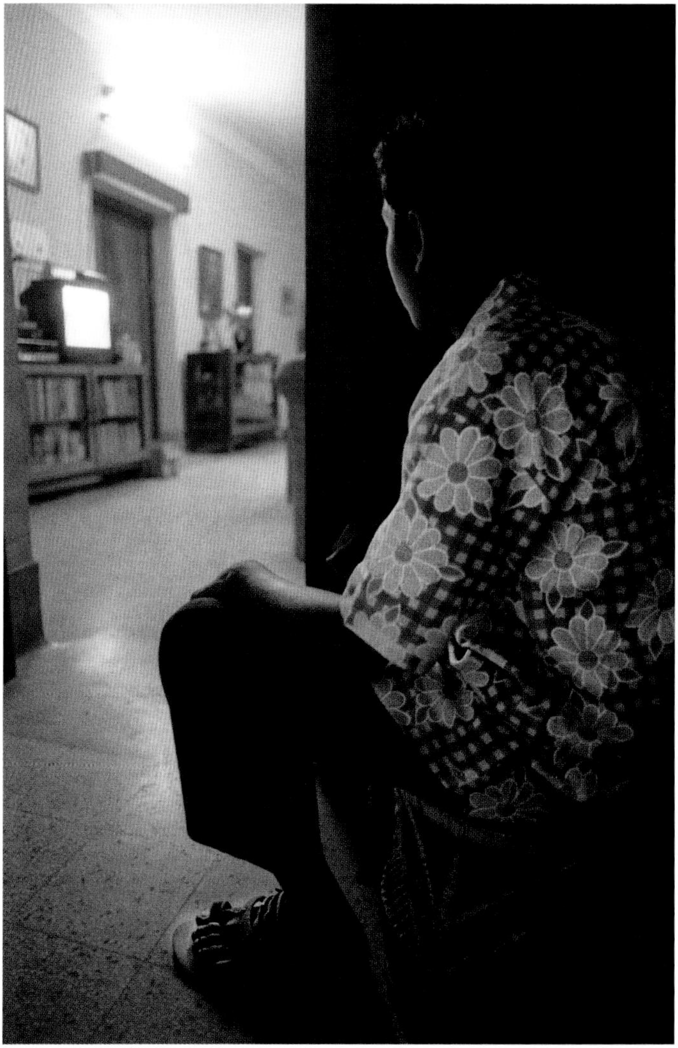

„Es war im Grunde nur eine Kleinigkeit, aber sie hat Mizans Leben verändert und das meiner Mutter und auch meines."

Shahidul Alam erzählt die Geschichte seines Bildes: „Mizan hat früher bei meiner Mutter gearbeitet. Es gehörte zu seinen Aufgaben, das Zimmer zu reinigen, in dem unser Fernseher stand. Er durfte aber nicht mit uns zusammen fernsehen. Sein Lieblingsprogramm *Alif Laila* schaute er von der Veranda aus, die sich an das Fernsehzimmer anschloss, durch die offene Tür. Nachdem ich dieses Foto gemacht hatte, habe ich es im Drik-Kalender veröffentlicht und Mizan und meiner Mutter je einen Abzug gegeben. Am nächsten Tag saß Mizan mit uns zusammen drinnen vor dem Fernseher. Es war im Grunde nur eine Kleinigkeit, aber sie hat Mizans Leben verändert und das meiner Mutter und auf jeden Fall auch meines."

Der aus Bangladesch stammende Fotograf zählt zu den bedeutendsten Vertretern der zeitgenössischen Dokumentarfotografie und ist bekannt dafür, dass er zu Menschenrechtsthemen klar Stellung bezieht und moralisch Haltung zeigt. Sein Rat lautet, sich bewusst zu machen, welche Motivation uns bei der Arbeit antreibt.

Sie sollten sich darüber im Klaren sein, warum Sie etwas tun. Tun Sie es für den Kunden? Für sich selbst? Für das Publikum? Als Fotoreporter sollten Ihre Bilder dem öffentlichen Interesse dienen, sonst arbeiten Sie aus den falschen Gründen. Natürlich kann man persönliche Gründe haben, Projekte, an die man wirklich glaubt, gelingen in der Regel am besten. Wenn Sie von der Arbeit leben können, die Sie gerne machen, machen Sie alles richtig. Wir müssen alle von etwas leben, und manchmal tun wir etwas nur, um über die Runden zu kommen, aber das darf nicht der einzige Grund sein, warum wir fotografieren. Für Fotoreporter muss das öffentliche Interesse über ihrem eigenen stehen. Das kann ein einsamer, furchteinflößender und oft schwieriger Job sein, aber, trotz aller Gefahren, auch enorm befriedigend. Diese Entscheidung müssen Sie treffen, bevor Sie zur Kamera greifen! Reich und berühmt zu sein, steht nicht in der Stellenbeschreibung.

Wie man ein Fotobuch per Crowdfunding finanziert

Tom Broadbent *At Home with the Furries* (Fotobuch, 2018)

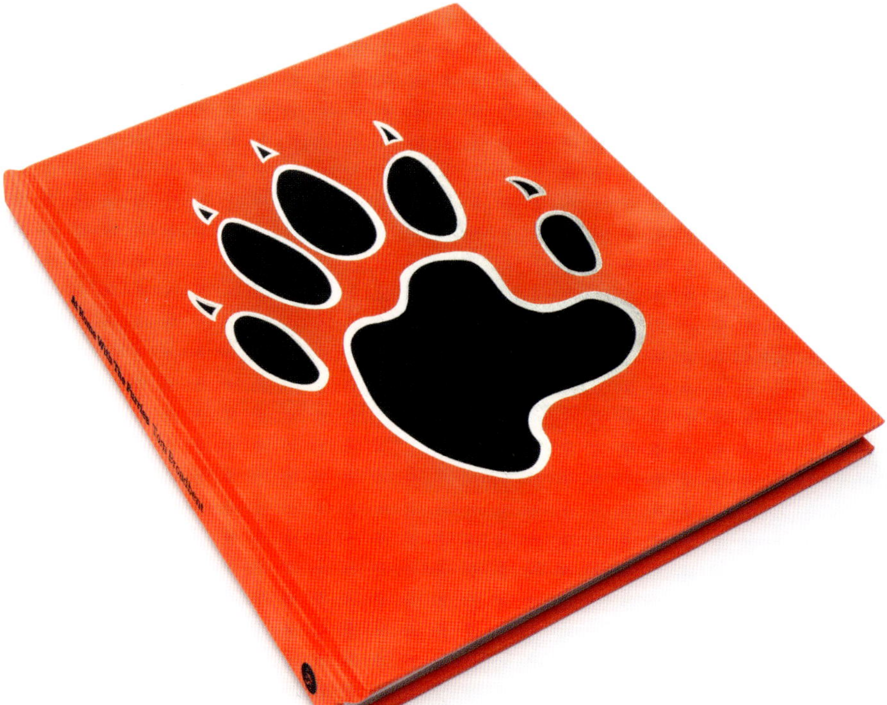

Tom Broadbent finanzierte sein Fotobuch *At Home With The Furries* mithilfe von Crowdfunding und gibt Tipps für eine erfolgreiche Fundraising-Kampagne.

1. **Vermeiden Sie Crowdfunding**
   Ganz im Ernst: Wenn Sie Ihr Buch irgendwie anders finanzieren können, tun Sie es ohne Crowdfunding! Es ist garantiert der anstrengendste und emotional belastendste Weg!
2. **Timing ist alles**
   Starten Sie im Frühjahr oder Herbst, das ist die beste Zeit, um das Interesse der Leute zu wecken.
3. **Die Zielsumme muss abdecken, was Sie brauchen, nicht, was Sie sich wünschen**
   Bleiben Sie unter 10.000 €. Die Summe muss überschaubar und realistisch erreichbar sein.
4. **Begrenzen Sie die Länge der Kampagne**
   Ihr Launch ist ein Fulltime-Job, daran führt kein Weg vorbei. Er wird all Ihre Zeit beanspruchen. Ich empfehle 30–35 Tage.
5. **Prämien realistisch einpreisen**
   Mit steigendem Betrag sollten die Prämien einen entsprechend höheren Gegenwert haben – Postkarten, signierte Bücher, signierte Drucke, ein Tag mit dem Fotografen usw.
6. **Gute Vorbereitung ist der Schlüssel**
   Planen Sie die Social-Media-Kampagne so, dass ca. zehn Posts schon fertig sind – Videoclips, Werbespots, Interviews, mindestens ein Post täglich. Sie dürfen nicht aufhören, darüber zu reden! Sie müssen die sozialen Netzwerke pausenlos beackern. Seien Sie kreativ, betteln Sie nicht, bleiben Sie interessant. Es muss so aussehen, als hätten Sie jede Menge Spaß, und so ist es ja auch.
7. **Zu Beginn und am Ende der Kampagne passiert am meisten**
   Gleich nach dem Launch ist die Aktivität sehr hoch. Die ersten drei Tage sind entscheidend – gute Kampagnen haben nach drei Tagen 30 % der Summe. Danach wird es etwas zäh, und am Ende herrscht noch einmal Hochbetrieb.
8. **Halten Sie, was Sie verprochen haben**
   Sobald die Zielsumme erreicht ist, fängt die eigentliche Arbeit erst an: Ihr Buch muss so hochwertig produziert werden, wie in der Kampagne angekündigt. Genießen Sie diesen Moment trotzdem. Sie haben einen großen Erfolg erzielt.

Nichts übereilen

Kate Peters *Do You Want to Know a Secret?*, 2010

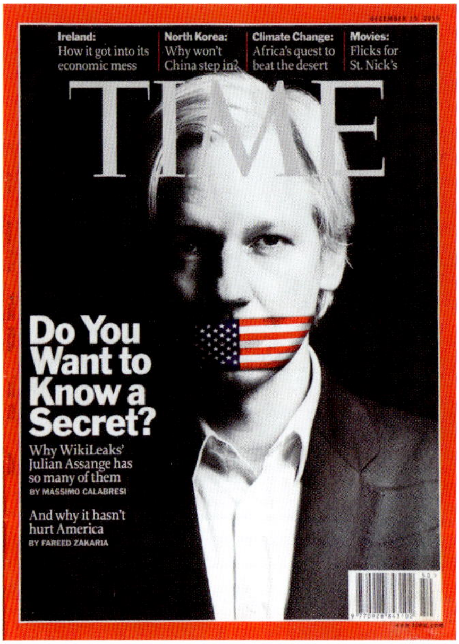

„Denken Sie langfristig! Sie wollen nicht nach kurzer Zeit völlig ausgebrannt sein, und Sie wollen Ihre Arbeiten auch nicht veröffentlichen, bevor diese wirklich so weit sind, gezeigt zu werden.“

Die britische Porträtfotografin Kate Peters realisert einerseits Langzeitprojekte, erledigt aber auch Auftragsarbeiten für Kunden wie den *Guardian* und das Nachrichtenmagazin *Time*, das beispielsweise ihr Porträt von Julian Assange auf das Cover setzte. Sie plädiert dafür, die gesamte Laufbahn im Blick zu behalten, und warnt davor, schnelle Erfolge zu erwarten.

„Sie müssen nicht über Nacht berühmt werden! Auf allen lastet so viel Druck, Erfolg zu haben, und zwar auf dem gleichen Weg wie scheinbar alle anderen. Durch die sozialen Netzwerke haben wir das Gefühl dafür verloren, was wirklich in den Menschen vor sich geht. Das macht uns ängstlicher und verleitet uns, unsere Sachen schneller zu veröffentlichen. Denken Sie langfristig! Sie wollen nicht nach kurzer Zeit völlig ausgebrannt sein, und Sie wollen Ihre Arbeiten auch nicht veröffentlichen, bevor diese wirklich so weit sind, gezeigt zu werden.“

Nicht ohne Einverständniserklärung

Paul Lowe

„Erklären Sie, sofern es Ihnen möglich ist, den Menschen, mit denen Sie arbeiten möchten, vorab ausführlich, warum Sie sie fotografieren und wofür Sie die Aufnahme verwenden werden."

Es ist sehr wichtig, vorab das Einverständnis der von Ihnen porträtierten Personen einzuholen, vor allem im Dokumentarbereich und insbesondere bei der Zusammenarbeit mit NGOs. Dabei ist zu unterscheiden zwischen dem sogenannten *Model Release*, also der Übertragung der Bild- und Nutzungsrechte im Rahmen eines Vertrags, den Sie mit einem bezahlten Modell schließen, und der Einverständniserklärung, die in erster Linie die Rechte der Porträtierten schützen soll. Erklären Sie, sofern es Ihnen möglich ist, den Menschen, mit denen Sie arbeiten möchten, vorab ausführlich, warum Sie sie fotografieren und wofür Sie die Aufnahmen verwenden werden. Falls es eine sprachliche Barriere gibt, engagieren Sie hierfür einen Dolmetscher. Sie sollten auf jeden Fall die Kontaktdaten erhalten und im Idealfall eine schriftliche Einverständniserklärung. Bereiten Sie ein entsprechendes Formular vor, in dem Sie Ihr Projekt beschreiben, und formulieren Sie klare Ja/Nein-Fragen, mit denen das Einverständnis erklärt wird. Ist eine schriftliche Einwilligung unrealistisch, machen Sie eine Video- oder Audio-Aufnahme von der Person, während sie ihr Einverständnis erklärt. Denken Sie daran, dieses Einverständnis erneut einzuholen, wenn Sie die Bilder anders einsetzen als ursprünglich geplant und mit dem Modell abgesprochen.

Erstellen Sie einen Drei-Jahres-Plan

Rebecca McClelland

„Fangen Sie mit der Frage an, wo Sie in drei Jahren sein wollen, und arbeiten Sie sich von dort aus rückwärts Richtung Gegenwart."

Die Bildredakteurin und Dozentin Rebecca McClelland ist überzeugt, dass langfristiges Planen zum Erfolg führt. Sie empfiehlt, auf ein bestimmtes Ziel in der Zukunft hinzuarbeiten und dann über die Schritte nachzudenken, die nötig sind, um dieses Ziel zu erreichen. Sie rät: „Fangen Sie mit der Frage an, wo Sie in drei Jahren sein wollen, und arbeiten Sie sich von dort aus rückwärts Richtung Gegenwart." Wenn Sie etwa in einer großen Galerie ausstellen möchten, müssen Sie überlegen, was Sie brauchen, um das zu erreichen – Sie müssen beispielsweise den Kontakt zu dem leitenden Galeristen herstellen. Wie gehen Sie vor? Sprechen Sie ihn bei einer Vernissage oder einem Fotofestival an oder nutzen Sie eine Portfolio-Besprechung? Sie müssen herausfinden, wo Ihre Blockaden liegen, also die Dinge, die Sie davon abhalten, Ihr Ziel zu erreichen. Wenn es Ihnen an Selbstvertrauen mangelt, dann üben Sie, im professionellen Umfeld mit Leuten zu reden. Wenn Ihnen finanzielle Mittel fehlen, ziehen Sie kreative Wege der Geldbeschaffung in Erwägung und probieren Sie es mit einem Crowdfunding. Entscheidend für den Erfolg ist, so McClelland, dass Sie „vollkommen ehrlich zu sich selbst sind, welche Träume Sie sich erfüllen möchten und was Sie tun müssen, um sie Wirklichkeit werden zu lassen".

Keine kostenlosen Shootings

Paul Lowe

„Leider befinden sich Freiberufler häufig in einer schlechten Verhandlungsposition, aber Sie müssen dafür kämpfen, dass Ihre Arbeit angemessen wertgeschätzt und als professionelle Leistung gesehen wird.“

Eine der schwierigsten Entscheidungen eines Fotografen, egal ob Anfänger oder etablierter Profi, ist die Beantwortung der Frage, ob man ohne Bezahlung fotografieren sollte, in der Hoffnung, sich ein größeres oder neues Publikum zu erschließen. Dies kann jedoch fatal enden, denn 90 % aller Kleinunternehmen scheitern in den ersten beiden Jahren, und wer als freiberuflicher Fotograf gratis arbeitet, wird schnell Teil dieser deprimierenden Statistik. Stellen Sie sich vor, Sie würden andere Unternehmer bitten, eine Arbeit für Sie zu erledigen, und sie dann nicht bezahlen. Fragen Sie mal Ihren Installateur, ob er Ihre Heizung kostenlos repariert. Denken Sie daran, dass es nicht nur die Zeit des Fotoshootings ist, die Sie nicht in Rechnung stellen, sondern dass Sie auch keine Gegenleistung dafür erhalten, Ihre teure Ausrüstung einzusetzen, und danach wahrscheinlich auch noch Zeit in die Nachbearbeitung investieren. Genau genommen arbeiten Sie gar nicht gratis, sondern erbringen dem Kunden einen Nutzen und machen dabei selbst Verlust! Leider befinden sich Freiberufler häufig in einer schlechten Verhandlungsposition, aber Sie müssen dafür kämpfen, dass Ihre Arbeit angemessen wertgeschätzt und als professionelle Leistung gesehen wird. Verwenden Sie die Zeit, die Sie „kostenlos“ arbeiten würden, lieber dafür, Ihre eigenen Projekte voranzubringen.

Geschäftssinn entwickeln

Neil Turner *Ian Smith, CEO von Oracle*, 2006

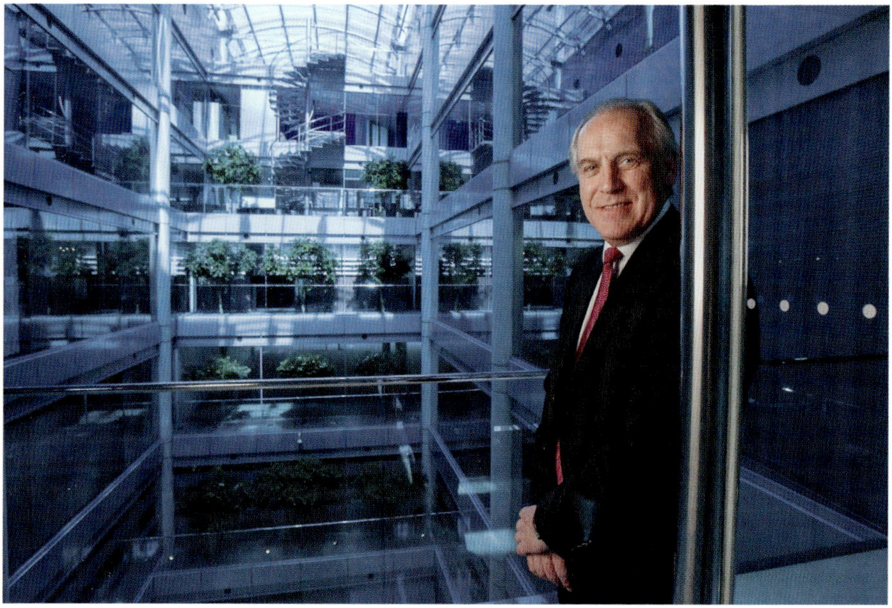

Neil Turner hat als Fotograf und Bildredakteur gearbeitet und versteht genau, wie die Branche funktioniert. Um auf Dauer im Geschäft zu bleiben, rät er:

1 Auch wenn es sich wie ein Privileg anfühlt, kreativ zu arbeiten, müssen Sie dennoch Ihre Rechnungen bezahlen.
2 Bewahren Sie jede Quittung auf. Machen Sie alles steuerlich geltend und sorgen Sie dafür, dass Sie bezahlt werden.
3 Kaufen Sie Equipment nur für den Brotjob. Mieten ist sinnvoll.
4 Verbringen Sie ebensoviel Zeit damit, die Arbeiten anderer anzuschauen, wie Sie sich wegen Ihrer eigenen grämen.
5 Schöne Drucke sind vor allem dafür gut, dass Sie Ihrem Drucker sagen können, wo seine Defizite liegen.
6 Erstellen Sie ein tolles Portfolio, halten Sie es aktuell und arbeiten Sie damit.
7 Hören Sie nie auf Ratschläge von jemandem, der behauptet, es gebe nur eine einzige Methode, ewas zu tun!

Kill Your Darlings

Shannon Ghannam

„Wenn Sie mit Ihren Bildern nicht schonungslos ins Gericht gehen können, finden Sie jemanden, der es kann!“

Shannon Ghannam, bei Magnum für Fort- und Weiterbildung zuständig, arbeitet eng mit den Fotografen der Agentur zusammen. Sie betont, wie wichtig es ist, bei der Auswahl der Bilder rigoros vorzugehen. Man muss in der Lage sein, sich emotional von seinen Arbeiten zu distanzieren: „Wenn Sie mit Ihren Fotos nicht schonungslos ins Gericht gehen können, finden Sie jemanden, der es kann!“ Arbeitet man lange an einem Projekt, wird man viele „gute Fotos“ aussortieren, aber das Gesamtwerk wird davon profitieren. *Kill Your Darlings* bedeutet, lieb gewordene Bilder und Ideen loszulassen. Fragen Sie sich bei jedem Foto, ob es wirklich etwas zur Story beiträgt. Wenn nicht, sortieren Sie es aus, auch wenn es für sich genommen ein starkes Bild ist.

Nicht um jeden Preis

Juno Calypso *Ein Traum in Grün*, 2015

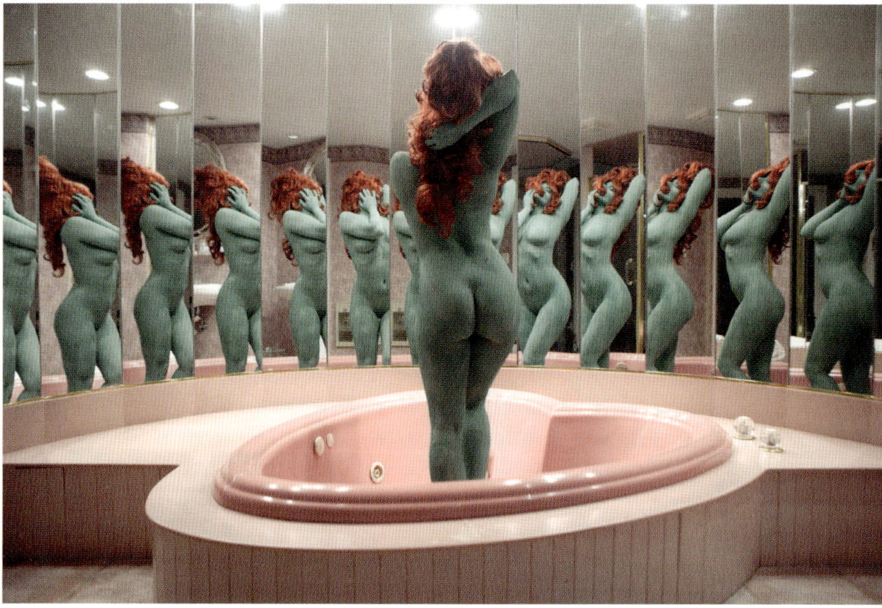

Juno Calypso eroberte die Foto-Szene der USA mit einem Knall. Aus einem Aufenthalt ihres Alter Egos, Joyce, in einem romantischen amerikanischen Erlebnishotel entstand eine surreale Serie von Selbstporträts mit dem Titel *The Honeymoon* („Die Flitterwochen"). Doch trotz ihres schnellen Aufstiegs warnt Juno davor, sich von frühen Erfolgen blenden und mitreißen zu lassen; stattdessen solle man lieber langfristig denken und eine nachhaltige Karriere anstreben. Sie empfiehlt Fotografen: „Legen Sie es nicht verbissen darauf an, schnell extrem erfolgreich zu sein und schon in jungen Jahren den Höhepunkt Ihrer Karriere zu erreichen. Künstler gehen nicht in Rente, Sie können arbeiten, so lange Sie leben." Ihr kluger Rat, das Tempo zu drosseln, mag in Anbetracht ihrer eigenen Jugend erstaunen. Sie warnt Fotografen: „Halten Sie inne und kümmern Sie sich um sich. Verausgaben Sie sich nicht zu früh." Stellen Sie sich Ihre Laufbahn als Marathon vor, nicht als Sprint.

Bildtexte um persönliche Zitate ergänzen

Nicola Moyne

Nicola Moyne ist Redakteurin, Autorin und Fotografin. Sie erläutert, wie wichtig ein aussagekräftiger Text sein kann, wenn Sie Ihre Fotos publizieren möchten.

„Nichts zieht den Leser mehr in den Bann, als zu erfahren, wie sich das Modell gefühlt hat, als das Foto aufgenommen wurde. Einfach nur Datum, Ort und die Beschreibung einer Szene aufzulisten, transportiert nicht die Stimmung und vermittelt keine Emotion. Wenn ich also für eine Reportage recherchiere oder für mein eigenes Projekt auf Achse bin, versuche ich immer, ein Zitat von einer der porträtierten Personen zu bekommen, in dem sie erklärt, warum sie da ist und, vor allem, wie sie sich dabei fühlt. Einige starke Worte können ein Werk sofort aufwerten und zu einem aussagekräftigeren Dialog zwischen Abbild und Realität beitragen."

Warten Sie nicht auf Inspiration

Chuck Close Chuck Close vor einem seiner Gemälde, einem Selbstporträt, 2007 (fotografiert von Henning Kaiser)

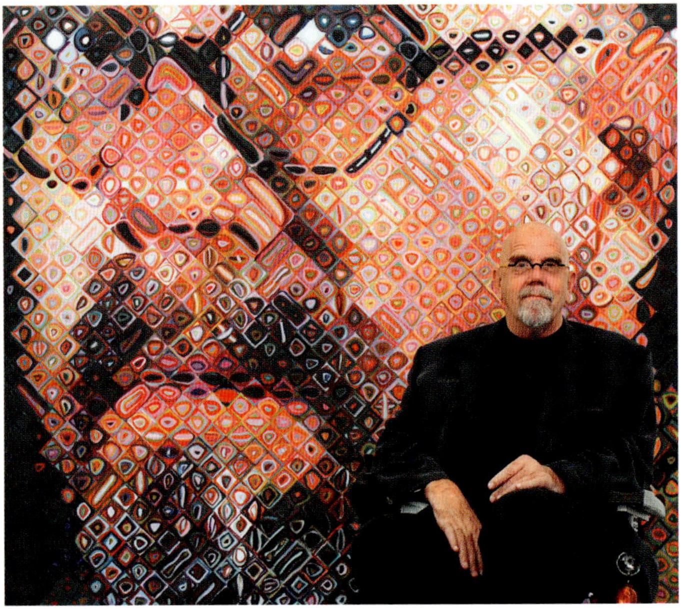

Der US-amerikanische Künstler Chuck Close glaubt an den Prozess und dass harte Arbeit und die kontinuierliche Anwendung des Mediums einen erfolgreichen Berufsfotografen auszeichnen. Er ist überzeugt: „Inspiration ist etwas für Amateure. Der Rest von uns ist einfach zur Stelle und macht sich an die Arbeit." Das mag allzu einfach klingen, aber Close betont, dass nur das tatsächliche schöpferische Tun die Verbindungen und Wege aufdeckt, die zu neuen Ideen führen. „Die Dinge erwachsen aus dem Tätigsein selbst und Sie werden – durch die Arbeit – über andere Möglichkeiten stolpern und neue Türen aufstoßen, die Sie sich nicht hätten erträumen können, solange Sie bloß herumgesessen und auf großartige ‚künstlerische Einfälle' gewartet hätten." Akzeptieren Sie diese Prämisse und tauchen Sie in den Prozess des Fotografierens ein, dann kommen die Verbindungen, Durchbrüche und neuen Erkenntnisse mit der Zeit ganz von alleine.

Auf den Wow-Faktor kommt es an

Aidan Sullivan

„Wenn Sie ein Portfolio zusammenstellen, mit dem Sie sich vorstellen möchten, nehmen Sie nur die wirklich herausragenden Bilder – Fotos ohne ‚Wow-Faktor' oder die nicht ins Narrativ passen, lassen Sie weg!"

Aidan Sullivan, Direktor von Verbatim Photo, zählt zu den weltweit anerkanntesten Filmemachern und Fotoreportern und war früher Bildredakteur des *Sunday Times Magazine*. Er hat die Portfolios von Hunderten von Fotografen durchgesehen und war stets beeindruckt, wenn eine sorgfältige Auswahl nur die besten Arbeiten präsentierte. Er empfiehlt: „Wenn Sie ein Portfolio zusammenstellen, mit dem Sie sich vorstellen möchten, nehmen Sie nur die wirklich herausragenden Bilder – Fotos ohne ‚Wow-Faktor' oder die nicht ins Narrativ passen, lassen Sie weg!" Er findet es außerdem wichtig, dass die Persönlichkeit des Fotografen zum Betrachter durchdringt, und rät: „Wenn Sie ein Meeting mit potenziellen Kunden haben und Ihre Arbeiten zeigen, dürfen Sie nicht nur still dastehen und hoffen, dass Ihre Werke alle umhauen – das ist Ihre Chance zu glänzen! Zeigen Sie Ihre Leidenschaft!" Das wichtigste Element ist, so Sullivan, der Aufbau eines persönlichen Verhältnisses zum Kunden: „Beziehungen können ebenso wichtig sein wie Ihr Werk. Es gibt viele Leute, die versuchen, ihren Platz in der Branche zu finden. Um sich von ihnen abzuheben, brauchen Sie mehr als ein gutes Portfolio: Sie müssen zu jedem den Kontakt suchen, der in Erwägung ziehen könnte, Ihnen einen interessanten Auftrag zu erteilen."

Keine Mutmaßungen anstellen

Laura Noble

„Die Welt der Fotografie kann sehr klein sein, mit weitaus weniger als den berühmten sechs ‚Ecken', über die eine Person mit einer anderen verbunden ist. Wenn Sie mutmaßen müssen, gehen Sie davon aus, dass die Person, die Sie treffen, jemanden kennt, den Sie auch kennen oder gerne kennen würden, und verhalten Sie sich entsprechend. Die Leute haben ein besseres Gedächtnis als Sie vielleicht glauben, und wenn Sie einen schlechten ersten Eindruck hinterlassen haben, bleibt dieser haften und beeinflusst vielleicht auch andere, die mit dieser Person in Kontakt kommen. Es kostet Sie nichts, freundlich und offen aufzutreten und sich auf andere einzulassen. Gehen Sie davon aus, dass andere interessanter sind als Sie selbst, und halten Sie Ihr Ego in Schach. Auch die einflussreichste Person ist ein menschliches Wesen. Seien Sie höflich und lernen Sie von anderen. Jeder hat etwas zu geben, häufig gerade dann, wenn Sie es am wenigsten erwarten."

Laura Noble betont den hohen Stellenwert persönlicher Beziehungen und rät zu Höflichkeit und Respekt den Menschen gegenüber, mit denen man arbeiten möchte.

Werfen Sie den Ausschuss weg

Eric Bouvet *Geflüchtete in Somalia im Juli*, 1992

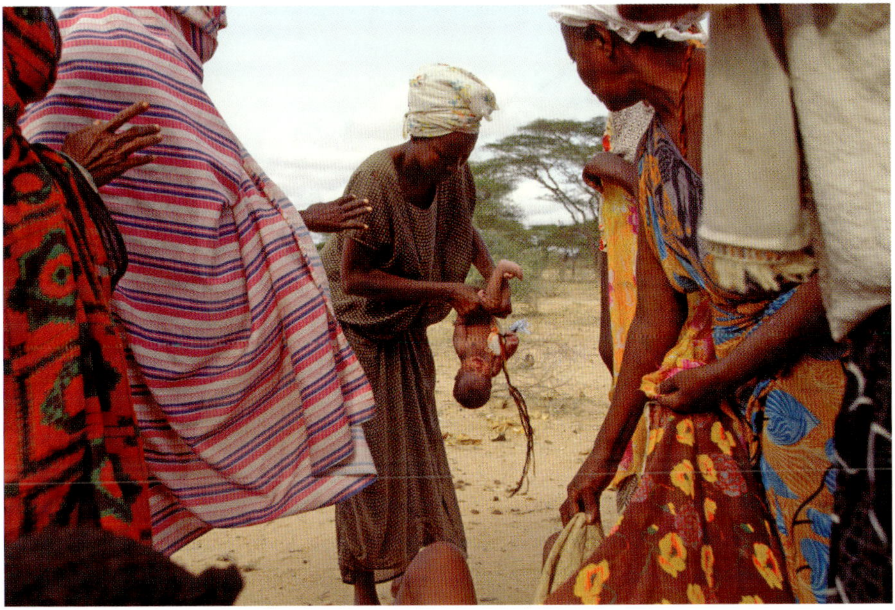

Manche Fotografen empfehlen, viele Bilder zu machen, mit der Begründung, man wisse nie, was man vielleicht verpasse und was später einmal wertvoll sein könnte. Fotoreporter Eric Bouvet hingegen ist ein großer Verfechter von *la poubelle*, Französisch für Abfallkorb. Er plädiert dafür, diszipliniert und selektiv zu fotografieren, und ermahnt Fotografen, so wenig Bilder wie möglich zu machen, damit „eine Aufnahme das Nirwana ist". Diese Regel wendet er auch auf die finale Bildauswahl an, und rät: „Bewahren Sie so wenig Bilder wie möglich auf und werfen Sie alles weg, was Sie nicht brauchen. Sie müssen streng und unnachgiebig mit sich sein." Seiner Meinung nach ist diese schonungslose Haltung eine nützliche Strategie, um sich selbst zu immer besseren Leistungen anzutreiben: „Wenn Sie die nicht so guten Bilder behalten, werden Sie immer ein nicht so guter Fotograf bleiben und nie das Beste von sich selbst fordern."

Machen Sie anderen Mut

Maggie Steber *Katie Stubblefield ist eine Patientin in Cleveland, wo ein Chirurgenteam mehrere Operationen durchführte, um ihr Gesicht für eine Transplantation vorzubereiten*, 2016

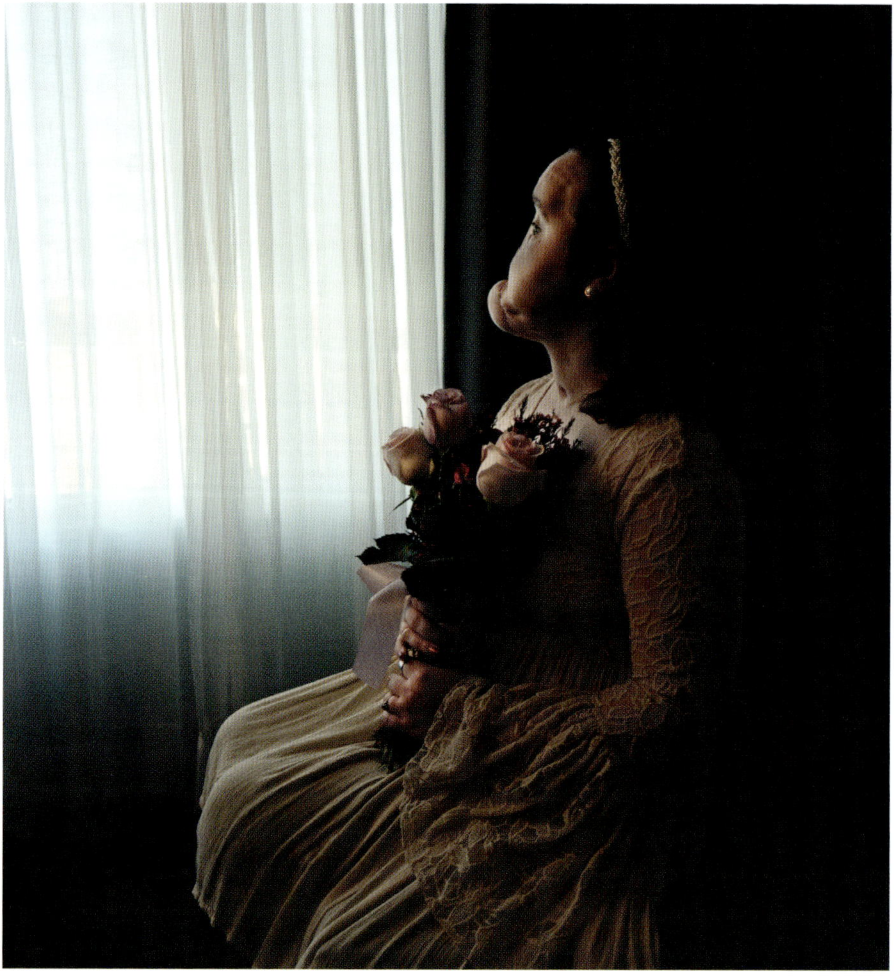

„Ich glaube, dass ich in diesem Business auch deswegen so lange überlebt habe, weil ich nett zu anderen Fotografen und Redakteuren war und ihnen Mut gemacht habe. Mir wurde schon vor langer Zeit klar, dass es gesünder und einfacher ist, großzügig gegenüber anderen Fotografen zu sein, statt mich als ihre Konkurrentin zu fühlen. Ich gratuliere Kollegen zu ihren Erfolgen und freue mich für sie. Das hat sich nicht nur für mich besser angefühlt, sondern mir auch geholfen, mich auf meine eigene Arbeit zu konzentrieren. Selbstsüchtige Menschen mit großem Ego halten in diesem Business nicht lange durch, irgendetwas frustriert sie immer. Das Ziel besteht schließlich auch darin, mit Würde und Respekt zu bestehen, und das gelingt mit Fantasie und Offenheit. Lassen Sie niemals zu, dass jemand Sie kleinmacht. Hören Sie Redakteuren zu, auch wenn Sie nicht ihrer Meinung sind. Hören Sie zu, erfassen Sie den Inhalt, wägen Sie ab, und dann entscheiden Sie."

Maggie Steber hilft in ihren inspirierenden Workshops Fotografen, Grenzen zu durchbrechen, die sie in ihrer Arbeit einschränken. Sie unterstreicht, wie wichtig es ist, der eigenen Community etwas zurückzugeben.

Keine Bilder löschen

Dirck Halstead *Monica Lewinsky umarmt Präsident Bill Clinton bei einem Fundraising der Demokraten*, 1996

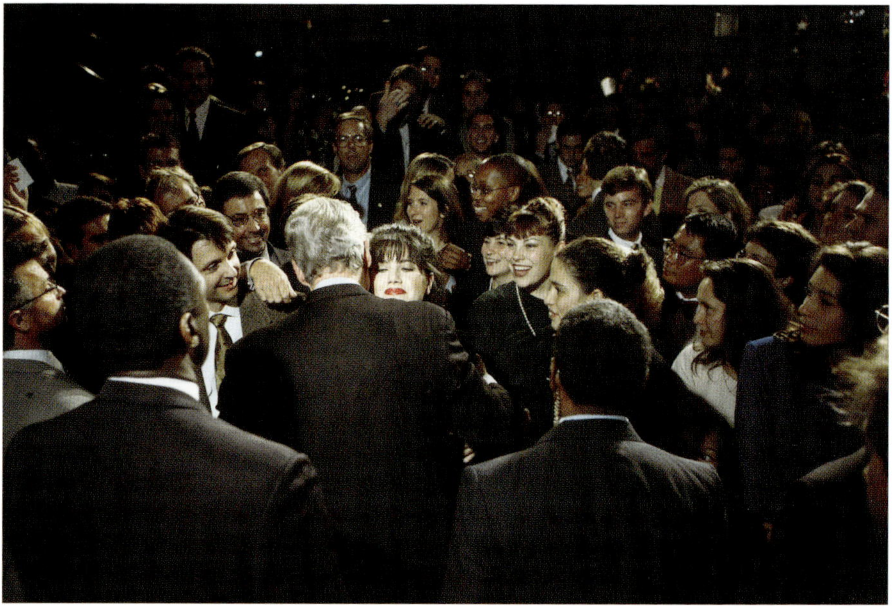

Angesichts immer größerer Kamerasensoren wird die Datenmenge, die Sie generieren, wenn Sie – wie an anderer Stelle empfohlen – im RAW-Format fotografieren, riesengroß. Dennoch sollten Sie der Versuchung widerstehen, Dateien zu löschen, vor allem in der Kamera (es sei denn, sie sind technisch unbrauchbar), denn Sie wissen nie, ob ein scheinbar unwichtiges Bild eines Tages relevant sein wird. Dirck Halstead kann ein Lied davon singen: Er fand in seinem Archiv ein Foto, auf dem Monica Lewinsky Bill Clinton umarmt, aufgenommen ein Jahr bevor der Skandal über ihr Verhältnis die Medien beschäftigte. Als die Story groß rauskam, war Halstead sicher, dass er ihr Gesicht schon einmal gesehen hatte. Er engagierte jemanden, der nach dem Durchforsten von vielen Tausend Dias ein Bild aus dem Wahlkampf 1996 entdeckte. *Time* veröffentlichte das Foto exklusiv auf der Titelseite. Andere Fotoagenturen wurden in ihren digitalen Archiven nicht fündig – sie hatten ähnliche Bilder wohl gelöscht.

Brian Griffins Regeln

Brian Griffin *Margaret Thatcher in 10 Downing Street*, 1986

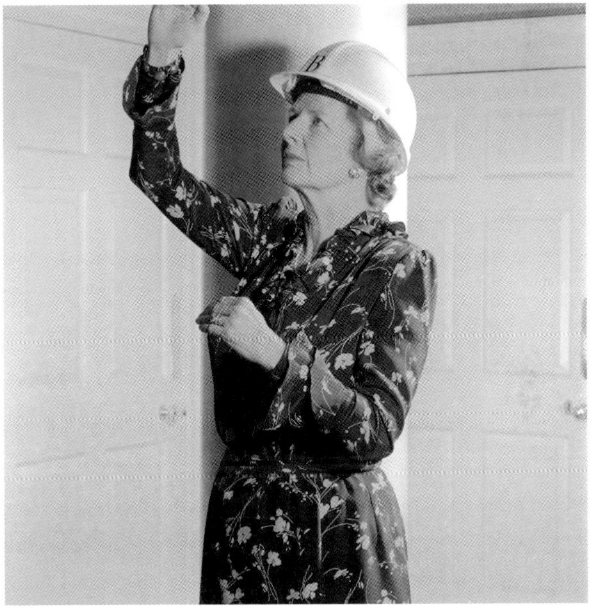

Zähne

Weil die Porträtfotografie eine große Nähe zum Modell erfordert, gilt es, für ein breites Lächeln und saubere, weiße Vorderzähne zu sorgen. Wenn die porträtierte Person Ihr Lächeln hinter der Kamera sehen kann, um so besser.

Toilette

Ich habe im Laufe der Jahre herausgefunden, dass der Drang, die Toilette aufzusuchen, eine Fotosession positiv beeinflussen kann. Viele meiner besten Fotos entstanden, während ich diesen Gang zur Toilette hinauszögerte.

Brian Griffins Werk ist von einem surrealen, satirischen Humor durchdrungen, den er effektvoll in Porträts einsetzt, um Wirtschaft und Politik zu untergraben. Seine „Regeln" sind dementsprechend nicht ganz ernst gemeint.

Die vier Cs der Bildunterschrift

Neil Turner und Andrew Wiard Die Beatles während der Filmaufnahmen zu *A Hard Day's Night* (Rückseite des Abzugs), 1964 (fotografiert von David Hurn)

Neil und Andrew stellten für die British Press Photographers Association (BPPA) vier Regeln auf, deren Befolgung sicherstellt, dass ein Bild alle Metadaten zum Schutz des Urheberrechts enthält. Diese „vier Cs" sollten auf jeden Fall in Ihren IPTC-Daten enthalten sein!

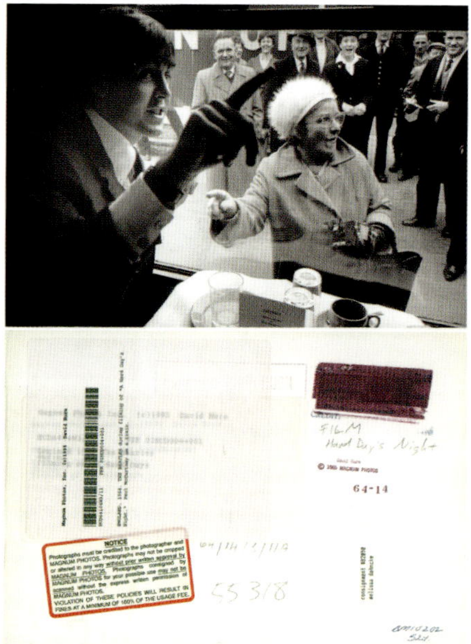

1 **Creator/Fotograf**
   Wenn Sie sich nicht zu erkennen geben, kann Sie auch niemand kontaktieren, um Ihre Erlaubnis zur Veröffentlichung einzuholen und dafür zu bezahlen.
2 **Caption/Bildbeschreibung**
   Wer hat wann wo was fotografiert und warum – ohne diese Informationen ist ein Bild für publizistische bzw. editorische Zwecke nutzlos. Diese fünf W's sind das absolute Minimum.
3 **Copyright/Urheberrecht**
   Sie sind der Inhaber Ihres geistigen Eigentums. Nach dem Symbol © und/oder dem Wort „Copyright" kommt Ihr Name und das Jahr der Erstveröffentlichung. Fehlen diese Angaben, mindert das nicht Ihre Rechte, erschwert aber ihre Durchsetzung.
4 **Contact/Kontaktdaten**
   Damit man Sie finden kann, braucht man zumindest Ihre Telefonnummer mit internationaler Vorwahl und eine gültige E-Mail-Adresse. Außerdem zu empfehlen: eine URL samt Erklärung zum Urheberrecht.

Nun fehlt nur noch der Buchstabe „i": **immer**. Jedes Bild, das Sie einem Kunden liefern, ins Internet stellen oder anders verfügbar machen, muss die vier genannten Metadaten in einer Form enthalten, auf die jeder zugreifen kann, der Ihr Werk verwenden möchte.

Gemeinschaft macht stark

Fiona Rogers Magnum-Fotografen beim Jahrestreffen, 1988 (fotografiert von Elliott Erwitt)

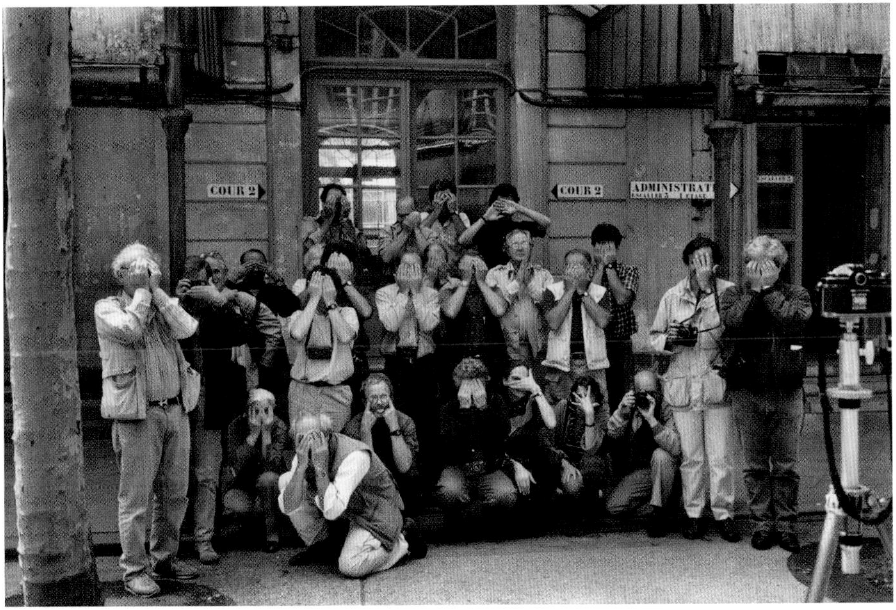

Fiona Rogers, leitende Geschäftsführerin der Fotoagentur Magnum, empfiehlt aufstrebenden Fotografen einen genossenschaftlichen Ansatz: Sie sollen sich mit Freunden zusammentun und kreative Bündnissse schmieden, um einander zu unterstützen, denn: Gemeinschaft macht stark. Rogers berichtet: „Nach ihrem Abschluss machen viele junge Fotografen das Gleiche: Sie versuchen, sich ein Netzwerk aufzubauen und den Einstieg in verschiedene Branchen zu finden." Auf sich allein gestellt, ist das schwierig, insbesondere, wenn die Unterstützung durch Universität oder Akademie wegfällt. Gemeinsam mit Kollegen eine kleine Agentur aufzubauen, ist „eine kluge Strategie, um an Sichtbarkeit zu gewinnen, Projekte gemeinsam zu finanzieren und Kontakte zu knüpfen". Mit wohlwollenden Gleichgesinnten, die als „kritische Freunde" fungieren, in einem sicheren Umfeld Ideen auszutauschen, ist die ideale Basis für die Verwirklichung Ihrer Projekte.

Spielwiese Instagram

Ed Kashi *Rodeo, Colorado*, 2012

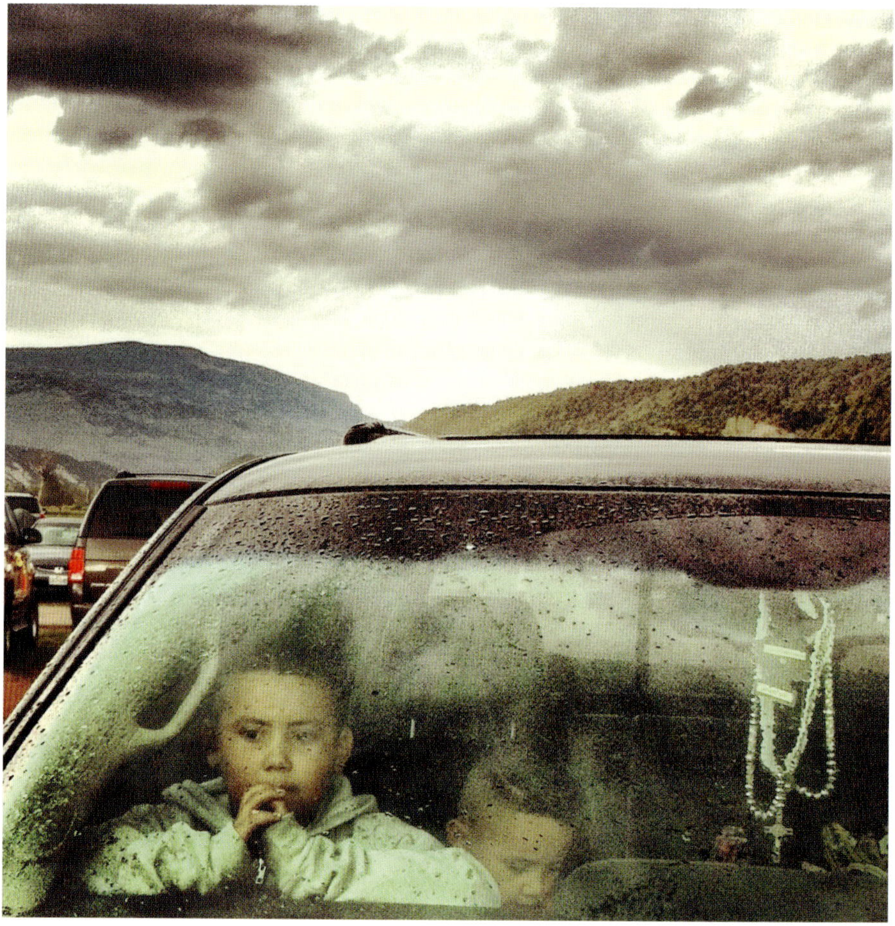

„Durch die eindeutige Urheberschaft und die volle Kontrolle über mein Werk ist Instagram für mich heute der einzige Kanal, über den ich ohne Filter oder Regulierung von außen Fotos veröffentlichen und ein wachsendes Publikum erreichen kann."

Ed Kashi von der Fotoagentur VII nutzt Instagram als alternative Plattform, um seine Fotos und Storys zu veröffentlichen und sein Publikum ohne den Umweg über die traditionellen Medien direkt zu erreichen. Er betrachtet es als „besonderen Raum für visuelle Künstler und Geschichtenerzähler, einen Ort, an dem ich auf nie dagewesene Weise mit Metaphorik und Symbolik spielen kann. Ich kann mit Doppelbelichtung herumexperimentieren und Nachbearbeitungs- bzw. Dunkelkammer-Tools einsetzen, die ich für meine Arbeiten mit 35mm-Objektiv nie benutzen würde, und unverfälschte Alltagsmomente einfangen." Für ihn bietet Instagram jedoch nicht nur die Möglichkeit sich spielerisch auszudrücken, sondern es ist auch eine mächtige Plattform, um eigene Interessen zu vertreten. Für Kashi steht die Tatsache im Vordergrund, dass er allein darüber entscheidet, was er dort veröffentlicht: „Durch die eindeutige Urheberschaft und die volle Kontrolle über mein Werk ist Instagram für mich heute der einzige Kanal, über den ich ohne Filter oder Regulierung von außen Fotos veröffentlichen und ein wachsendes Publikum erreichen kann. Einen solchen Ort gibt es derzeit nirgendwo sonst im Bereich Fotografie."

Die Auswahl bestimmt das Narrativ

Taha Ahmad

„Beim narrativen Storytelling ist die richtige Zusammenstellung das A und O. Der Fotograf muss aus Tausenden von Fotos auswählen, die er im Laufe mehrerer Jahre geschossen hat, um eine stimmige und wirkungsvolle Sequenz zusammenzustellen. Auch wenn die Aufbereitung der Bilder ganz davon abhängt, was wie erzählt werden soll, gibt es einige Dinge, die grundsätzlich zu beachten sind: kohärente Bilder mit ähnlicher Erzählweise, das Aussortieren von sich wiederholenden Bildern oder solchen, die das gleiche Ereignis abbilden, Rhythmus und Gefühle, ähnliche Farbwerte, Intuition etc. Die ausgewählten Fotos sollten stets mit korrekten Bildtexten versehen sein. Eine gute Zusammenstellung entsteht nicht über Nacht, sondern braucht Zeit. Der Prozess erfordert einen gleichbleibenden Gemütszustand, in dem der Fotograf die Story immer wieder überarbeitet und Elemente hinzufügt, wie bei einem Puzzle."

Der in Delhi ansässige Dokumentarfotograf Taha Ahmad arbeitet an Themen im Zusammenhang mit der traumatischen Vergangenheit und der Bedrohung der Kultur durch religiöse Konflikte, soziale Ungleichheit, Politik und zeitlichen Wandel. Das Auswählen der Bilder hält er für elementar für jedes fotografische Projekt.

Die Redaktion auf dem Laufenden halten

Sarah Rumens Schüler der John Hampden School arbeiten im Klassenzimmer an ihrem Zeitungsprojekt, High Wycombe, Buckinghamshire, 24. Mai 1967 (fotografiert von Michael Stroud)

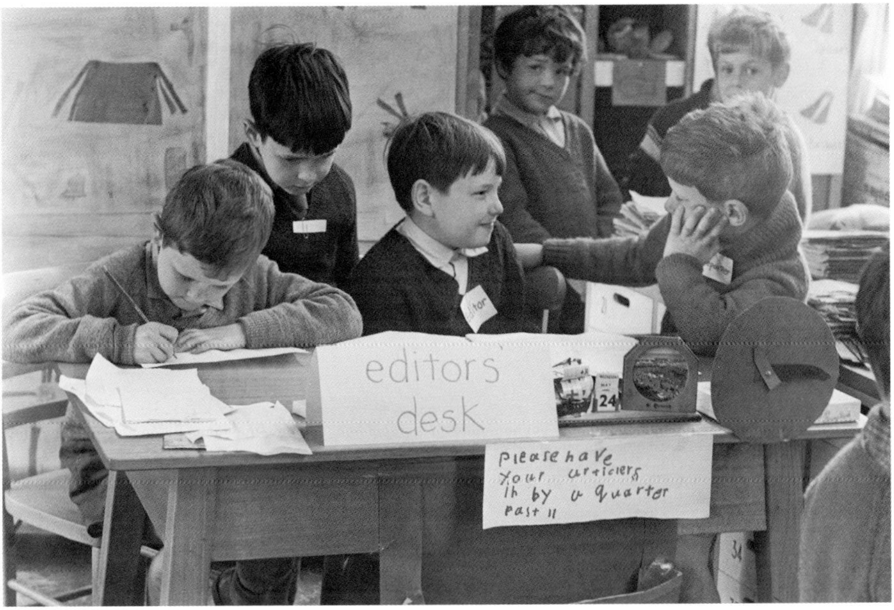

Sarah Rumens ist Bildredakteurin der britischen Tageszeitung *The Times*. Sie rät, unbedingt mit dem Redakteur, der den Auftrag vergeben hat, in engem Kontakt zu bleiben, und stellt klar: „Ich kann Überraschungen nicht leiden. Wenn wir vorab das Konzept und den Ablauf des Auftrags besprochen haben und es dann, wenn der Tag gekommen ist, nicht so läuft, wie wir es zuvor vereinbart hatten, rufen Sie mich bitte an! Immer!" Bei Auftragsarbeiten im Bereich Fotografie ist häufig Problemlösung gefragt, denn nicht immer entwickelt sich eine Geschichte so wie geplant. Wenn Sie Ihren Redakteur auf dem Laufenden halten und darüber informieren, wenn etwas schiefgeht, können Sie gemeinsam nach einem Ausweg suchen. Scheuen Sie sich nicht, um Hilfe zu bitten, wenn die Dinge anders laufen als erwartet. Redakteure bringen Ihnen mehr Vertrauen entgegen, wenn Sie ehrlich zu ihnen sind.

Die goldenen Regeln des Eigenverlags

Graeme Oxby *The Kings of England*, 2018

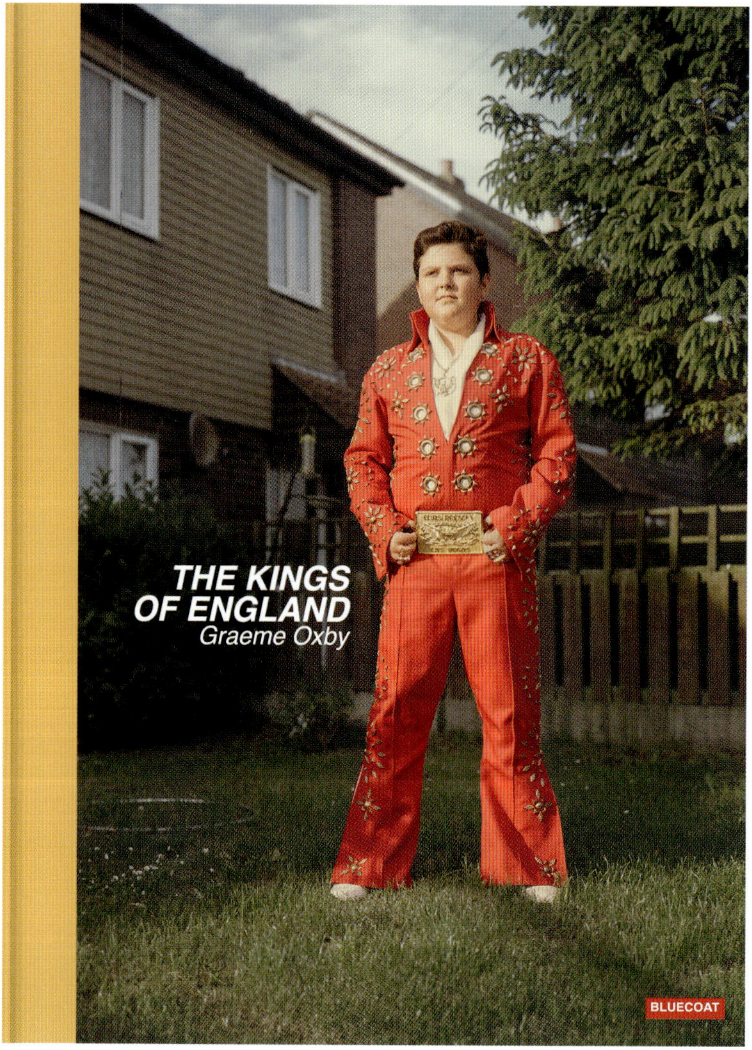

Graeme Oxbys Fünfjahresprojekt über Elvis-Darsteller mit dem Titel *The Kings of England* erschien bei Bluecoat Press. Hier listet er auf, was es zu beachten gilt, wenn man im Eigenverlag veröffentlichen will.

1. Arbeiten Sie so viel wie möglich mit anderen zusammen. Im Idealfall finden Sie einen Verleger, der Erfahrung mit dem Crowdfunding von Fotobüchern hat.
2. Bereiten Sie sich gut vor. Crowdfunding ist viel Arbeit. Der vielleicht wichtigste Teil der Vorbereitung ist der Auf- und Ausbau Ihrer Netzwerke, sowohl online als auch in der echten Welt.
3. Drehen Sie ein Video, das Sie und Ihr Projekt verständlich vorstellt. Es darf technisch einfach sein, aber mit sehr guter Bild- und Tonqualität. Fassen Sie sich kurz, zwei Minuten reichen aus.
4. Stellen Sie eine große Bandbreite an Prämien zur Verfügung, mit denen Sie das Interesse potenzieller Geldgeber für Ihr Projekt wecken. Neben dem Buch können Sie Fotodrucke und andere bedruckte Gegenstände anbieten oder auch Workshops, aber erfahrungsgemäß sind aussagekräftige Bilder aus dem Projekt am beliebtesten.
5. Zum Start Ihres Projekts lancieren Sie etwas Werbung, aber achten Sie darauf, den Bogen nicht zu überspannen. Wenn Ihr Buch in Druck geht, sollte jeder schon davon gehört haben.
6. Bewerben Sie Ihr Buch, sobald es gedruckt ist – die erste Schlacht haben Sie gewonnen, aber das ist nur der Anfang. Wirklich hart wird es, wenn das Buch die Druckerei verlässt. Ein Erfolg kommt selten allein.
7. Geben Sie niemals auf! Glauben Sie an sich und Ihr Projekt. Tun Sie, was nötig ist, um es zu realisieren. Harte Arbeit und kluge Entscheidungen zahlen sich aus. Das eigene Buch zum ersten Mal in den Händen zu halten, ist ein einmaliges Gefühl, nutzt sich aber schnell ab. Dann ist es Zeit für das nächste Buchprojekt.

Zeit und Raum für die Auswahl der Bilder

Anna Fox

„Im Idealfall lasse ich zwischen dem Fotografieren und der Entscheidung, welche Bilder ich nehme, Zeit vergehen, damit ich Abstand gewinne von dem Augenblick, in dem das Bild gemacht wurde."

Die britische Dokumentarfotografin Anna Fox betont, wie wichtig es ist, sich für die Auswahl der Bilder genügend Zeit zu nehmen und sich ganz auf diesen Prozess einzulassen, denn hierbei „entsteht ein Großteil der Bedeutung". Sie empfiehlt einen zeitlichen Abstand zwischen dem schöpferischen Akt des Fotografierens und der Auswahl der Bilder. „Im Idealfall lasse ich zwischen dem Fotografieren und der Entscheidung, welche Bilder ich nehme, Zeit vergehen, damit ich Abstand gewinne von dem Augenblick, in dem das Foto gemacht wurde. Ich muss es in erster Linie als Bild erkennen können; das Gefühl, dass ich an seiner Entstehung beteiligt war, darf nicht mehr im Vordergrund stehen." Allzu oft wählen Fotografen ein Bild aus, weil es besonders schwierig zu machen oder das Motiv schwer zugänglich war. Durch den zeitlichen Abstand können Sie Ihr Werk objektiver betrachten und erkennen, wie gut ein Bild tatsächlich ist.

Datensicherung

Paul Lowe Computerfestplatten, Elektroschrott, gesammelt, 2014 (fotografiert von Manfred Rutz)

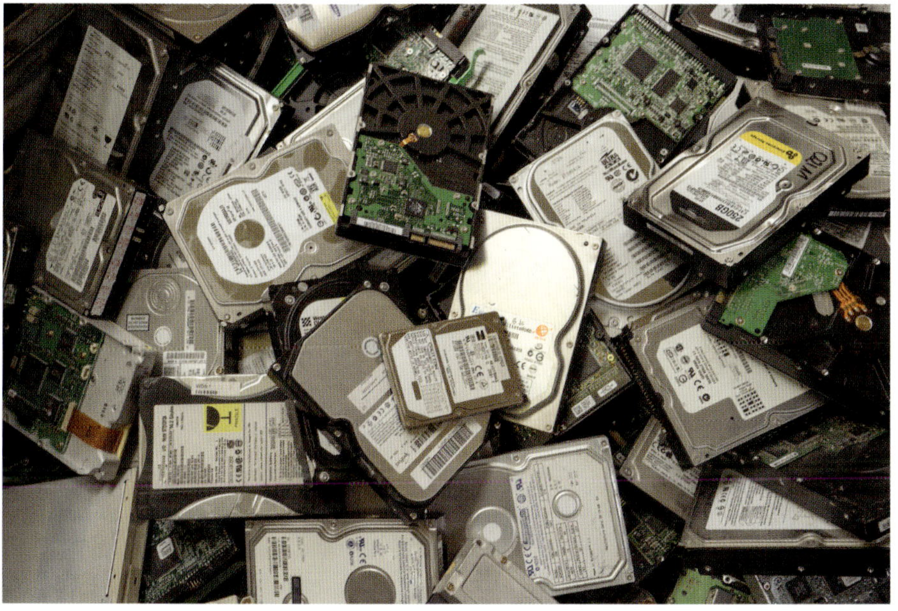

Nur wenn Sie Ihre Bilddateien sicher, geordnet und übersichtlich speichern, können Sie auch in fünf, zehn oder hundert Jahren noch verlässlich auf sie zugreifen. Festplatten gehen irgendwann kaputt, Software ist früher oder später veraltet. Ohne gut organisierte, zuverlässige Datensicherung geht es nicht. Die 3-2-1-Backup-Regel ist ein guter Anfang:

3 Jeweils **drei** Datenkopien
2 auf **zwei** verschiedenen Speichermedien
1 und mindestens **ein** externes Backup (externe Festplatten, Cloud oder DVDs, am besten eine Kombination von allen).

Integrieren Sie die Datensicherung in Ihren Workflow, sodass Ihre wertvollen Dateien automatisch an verschiedenen sicheren Orten gespeichert werden – einem, auf den Sie schnell zugreifen können, und mindestens einem weiteren, externen. Prüfen Sie regelmäßig, ob Ihr Sicherungssystem mit Ihrem aktuellen Computer kompatibel ist.

Arbeiten Sie ohne Deadline

Diána Markosian *Ankunft in Amerika*, aus der Serie *Santa Barbara*, 2018

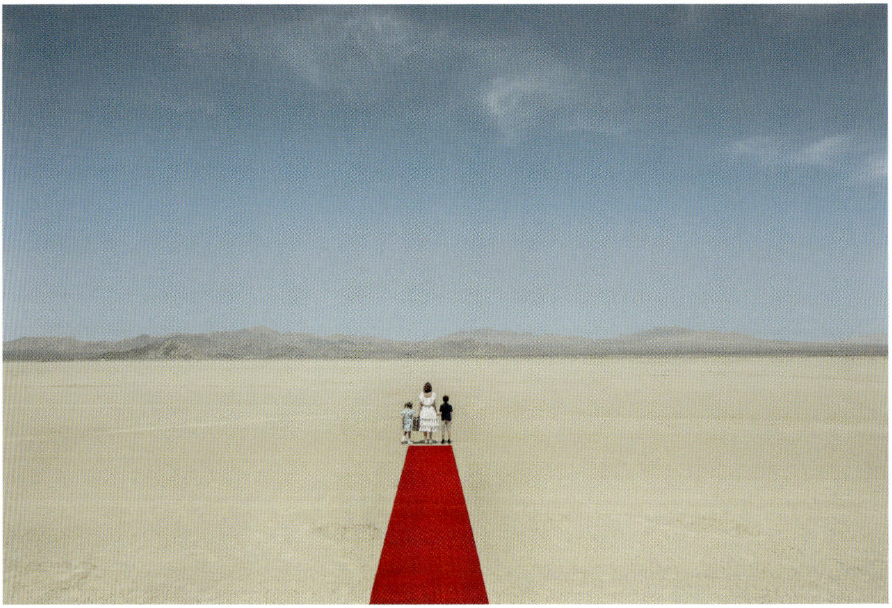

Die armenisch-amerikanische Künstlerin Diána Markosian untersucht die Beziehung zwischen Erinnerung und Ort. In ihrem sehr persönlichen Werk *Inventing My Father* ergründet sie ihre Beziehung zu einem Mann, den sie kaum kannte. Um Werke mit Bedeutung zu erschaffen, ist es für sie essenziell, die Zeit, die sie mit einem Thema verbringt, von dem Druck durch Deadlines und Auftragsarbeiten freizuhalten. „Der Druck, kreativ zu sein, ist so groß! Der Druck, die nächste Sache umzusetzen. Das interessiert mich wirklich nicht. Ich glaube, Kunst muss von innen kommen – und das ist etwas, das man nicht auf Befehl erzeugen kann." Markosian ist überzeugt, dass man sich einem Thema ganz hingeben muss. Dies könne man jedoch nicht erzwingen: „Auch wenn Sie nur eine Sache im Leben verwirklichen – vielleicht ist das genug. Sie sind schließlich kein Fließband."

In der Jugend flexibel, im Alter stur

Shoair Mavlian

„Seien Sie kompromissbereit, wenn Sie jung sind, damit Ihre Werke gezeigt werden. Wenn Sie dann ein gewisses Alter erreicht haben, können Sie stur und prinzipienstreng sein."

Shoair Mavlian leitet die Organisation Photoworks, eine seit 25 Jahren bestehende unabhängige Plattform für zeitgenössische Fotografie, deren Programm neben Ausstellungen auch die Vergabe von Aufträgen, Veröffentlichungen, Bildungsangebote und öffentliche Großveranstaltungen umfasst. Sie hat viele große Ausstellungen etablierter Fotografen kuratiert, arbeitet aber auch mit aufstrebenden Talenten zusammen, die noch am Beginn ihrer Karriere stehen. Ihr Rat, um langfristig in der Branche zu bestehen, lautet: „Seien Sie kompromissbereit, wenn Sie jung sind, damit Ihre Werke gezeigt werden. Wenn Sie dann ein gewisses Alter erreicht haben, können Sie stur und prinzipienstreng sein." Versuchen Sie, am Anfang Ihrer Laufbahn so flexibel wie möglich zu sein, denn in dieser Phase müssen Sie jede Gelegenheit nutzen, die sich Ihnen bietet. Es lohnt sich, die eigenen Anschauungen zu einem gewissen Grad an das Vorstellungsvermögen der anderen anzupassen. Später, wenn Sie sich etabliert und einen eigenen Stil entwickelt haben, können Sie strenger darauf schauen, wie Sie und Ihr Werk dargestellt und präsentiert werden.

Nutzen Sie jede Gelegenheit

Briony Campbell

Briony Campbell ist für ihre einfühlsamen Fotografien und Filme bekannt, in denen sie intime Momente im Leben der Menschen dokumentiert. Zum beruflichen Vorankommen rät sie:

Nutzen Sie jede Gelegenheit, solange dadurch mindestens eines der folgenden Kriterien erfüllt wird …

1 Ihr Portfolio wird besser,
2 Sie lernen etwas dazu,
3 Sie verdienen daran,
4 es ist für einen guten Zweck,
5 es macht Spaß,

… und folgende Nebenwirkungen ausgeschlossen sind:

1 Verstoß gegen Ihre moralisch-ethischen Grundsätze,
2 Selbstausbeutung auf finanzieller Ebene (das heißt nicht, dass Sie nicht ohne Gage arbeiten dürfen),
3 Selbstausbeutung auf persönlicher Ebene.

Wissen, was man aussagen will

Martin Parr *Bedminster, British Food*, 1995

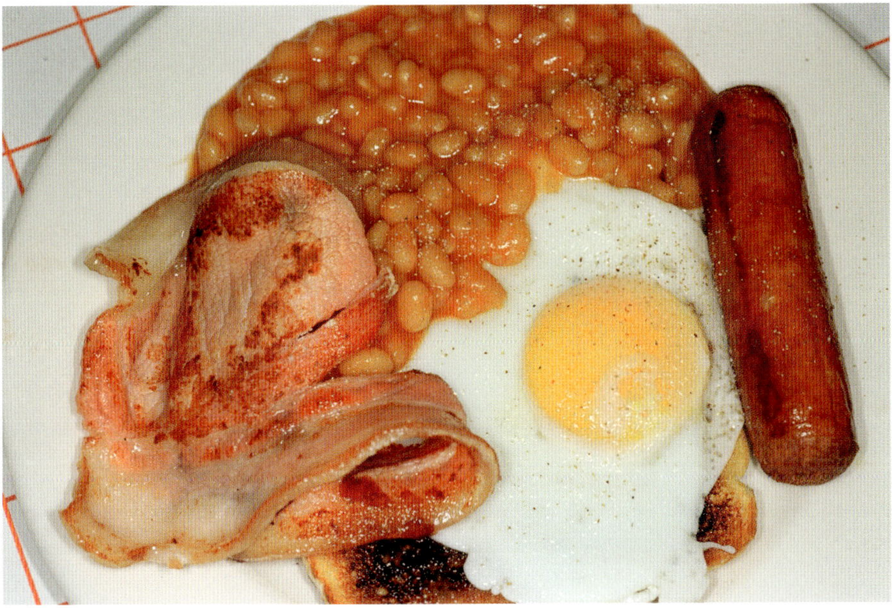

Mit seiner Stiftung zählt Martin Parr zu den großen Förderern neuer Talente in der britischen Dokumentarfotografie. Basierend auf seiner Erfahrung im Begutachten der Werke von Tausenden von Fotografen, steht für ihn fest, dass es bei einem Projekt vor allem darauf ankommt, dass es eine klar erkennbare, verständliche Aussage hat.

„Den meisten Arbeiten, die wir zu sehen bekommen, fehlt der rote Faden, weil die Fotografen selbst nicht wissen, worum es ihnen geht. Das kann man ihnen aber zu einem gewissen Grad vermitteln, man kann sie dabei unterstützen, sich darüber klar zu werden, was sie aussagen möchten. Viele machen den großen Fehler, zu viel sagen zu wollen. Sie wollen mit einem Projekt die ganze Welt verändern und merken nicht, dass es viel wirkungsvoller ist, ein kleines Thema gut und sinngebend zu bearbeiten, als zu versuchen, zu viele Aspekte auf einmal abzudecken. Wenn man das, was man tut, nicht in einem Satz erklären kann, sollte man es lieber lassen."

Verhalten Sie sich anständig

Stuart Freedman *Psychisch Kranker in einer geschlossenen Station, Delhi*, 2010

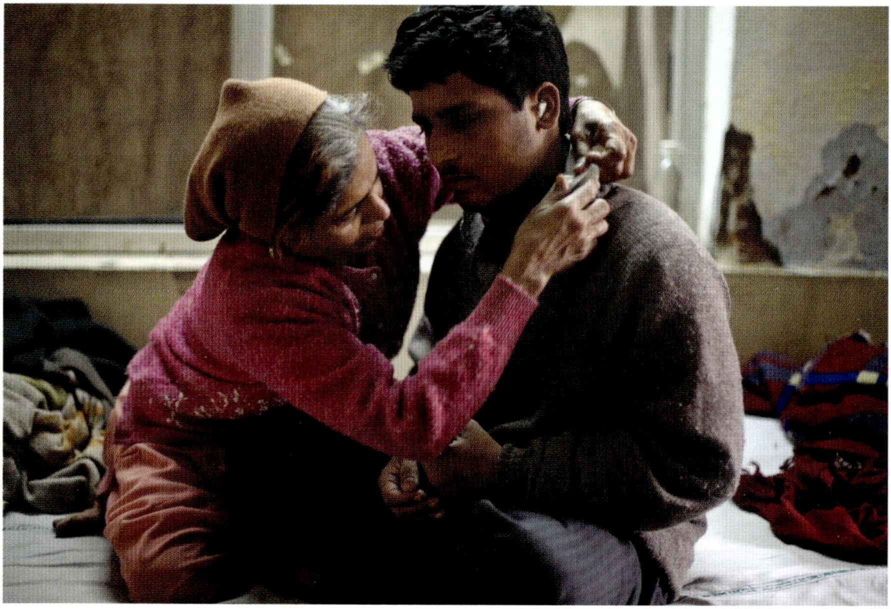

Für den britischen Fotoreporter Stuart Freedman hat der respektvolle Umgang mit den porträtierten Menschen oberste Priorität. Er kritisiert, dass „viele Fotografen, vor allem diejenigen, die in sensiblen Bereichen arbeiten, davon ausgehen, sie hätten ein gottgegebenes Recht, in das Leben anderer Menschen einzudringen." Er hingegen ist sich sicher: „Wer auch in heiklen Situationen respektvoll und höflich ist, erzielt oft bessere Ergebnisse." Ein ehrlicher und ethisch vertretbarer Umgang mit anderen ist auch deswegen so wichtig, weil „wir oft in die Fußstapfen anderer treten; das erleichtert allen das Leben". Das gilt insbesondere für die Mittelsmänner, die vor Ort für den Fotografen arbeiten. Stuart ist sich dessen bewusst, dass sie „dort leben, wo ich arbeite, und die Folgen meines Handelns ertragen müssen, wenn ich längst weg bin". Daher lautet sein Rat: „Sorgen Sie dafür, dass es ihnen gut geht, dass sie vor Ihnen essen und trinken. Bezahlen Sie sie gut und schließen Sie Freundschaft mit ihnen."

Die „Regeln“ der partizipativen Fotografie

Tiffany Fairey

Tiffany Fairey ist eine der Mitbegründerinnen von PhotoVoice, einer gemeinnützigen Organisation zur Förderung partizipativer Fotoprojekte mit dem Ziel, marginalisierte Gruppen zu ermutigen, ihre eigene Geschichte selbstbestimmt zu erzählen. Zwar folgt dieser Ansatz keinen festen Regeln, aber wer partizipativ arbeiten will, kann sich an folgenden Leitlinien orientieren:

1 **Erwarten Sie nicht,** a) dass Menschen mitmachen wollen; b) dass das Projekt der Gruppe, mit der Sie arbeiten, etwas bedeutet; c) dass die Motive, die Sie für interessant halten, diejenigen sind, die auch die Teilnehmer interessieren oder die sie besprechen wollen; d) dass die Teilnehmer verstehen, was es bedeutet, dass ihre Fotografien weltweit gesehen werden können.

2 **Hören Sie aufmerksam zu,** was die Menschen über ihr Leben erzählen und was sie mit ihrem fotografischen Werk sagen und machen wollen. Es ist nicht Ihre Aufgabe, anderen Ihr Denken aufzudrängen, sondern sie zu fördern.

3 **Sorgen Sie für** genügend Zeit und Raum, damit das Projekt sich in der ihm eigenen Geschwindigkeit entwickeln kann. Sorgen Sie sich nicht nur um die Qualität der Bilder, sondern auch um die des gesamten Prozesses.

4 **Achten Sie auf** die Einhaltung ethischer Prinzipien, die Wahrung Ihrer eigenen Position und die Machtverteilung innerhalb des Projekts.

5 **Haben Sie Spaß!** Bei partizipativen Fotoprojekten geht es darum, mit anderen in Verbindung und in einen Dialog zu treten. Das funktioniert nur, wenn sich alle wohl und sicher fühlen.

6 **Bauen Sie ein Netzwerk auf,** das die Teilnehmer unterstützt, ihr fotografisches Können zu entwickeln, und das Ihnen hilft, die beim Projekt auftretenden Probleme zu lösen.

Ehrlich und authentisch

W. Eugene Smith *Dr. Albert Schweitzer in seinem afrikanischen Krankenhaus*, 1954

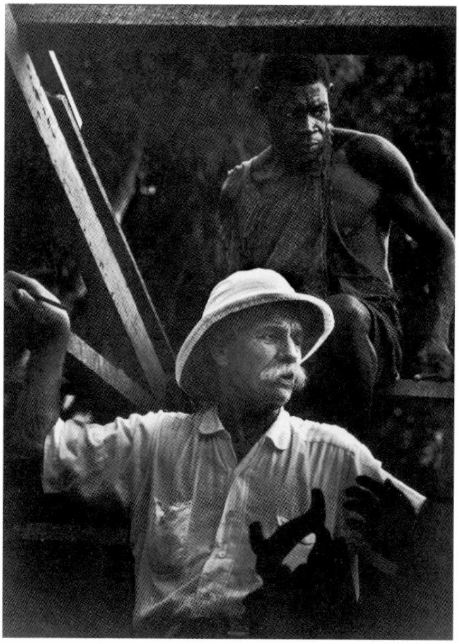

„Ein journalistisch tätiger Fotograf kann gar nicht anders, als einen persönlichen, subjektiven Ansatz zu verfolgen, vollständige Objektivität ist ihm nicht möglich. Ehrlich – ja; objektiv – nein."

W. Eugene Smith war Fotoreporter mit Leib und Seele. Für ihn stand der authentische und ehrliche Umgang mit den Kernthemen der Story, die er erzählen wollte, an erster Stelle. Er wünschte sich „die Wahrheit als Vorurteil". Das hieß für ihn aber nicht, über unmoralisches Verhalten hinwegzusehen, ganz im Gegenteil: „Ein journalistisch tätiger Fotograf kann gar nicht anders, als einen persönlichen Ansatz zu verfolgen, vollständige Objektivität ist ihm nicht möglich. Ehrlich – ja; objektiv – nein." Er betonte: „Bis zu dem Moment, in dem der Fotograf auf den Auslöser drückt, ist seine Vorgehensweise ohne Zweifel völlig subjektiv. Durch die Wahl eines bestimmten technischen Ansatzes, die Themenwahl und die Entscheidung, in welchem Augenblick er seinen Film belichtet, vermischt er die Variablen der Interpretation zu einem emotionalen Ganzen." Es ist wichtig, dass Sie Ihre eigene Subjektivität anerkennen, aber trotzdem ehrlich und authentisch und Ihrer moralischen Haltung treu bleiben.

Ein Portfolio für eine Werbeagentur muss kreativ sein

John Wyatt-Clarke

„Ich werde ganz mutlos, wenn ein Fotograf sein Portfolio vorlegt und sagt, er habe für diese Zusammenstellung die Bilder ausgewählt, die er für die kommerziellsten hält."

John Wyatt-Clarke, einer der führenden Fotografen-Agenten, erzählt von den enttäuschenden Momenten, wenn Fotografen ihm ihre Arbeiten zeigen: „Ich werde ganz mutlos, wenn ein Fotograf sein Portfolio vorlegt und sagt, er habe für diese Zusammenstellung die Bilder ausgewählt, die er für die kommerziellsten hält." Er glaubt, die meisten Fotografen hätten eine falsche Vorstellung von Werbefotografie: „Vor vielleicht 20 Jahren herrschte da wenig Vielfalt, aber in diesem Jahrhundert fällt mir kein visueller Stil ein, der tabu gewesen wäre." Die Mitarbeiter in den Kreativ-Abteilungen der Werbeagenturen hält Wyatt-Clarke für visuell überaus versiert und betont: „Deren Ausgangsmaterial ist Ihre Individualität. Beleidigen Sie sie nicht mit mittelmäßigen Arbeiten, die wie Werbefotos von jemand anderem ausssehen." Was Agenturen suchen, ist Ihr persönlicher Stil, Ihre Ästhetik, und sie sind sehr gut darin, dies gewinnbringend in die Welt der Werbung zu übertragen.

Spot of Beauty

Maria Teresa Salvati

„Eine goldene Regel, die heute wichtiger ist als je zuvor, lautet: Finde deinen ureigenen Blickwinkel, deine „eigene Schönheit", und positioniere dein Werk klar und deutlich. Gleichzeitig muss man als Fotograf und Urheber hinsichtlich seiner Moral, Prinzipien und Werte das Vertrauen der Menschen gewinnen – entweder durch den Umgang mit den porträtierten Personen oder die Art und Weise, wie die Geschichte kontextualisiert und letztlich konsumiert wird. Da Fotografie immer populärer wird, muss man sich von der Masse abheben und über geeignete Kanäle (insbesondere Instagram) kommunizieren, wenn man in einem der zahlreichen Bereiche der zeitgenössischen Fotografie Fuß fassen will."

Maria Teresa Salvati berät Menschen beim Aufbau einer starken Personenmarke, unterrichtet und ist Chefredakteurin und Gründerin der Online-Plattform Slideluck Editorial. Für die Zeitschrift *C41* schreibt sie eine monatliche Kolumne mit dem Titel „My Spot of Beauty", in der sie etablierte Fotografen und Newcomer vorstellt.

Kein Körperkontakt mit dem Modell

Paul Lowe Richard Avedon fotografiert Jean Shrimpton, 1965 (Hulton Archive)

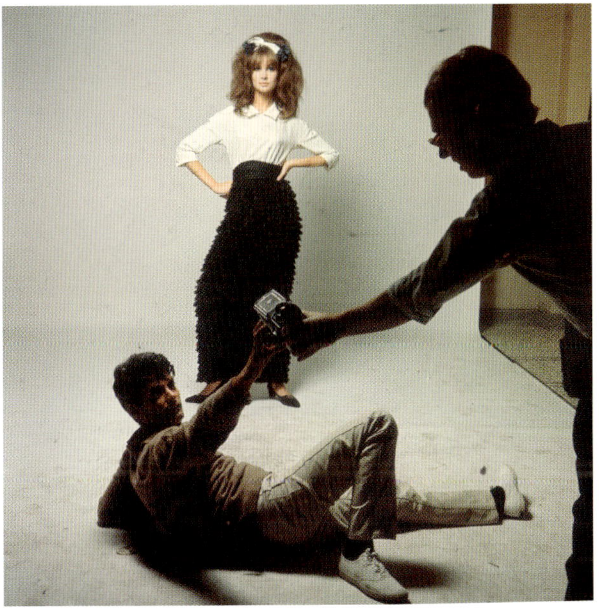

Wenn Sie Porträtaufnahmen machen oder mit einem Modell an Mode- oder Werbefotos arbeiten, gilt generell: Vermeiden Sie jeglichen Körperkontakt. Wenn Sie möchten, dass das Modell eine bestimmte Bewegung macht oder eine Position hält, geben Sie klare verbale Anweisungen, machen Sie Handzeichen oder demonstrieren Sie die gewünschte Pose oder Bewegung selbst. Das Modell direkt zu berühren, ist inakzeptabel, es sei denn, Sie fragen vorher, und selbst dann sollten Sie den physischen Kontakt auf ein Minimum beschränken. Sie können vielleicht eine Haarlocke wegschieben oder die Schulterposition ein wenig korrigieren, aber eigentlich ist es immer besser, wenn der Stylist oder Ihr Assistent das für Sie übernimmt.

Warum – was – wie

Dewi Lewis

„Habe ich wirklich etwas zu sagen? Ist irgendetwas an meinem Projekt neu und einzigartig? Wenn ja: Besteht die Möglichkeit, eine stimmige Bildfolge zusammenzustellen, deren Synergie den Aussagegehalt der einzelnen Fotos übersteigt?"

Dewi Lewis, ein erfolgreicher unabhängiger Verleger von Fotobüchern, stellt seine potenziellen Autoren immer auf die Probe, indem er sie ganz direkt fragt: „Warum wollen Sie ein Buch? Ist es der beste Weg, um Ihre Sache voranzubringen?" Fotografen, die mit dem Gedanken spielen, es mit einer Veröffentlichung zu versuchen, rät er, sich selbst unbequeme Fragen zu stellen, zum Beispiel: „Habe ich wirklich etwas zu sagen? Ist irgendetwas an meinem Projekt neu und einzigartig? Wenn ja: Besteht die Möglichkeit, eine stimmige Bildfolge zusammenzustellen, deren Synergie den Aussagegehalt der einzelnen Fotos übersteigt?" Ein erfolgreiches Buchprojekt bedeutet einen Berg Arbeit und erfordert viel Hingabe. Zudem müssen Sie sich fragen, ob Sie über die nötigen Fähigkeiten verfügen, um etwas im Selbstverlag zu veröffentlichen. Fühlen Sie sich allen Aufgaben gewachsen, die auf Sie zukommen: Bildauswahl, Design, Herstellung, Finanzierung und Marketing? Und die vielleicht noch viel wichtigere Frage lautet: Sind Sie bereit, Ihr Leben für mehrere Monate oder länger aufzugeben und sich ausschließlich auf das Buch zu konzentrieren? Wenn Sie dann immer noch zu 100 % überzeugt sind, legen Sie los!

Nicht nach externer Anerkennung streben

Ed Kashi *Im Fluss Hugli in Kolkata baden Menschen und nehmen Waschungen vor, Indien*, 2015

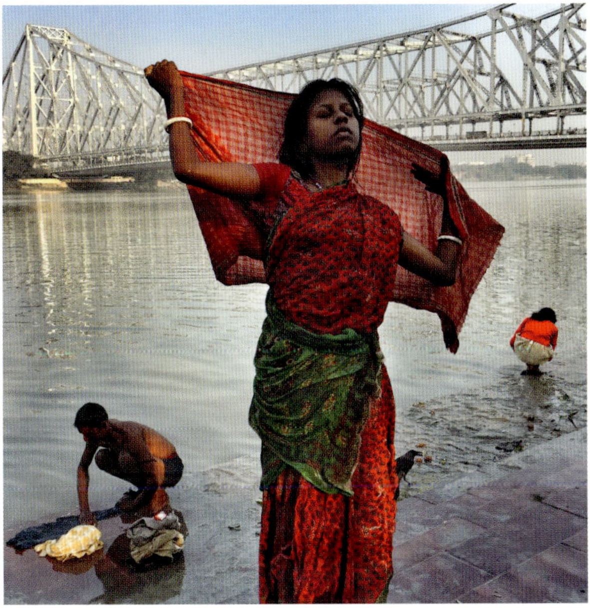

Der erfahrene Dokumentarfotograf Ed Kashi hat an vielen Langzeitprojekten gearbeitet und meint, dass es vor allem auf den Glauben an sich selbst ankommt. „Die Leidenschaft, den inneren Antrieb und die Hingabe, die man für ein Langzeitprojekt braucht, kann nur am Leben erhalten, wer die eigene Idee liebevoll hegt und pflegt und an sie glaubt." Er warnt davor, auf die Meinung anderer Leute zu hören, wenn es darum geht, die eigene Arbeit zu bewerten, und appelliert an die Fotografen: „Lassen Sie sich von Artdirektoren, Kuratoren usw. nicht aufhalten! Allzu oft warten wir darauf, dass diese externen Akteure unsere Ideen und Arbeiten loben – Misserfolg, Enttäuschung und Desaster sind die Folge." Kashi empfiehlt stattdessen: „Sie müssen wissen, warum Sie diese Arbeit machen, was Sie erreichen wollen, und dieses Ziel unbeirrt verfolgen." Und er ermutigt: „Größe beginnt mit Ihnen und Ihrem unstillbaren Wunsch, etwas zu erschaffen." Halten Sie an Ihren Ideen fest, der Erfolg wird kommen!

Produzieren Sie Storys, die Sie selbst gerne sehen würden

D.J. Clark

„Ich schreibe alle Storys der letzten Woche auf, die ich gesehen habe, und versuche herauszuarbeiten, wie sie aufgebaut waren und welche zentralen Elemente mir am besten gefallen haben.“

Der Fotograf und Lehrbeauftragte D.J. Clark hat sich auf das Storytelling per Video und Multimedia spezialisiert. Sein Leitprinzip lautet: „Wenn du selbst es nicht anschauen würdest, dann erwarte auch nicht von deinem Publikum, es anzuschauen.“ Er kritisiert, wie oft diese Regel gebrochen wird: „Sie wären überrascht, wie viele junge Journalisten, die für öffentliche Medien arbeiten, Inhalte generieren, die sie sich selbst nie ansehen würden.“ Wenn er Stories für Online-Publikationen produziert, geht er folgendermaßen vor: „Ich schreibe alle Stories der letzten Woche auf, die ich gesehen habe, und versuche herauszuarbeiten, wie sie aufgebaut waren und welche zentralen Elemente mir am besten gefallen haben.“ Er empfiehlt, detailliert zu untersuchen, was funktioniert und was nicht. Fotografen rät er: „Analysieren Sie den Content Ihrer liebsten Instagram-Accounts, YouTube-Subscriptions und Facebook-Seiten und versuchen Sie herauszufinden, was Sie dazu bringt, auf diese Stories zu klicken.“

Freundlich sein

Max Leonard

„Es gibt so viele Menschen, die nicht nett sind, aber in dieser kleinen Branche fallen sie enorm auf."

Bildredakteur Max Leonard folgt einer einfachen Maxime: Sei nett zu anderen!

In einer kleinen Welt wie der Fotobranche verbreiten sich Geschichten über unangenehme Personen rasch. Wenn Leonard entscheidet, mit wem er zusammenarbeitet, meidet er jene, die „viel größer und wichtiger" sind als er, damit er nicht mit Leuten zu tun haben muss, die ihn in der Vergangenheit schlecht behandelt haben.

Die Branche baut auf persönlichen Beziehungen auf. Redakteure wechseln von einer Publikation zur nächsten und empfehlen einander Fotografen für bestimmte Aufträge. Wenn Sie zu einem Redakteur unfreundlich sind, kann das noch lange Zeit Folgen für Sie haben.

Recherchieren, recherchieren und nochmals recherchieren

Natasha Caruana *Still Waiting I*, 2019

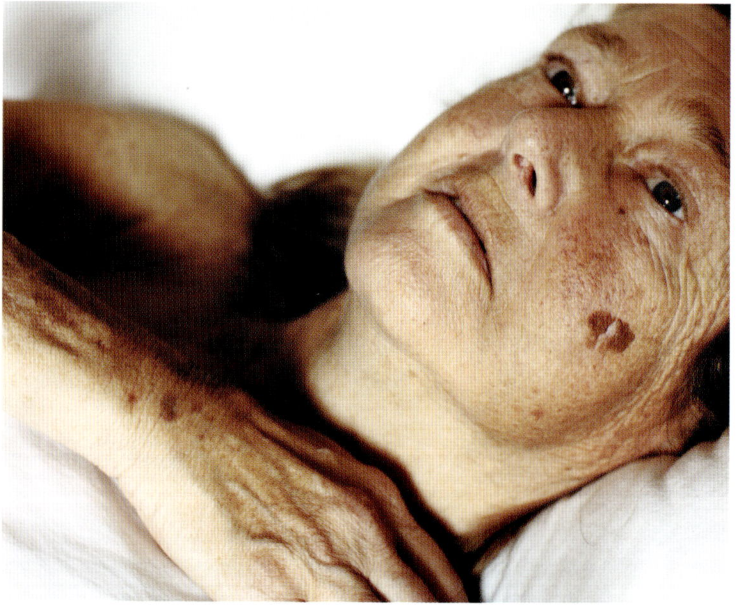

Natasha Caruana untersucht Themen, die mit Liebe, Betrug und Fantasie im Zusammenhang stehen, und greift häufig auf Archive, das Internet und private Erzählungen von Verlust und Sehnsucht zurück. Ihre Arbeiten leben von ihrer schrittweisen, wiederholten Beschäftigung mit ihren Quellen. Sie erklärt: „Ich wache nicht morgens auf und sehe das finale Bild vor mir. Das endgültige Werk entwickelt sich über einen längeren Zeitraum, während ich langsam herausfinde, wohin die Idee führt und wie ich sie vermitteln kann." Recherche und Praxis erachtet sie als „in ihrem innersten Wesen verbunden, sie bilden einen kontinuierlichen Arbeitsprozess, erzeugen neue Ideen und innovative Vorgehensweisen". Recherche findet nicht nur zu Beginn eines Projekts statt, sondern begleitet den gesamten Prozess und kann verschiedene Formen annehmen – Interviews mit den Porträtierten, Internetsuche, das Ordnen von Daten oder die inspirierende Beschäftigung mit den Werken anderer Künstler.

Vom Ende her denken

Simon Norfolk

„Viele stecken all ihr Herzblut in ein Projekt, aber dann reden sie solchen Mist und behaupten, sie wüssten nicht genau, was sie mit dem Werk erreichen wollen."

Dokumentarfotograf Simon Norfolk arbeitet an minutiös recherchierten Langzeitprojekten, in denen Geschichte, Geografie und Erinnerung gemeinsam daraufhin untersucht werden, welche Spuren die Vergangenheit in einer Landschaft hinterlassen hat. Seine goldene Regel hat er von der Theaterautorin Lucy Prebble ausgeborgt, die rät, ein Projekt immer vom Ende her zu denken. Zu Beginn steht die Frage: „Welches Gefühl will ich im Betrachter hinterlassen, wenn er die Galerie verlässt, nachdem er sich meine Arbeiten angesehen hat?" Überlegen Sie, wie Sie vorgehen würden, um dieses Gefühl hervorzurufen. Während Sie arbeiten, fragen Sie sich immer wieder, inwiefern etwas zur Erzeugung dieses Gefühls beiträgt, bis Sie schließlich am Anfang angelangt sind.

Einen Fehler, den Norfolk häufig beobachtet, begeht er auch selbst immer wieder: „Wie die meisten stolpere ich in ein Projekt, weil ich damit beauftragt werde oder es sich aus einem vorherigen Projekt ergeben hat oder weil es die am wenigsten schlechte all der Ideen war, die ich hatte usw." Durch das Hinterfragen des Eindrucks, den das Werk letztlich hinterlassen will, sollte es besser gelingen, das Publikum zu erreichen und die gewünschte Wirkung zu erzielen. Norfolk warnt, dass ein Projekt ohne diesen Weitblick zu scheitern drohe, denn: „Viele stecken all ihr Herzblut in ein Projekt, aber dann reden sie solchen Mist und behaupten, sie wüssten nicht genau, was sie mit dem Werk erreichen wollen. Hier hilft der Rat von Lucy Prebble!"

Die Zahlen müssen stimmen

Paul McDonald

„Wann immer Sie eine Idee für ein Projekt haben – die Zahlen müssen realistisch sein. Erledigen Sie den langweiligen Teil zuerst: die Excel-Tabelle."

Paul McDonald geht unternehmerisch an seine Arbeit heran. Er weiß: „Als Kreativer wird man engagiert, um für den Kunden Probleme auf kreative Weise zu lösen." Das ist ein wertvolles Verkaufsargument für Sie. Er erläutert: „Sie entwickeln und beseelen Ihre Kreativität durch Recherchen, Studien, praktische Erfahrungen und persönliche Erlebnisse. Das alles hat einen monetären Wert und muss in Ihre Preisgestaltung einfließen." Diese Ressource sollten Sie voll ausnutzen, denn: „Es gibt einen Grund, warum Ihre Kunden ausgerechnet Sie beauftragen, sie sehen den Wert, der in Ihrer Kreativität steckt, und dass sie letztlich Geld damit verdienen werden. Also sollten auch Sie Ihre Kreativität wertschätzen und sich diesen Wert zugestehen." Diese Kreativität muss jedoch gegen die Realität der laufenden Kosten bestehen. McDonald rät, stets die finanziellen Aspekte eines Projekts im Auge zu behalten, denn wenn die Zahlen nicht stimmen, gehen Sie pleite, bevor Sie richtig angefangen haben: „Wann immer Sie eine Idee für ein Projekt haben – die Zahlen müssen realistisch sein. Erledigen Sie den langweiligen Teil zuerst: die Excel-Tabelle. Sobald die Zahlen stimmen, fängt der schöne Teil an, die Kreativität. Wenn Sie mit Zahlen nicht umgehen können, lernen Sie es oder bezahlen Sie jemanden dafür, das für Sie zu erledigen." Zum Klischee des armen Künstlers sagt er: „Sie haben die Wahl: Sie können ein Hungerleider sein oder ein kreativer Geschäftsmann. Ihre Entscheidung!"

Keine gestellten Bilder

Antonio Zazueta Olmos

„Im digitalen Zeitalter, wo die Wahrhaftigkeit von Fotografien permanent angezweifelt wird, ist es wichtig, dass wir Fotoreporter und Dokumentarfotografen keine gestellten Bilder machen, nur um ein besseres Ergebnis zu erzielen. Wenn ein Fotograf die Fähigkeit verliert, geduldig zu sein und die Geschichte, die sich ihm präsentiert, wahrheitsgemäß aufzuzeichnen, wird aus dem Journalisten und Dokumentaristen ein Illustrator. Die Fotografie ist von Anfang an ein zutiefst subjektives Mittel, Tatsachen festzuhalten und Informationen zu übermitteln. Bereits indem wir uns für ein Objektiv, eine Belichtung, einen Blickwinkel und Bildausschnitt entscheiden, bilden wir die Dinge anders ab als das menschliche Auge sie sieht. Wird dieser Mischung noch eine Regieanweisung hinzugefügt, betritt der Fotograf das Reich der Fiktion. Sobald Sie Szenen arrangieren, um bessere Fotos zu bekommen, werden Sie auch anfangen, verwerfliche moralische Entscheidungen zu treffen, wenn Sie Ihre Fotos in Photoshop bearbeiten."

Antonio Zazueta Olmos, Fotoreporter und Porträtfotograf, hat sich mit Menschenrechten, Umweltthemen und Gewaltverbrechen beschäftigt. Er hat in Nord- und Mittelamerika, dem Nahen Osten und Afrika für Zeitungen und Magazine in aller Welt sowie für führende NGOs gearbeitet.

Arbeiten in traumatischen Situationen

Poynter Institute for Media Studies Fotografen scharen sich um ein unterernährtes Kind während der durch den Bürgerkrieg verursachten Hungersnot in Somalia, 1992 (fotografiert von Paul Lowe)

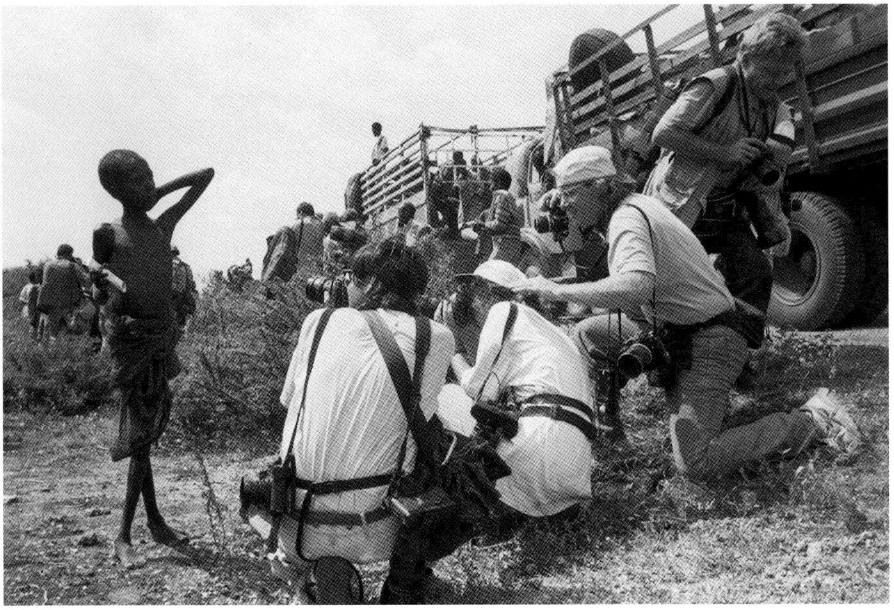

Al Tompkins vom Poynter Institute for Media Studies hebt hervor, welche Gefahren für Körper und Seele das Dokumentieren von traumatischen Situationen mit sich bringt. Er stellt fest: „Journalisten, Fotoreporter, Tontechniker und Producer arbeiten oft Ellbogen an Ellbogen mit Rettungskräften. Die durch traumatischen Stress ausgelösten Symptome, die Journalisten aufweisen, ähneln denen von Polizisten und Feuerwehrleuten, die unmittelbar nach tragischen Ereignissen am Ort des Geschehens arbeiten. Allerdings erhalten Reporter in der Regel wenig psychologische Unterstützung, nachdem sie ihre Story abgeliefert haben. Während man Rettungskräften nach einem traumatischen Einsatz Gespräche und Therapien anbietet, bekommen Journalisten höchstens den Auftrag für die nächste Story." Das Institut gibt Reportern für die Berichterstattung vor Ort einige Leitlinien an die Hand.

1 Probleme können erdrückend werden. Wenn dies geschieht, suchen Sie sich unbedingt professionelle Hilfe.

2 Es kann sein, dass Sie als Erster vor Ort sind. Vielleicht sehen Sie gefährliche Situationen und heftige Reaktionen von Polizei und Bevölkerung. Bleiben Sie stets ruhig und konzentriert. Eine Kamera schützt nicht vor Verletzungen. Verlassen Sie die Szene, wenn es zu gefährlich wird. Jeder Redakteur muss einsehen, dass ein Menschenleben wichtiger ist als ein Foto.

3 Behandeln Sie befragte Personen mit Würde, Feingefühl und Respekt. Reagieren Sie auf Antworten nicht schroff. Stellen Sie sich höflich vor, bevor Sie jemanden befragen.

4 Sie werden unter Umständen viele blutige Fotos machen. Fragen Sie sich, ob diese aus historischer Sicht wichtig oder zu grausam für Ihre Leserschaft bzw. Ihr Publikum sind.

5 Respektieren Sie die Trauer von Personen. Das heißt nicht, dass Sie auf öffentlichen Schauplätzen keine Emotionen fotografieren dürfen, aber dringen Sie nicht in die Privatsphäre anderer ein und stören Sie Opfer nicht in ihrer Trauer.

6 Achten Sie auf Ihre seelische Verfassung. Lassen Sie Ihre Gefühle zu. Sprechen Sie über das Geschehen mit einer Vertrauensperson. Schreiben Sie darüber. Ersetzen Sie schreckliche Bilder durch positive. Integrieren Sie heilsame Gewohnheiten in Ihren Tagesablauf.

Organisieren Sie Ihr Archiv

Hamish Crooks Stempel von Magnum-Fotografen, 1980 (fotografiert von Alex Webb)

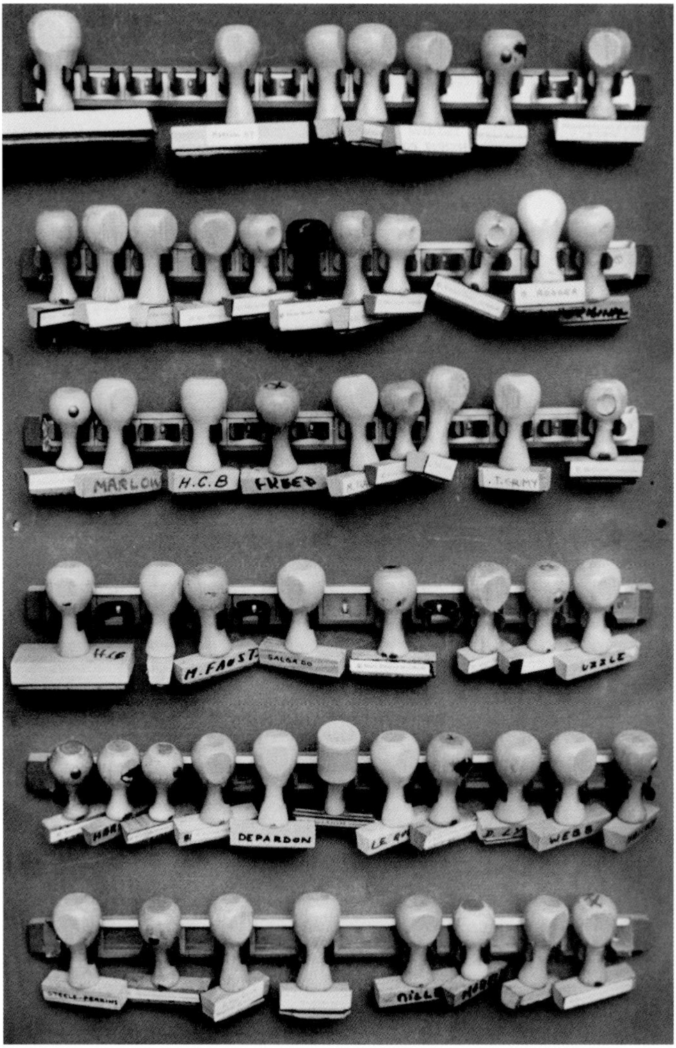

Hamish Crooks verwaltet bei Magnum Photos die internationalen Lizenzen und leitet das riesige Archiv der Agentur. Seine Tipps helfen, ein Werk langfristig zu ordnen.

1 **Behalten Sie Ihre aussortierten Bilder**
Analoge Fotografen produzierten Kontaktabzüge, die eine Neubewertung der Fotos erleichterten. Die digitale Fotografie hingegen hat Festplatten, Cloud-Server, Backups und DVDs. Digitaler Speicherplatz wird immer billiger (offline und online), also ordnen Sie Ihre Fotos – auch die aussortierten – nach jedem Shooting und machen Sie ein Backup.

2 **Ordnen Sie schon in jungen Jahren Ihren Nachlass**
Warten Sie nicht, bis Sie aus Altersgründen aufhören zu fotografieren. Wenn Sie sterben, ohne Ihre Bilder geordnet zu haben, wird jemand anders dies tun und eine Auswahl treffen, und das wahrscheinlich nicht in Ihrem Sinne.

3 **Metadatenorganisation**
Nummerierung, Bildtext, EXIF, Schlagwort/Kodierung – finden Sie das für Sie passende Metadatenprotokoll und behalten Sie es bei. Der IPTC-IIM-Standard ist ein guter Anfang. Mit einer Metadatenvorlage könne Sie Fotos mit Daten versehen, bevor Sie sie überhaupt gemacht haben.

4 **Einstufung der Bilder**
Auf Kontaktbögen vermerkte der Fotograf mit Fettstift die Einstufung seiner Bilder. In der digitalen Variante fügen Sie Ihr persönliches Ranking mithilfe Ihrer Fotosoftware ein und integrieren diese in Ihre Metadaten.

Index

Index

Bildnachweis

Der Verlag dankt den Museen, Künstlern, Archiven und Fotografen für die freundliche Erlaubnis, die in diesem Buch vorkommenden Werke abzubilden. Wir haben uns bemüht, alle Urheber ausfindig zu machen. In manchen Fällen war dies nicht zweifelsfrei möglich. Bei begründeten Ansprüchen wird der Verlag diese nach Möglichkeit durch Korrekturen berücksichtigen.

Seite 12 © Brassai Estate – RMN-Grand Palais; Seite 13 © Tom Hunter; Seite 14 © Bruce Gilden/Magnum Photos; Seite 15 © Marc Riboud / Fonds Marc Riboud au MNAAG/Magnum Photos; Seite 16 Bill Brandt/ Picture Post/Hulton Archive/Getty Images; Seite 18 © Estate of Harry Callahan; courtesy of Pace/ MacGill Gallery, New York; Seite 19 © Lee Friedlander, courtesy Fraenkel Gallery, San Francisco; Seite 20 Alfred Eisenstaedt/The LIFE Picture Collection via Getty Images; Seite 21 © Anton Corbijn; Seite 22 Ansel Adams/National Archives/The LIFE Picture Collection via Getty Images; Seite 23 © Robert Capa © International Center of Photography/Magnum Photos; Seite 24 Charles Sheeler/Conde Nast via Getty Images; Seite 25 © David LaChapelle; Seite 26 Tony Ray-Jones/SSPL/Getty Images; Seite 28 Walker Evans/The J. Paul Getty Museum; Seite 29 © David Hockney Collection J. Paul Getty Museum, Los Angeles; Seite 30 © Rineke Dijkstra, courtesy of Marian Goodman Gallery; Seite 33 Alexander Rodtschenko/adoc-photos/Corbis via Getty Images; Seite 34 © Samir Al-Sharif; Seite 36 © Rinko Kawauchi; Seite 37 Bernice Abbott/New York Public Library/Public Domain; Seite 38 Ernst Haas/Getty Images; Seite 39 © Aletheia Casey; Seite 40 © Mary Ellen Mark; Seite 41 © William Albert Allard; Seite 43 © Lewis Baltz Trust; Seite 44 Yale Joel/Time & Life Pictures; Seite 46 © Gueorgui Pinkhassov/ Magnum Photos; Seite 47 © Anders Petersen; Seite 48 Julia Margaret Cameron/SSPL/Getty Images; Seite 50 John Heartfield/Photo Scala, Florence/ bpk, Bildagentur für Kunst, Kultur und Geschichte, Berlin; Seite 51 Berenice Abbott/Getty Images; Seite 52 © 2019. Digital image, The Museum of Modern Art, New York/Scala, Florence; Seite 54 © Philip Jones Griffiths/Magnum Photos; Seite 55 © Eric Bouvet/VII; Seite 56 © Constantine Manos/Magnum Photos; Seite 59 Joe McNally/Getty Images; Seite 60 © Centre Pompidou, MNAM-CCI, Dist. RMN-Grand Palais/Philippe Migeat; Seite 62 Sam Abell/ National Geographic Creative; Seite 63 © Trustees of Princeton University; Seite 64 © The Irving Penn Foundation; Seite 66 © Graciela Iturbide; Seite 67 © Vanessa Winship; Seite 68 © Lara Jo Regan; Seite 70 © Henri Cartier-Bresson/Magnum Photos; Seite 71 © Simon Norfolk; Seite 72 William Albert Allard/National Geographic Creative; Seite 74 Chip Somodevilla/Getty Images; Seite 77 © William Klein; Seite 78 © The Estate of Edward Steichen/DACS, 2019; Seite 80 Francis Frith/Artokoloro Quint Lox Limited/Alamy Stock Photo; Seite 81 Jack Mitchell/ Getty Images; Seite 83 Jacques-Henri Lartigue/ The Art Institute of Chicago/Art Resource, NY/Scala, Florence; Seite 84 Alfred Stieglitz/age fotostock/ Alamy Stock Photo; Seite 86 © Alex Webb/Magnum Photos; Seite 87 Walter Sanders/The LIFE Picture Collection via Getty Images; Seite 88 © Henri Cartier-Bresson/Magnum Photos; Seite 90 © Ed Kashi; Seite 91 © Paul Lowe; Seite 94 © Elliott Erwitt/Magnum Photos; Seite 95 © Martine Franck/Magnum Photos; Seite 96 © Aletheia Casey; Seite 98 © Danny Lyon/ Magnum Photos; Seite 99 © Louie Palu; Seite 100 © Philip-Lorca diCorcia; Seite 101 © Sara Terry/VII; Seite 102 © Roger Ballen; Seite 104 © Sebastião Salgado, courtesy of NB Pictures; Seite 105 Michael Williamson/The Washington Post via Getty Images; Seite 107 © Lauren Greenfield/INSTITUTE; Seite 108 © Giles Duley; Seite 110 Joe McNally/The LIFE Picture Collection via Getty Images; Seite 111 © Maggie Steber/VII; Seite 112 © Chris Steele-Perkins/

Magnum Photos; Seite 114 © Lara Jo Regan; Seite 116 © Gemma Marmalade; Seite 118 © Susan Meiselas/ Magnum Photos; Seite 119 © Paul Caponigro; Seite 120 © Mark Power/Magnum Photos; Seite 121 © Chloe Dewe Mathews; Seite 122 © Léonie Hampton; Seite 123 © Eve Arnold/Magnum Photos; Seite 124 © Tina Barney; Seite 126 Roz Kelly/Michael Ochs Archives/Getty Images; Seite 127 © Jocelyn Bain Hogg/VII; Seite 128 © Tod Papageorge; Seite 129 © Edmond Terakopian; Seite 130 © Swart Ghosh; Seite 132 © Daniel Meadows; Seite 133 © Dorothy Bohm; Seite 134 © Tomas Van Houtryve/VII; Seite 136 © Alec Soth/Magnum Photos; Seite 138 © Bruce Davidson/ Magnum Photos; Seite 140 © Donald Weber; Seite 142 Christopher Simon Sykes/Hulton Archive/Getty Images; Seite 143 © Collection Martin Parr/Magnum Photos; Seite 144 © Trustees of Princeton University; Seite 145 © Laura Pannack; Seite 146 © Nolan Ryan Trowe; Seite 148 © Maggie Steber/VII; Seite 150 The Museum of Modern Art, New York/Scala, Florence; Seite 151 © Larry Fink; Seite 152 © Alec Soth/ Magnum Photos; Seite 153 Pictorial Press Ltd/Alamy Stock Photo; Seite 155 Nik Wheeler/Corbis via Getty Images; Seite 156 Alfred Eisenstaedt/The LIFE Picture Collection via Getty Images; Seites 158–9 © Elliott Erwitt/Magnum Photos; Seite 160 Yousuf Karsh, Camera Press, London; Seite 161 © Robin Maddock; Seite 162 © Lisa Bernard; Seite 164 © Bruce Davidson/Magnum Photos; Seite 166 © Line Ørnes Søndergaard/VII; Seite 170 © Taha Ahmad/VII; Seite 174 © Damir Šagolj; Seite 178 Bert Hardy/Picture Post/Getty Images; Seite 181 © Ilvy Njiokiktjien/ VII; Seite 183 © Shahidul Alam; Seite 184 © Tom Broadbent; Seite 186 David Kleyn/Alamy Stock Photo; Seite 190 © Neil Turner; Seite 192 © Juno Calypso; 194 Henning Kaiser/DDP/AFP via Getty Images; Seite 197 © Eric Bouvet/VII; Seite 198 © Maggie Steber/ VII; Seite 200 Dirck Halstead/Getty Images; Seite 201 © Brian Griffin; Seite 202 © David Hurn/Magnum Photos; Seite 203 © Elliott Erwitt/Magnum Photos Seite 204 © Ed Kashi/VII; Seite 207 Michael Stroud/ Express/Hulton Archive/Getty Images; Seite 208 © Graeme Oxby; Seite 211 Manfred Rutz/Getty Images; Seite 212 © Diána Markosian; Seite 215 © Martin Parr/Magnum Photos; Seite 216 In Pictures Ltd/Corbis via Getty Images; Seite 218 W. Eugene Smith/The LIFE Picture Collection via Getty Images; Seite 221 Hulton Archive/Getty Images; Seite 223 © Ed Kashi/VII; Seite 226 © Natasha Caruana; Seite 230 © Paul Lowe/Panos Pictures; Seite 232 © Alex Webb/Magnum Photos

Dieses Buch wurde produziert von
Frances Lincoln Publishing, einem Imprint von
The Quarto Group
The Old Brewery
6 Blundell Street
London, N7 9BH

Umschlagvorderseite: William Albert Allard, *Hank Irby, Crenshaw, Mississippi*, 1968.

Projektleitung Verlag: Curt Holtz
Assistenz: Josephine Fehrenz
Projektmanagement und Satz: Weiß-Freiburg GmbH – Grafik und Buchgestaltung
Übersetzung ins Deutsche: Stefanie Kuballa-Cottone
Lektorat: Beate Bücheleres-Rieppel
Korrektorat: Julia Kaesehage
Herstellung: Corinna Pickart

FSC www.fsc.org
MIX
Papier aus verantwortungsvollen Quellen
FSC® C016973

Penguin Random House Verlagsgruppe FSC® N001967

Printed in China

ISBN 978-3-7913-8762-8

www.prestel.de